Eurus

Notus

江戸問答

田中優子 Yuko Tanaka
松岡正剛 Seigow Matsuoka

Boreas

Zephyrus

岩波新書
1863

目　次

1

面影問答

広重は，桜の名所である御殿山が，お台場整備のために傷つけられた風景をわざわざ描いた（歌川広重『名所江戸百景』〔岩波書店〕より「品川御殿やま」）

コロナの令和

田中 令和になったと思ったら、新型コロナウイルスに見舞われました。日本だけの問題ではなく、世界や地球が翻弄《ほんろう》され萎縮しましたね。みんなマスクをして、大学でもリモート授業を余儀なくされている。

松岡 世界が固唾《かたず》を呑んでいる。きっと大学もたいへんでしょう。この本が出るころも、まだ次の波が走っているかもしれない。パンデミックは感染と攪拌《かくはん》ですからね。

田中 大学はずっと有事が続きますね。職員も教員も新たな対応を求められて大わらわです。オンライン教育がどういうものをもたらすか、まだわかりません。ひょっとすると少人数教育が実現してくるのかもしれない。それにしても、その引き金をウイルスが引くとは予想できませんでした。

松岡 予想は無理だったでしょう。WHOも見誤っていた。新型コロナウイルスの感染症（COVID-19）は、ウイルス粒子（ビリオン）で起こっているわけですが、これはRNAウイルスですよ。SARSやMARSと同じ種類ですが、おそらく変異性が強い。そうとうに手ごわい。

田中　ただ、よく「ウイルスとの戦い」と言いますが、私にはどうもそうは思えない。なぜなら人間よりウイルスのほうが地球の先住者です。人間のなかにもたくさんのウイルスがいる。動物のなかにも人間にまだ入ったことがないウイルスが数えきれないほどいるわけで、それはわかっていたことです。戦っても人間に分はありません。

松岡　ワクチンの確立にもかなり時間がかかるだろうし、治療薬の決定もなかなか難しい。インフルエンザのタミフルやリレンザやイナビルのようなわけにはいかないかもしれないね。

田中　松岡さんはときどきウイルスや微生物のこと、また免疫ネットワークのことを書いてこられましたよね。ずっと気になっていたんですか。

松岡　多田富雄さんの『免疫の意味論』(青土社)と出会ってから、ずっとですね。微生物について考えこむようになったのは、この一五年ほどです。ただウイルスは細菌やバクテリアなども含む微生物のなかでもきわめて特異で、生命をめぐる思想からしてもなかなか定義がしづらくて、扱いがきわどいのです。

田中　きわどい?

松岡　ウイルスって細胞をもっていないので、生物か非生物かわからないところが多いのですが、情報はもっている。ゲノム情報です。核酸のかたちをとった遺伝情報を含むゲノム情報ですね。しかもふつうの細胞はRNAとDNAという二つの遺伝情報をもっているのですが、ウイルスにはどちらかしかない。ここがきわどい。

新型コロナのウイルスはRNAのほうです。これは地球という物質界から生命系が自立するときに、シュレディンガーの言葉に倣《なら》って言うと「負のエントロピー」を食べたときに、すでに作用していたとも見られるもので、そうだとすると、生物の成り立ちそのものにRNAウイルスが関与していたかもしれないということになります。その成り立ちの時期を、生物学では「RNAワールド」と言うのですが、そのくらい根底的な役割をもっていたのかもしれません。生物の歴史はことごとくウイルスとともに進んできたんですね。

田中　そうであれば、なおさら戦ってどうなるというものではない。生物の歴史とともにわれわれの内側にいるんですからね。

松岡　ウイルスには細胞がないから、別の宿主の細胞にとりついて情報を転写させようとするんですが、それが感染症を生む。入りこむ相手がいなければ、ウイルスは自滅です。

田中　言いかえれば、感染症もどんな疫病も、人間の文明とともにあったということです。しかしペストや天然痘《てんねんとう》やコレラはそれぞれの地域で個別にゆっくり、長い時間をかけて広がっていた。その媒介になったのは動物であり、人でした。

松岡　新型インフルエンザもそうですし、今度のコロナウイルスは中国の武漢で発生したと言われていて、初期における鳥やコウモリの関与が推定されていますね。実際にはまだ確定されていませんが、そのウイルス粒子がセンザンコウやハクビシンなどに移って、その肉を人が食べたか接触したかして、ウイルスが人間用の変異をしたんでしょうね。いったん人に向かうと、それこそ接触感染やエアロゾル感染が次々に連鎖する。人を介して人にうつる。そうなると動物感染ではなくて人間感染になる。

田中　運び屋が人でもあったことは、数々の歴史が証明しています。天然痘は記録では紀元前一四世紀にあらわれていますが(紀元前一三五〇年)、それからさまざまな対策が試みられてきた。日本でも六世紀に天然痘が流行しています。どこかから海を渡ってきたわけですが、おそらく人が運んだのです。たいへんよく知られた話ですが、南北アメリカでの天然痘流行はヨーロッパ人がコロンブス以降に運んだもので、そのため多くの先住民が死亡した。これはある意味では征服の結果でもあって、それがやがて近代化を準備していくわけだけれど、すぐに全世界に広がったわけではありません。

松岡　江戸時代の種痘《しゅとう》の工夫もいろいろありましたね。

田中　一七八九(寛政元)年に人痘種痘《じんとうしゅとう》を実験しています。ヨーロッパからいろいろなルートで牛痘法《ぎゅうとうほう》が入ってくるのはそのあとで、一八五八(安政五)年に江戸神田に種痘所が設立されました。この年は長崎で流行したコレラが江戸にまで及ぶということも起こっています。日本に来た外国船によってもたらされたものです。

結局、生態系に人間が進出しすぎると、こういうことが起こるんだと思います。バランスが壊れるんでしょう。そのバランスが、とても大事なものだった。それが熱帯雨林への介入や破壊、温暖化によって野生動物たちの棲息《せいそく》領域が狭められていることや、文明技術の高度で高速な波及など、いろいろなかたちで崩されていった。

松岡　カール・ジンマーが『ウイルス・プラネット』(飛鳥新社)というわかりやすい本を書いていますが、地球はもともとウイルス地球なんです。けれどもそれだけならパンデミックは起こらない。そこに何かの人為的な著しい行為が加わって、パンデミックになる。山内一也さんが『ウイルスと地球生命』(岩波書店)や『ウイルスの意味論』(みすず書房)などでずっと強調されているように、そもそも「ズーノーシス」(人獣共通感染)なんですね。でも、いっさいは人が感染媒体になってから由々しいことになっていきます。

田中　二〇世紀の最初で最大のパンデミックだったスペイン風邪は、第一次世界大戦という戦争によって広まりましたからね。戦争は確実にウイルスを運ぶ。もう一つは発達しすぎた交通機関力ですよね。移動時間が短縮されすぎました。これではゲートでチェックするしかありません。

松岡　水際作戦か、ロックダウン。あるいは外出制限や入場制限か、ソーシャル・ディスタンスの保持ですね。でもウイルスはたくみに変異していくので、それだけでは沈静したあとも余波を予測できない。そこで感染者数の推移を見るしかなくなっていくのですが、ぼくはコロナ感染が広まっていったとき、世界各国各地の首長が急にテレビ画面に出てきたことに驚きました。まるで各国各地で感染者数の増減を競いあっているような様相になった。それを首相や知事や市長が発表する。かなり異様でした。中国ではトップが勝ち誇ったようなメッセージを出していたし、アメリカはその中国の責任を詰《なじ》っていた。

田中　トップが戦争メタファーを持ち出していたのは、おかしかったわね。

松岡　相手に勝ち負けするわけではないでしょう。その相手も国や町や人ではない。まして人種ではない。

田中　あれはパンデミックというより差別であって、パニック現象です。それよりも、やはり免疫がどうなるかということが重要でしょう。

松岡　ワクチンで抗体をつくるか、いったん感染した人たちが抗体をもって集団免疫力を発揮していくかですが、山中伸弥さんが言っていたように、ひょっとするとそこにはまだ見えないファクターXのようなものがかかわっているかもしれません。ウイルスと免疫の関係はけっこう複雑です。「免疫を強くする」といっても、なかなか一筋縄ではいかないでしょうね。そもそも花粉アレルギーの抗原と抗体の関係だって人さまざまで、なかなか特定できない。

田中　そうなんです。私もさまざまなアレルギーが交代で体にあらわれてきていて、いろいろ支障をきたしているんです。免疫が過剰反応しているんだと思う。今年(二〇二〇〔令和二〕年)もけっこう苦しかった。

松岡　免疫細胞が「自己」を「非自己」と見誤って攻撃することがありますからね。容易に「自己」と「非自己」は峻別できないんです。しかも、こういうことは確率的な決定論や線形的な思考では、なかなかうまく説明できません。生きたシステムや仕組みについては、複雑性をもって考えていかなければならない。

田中　そう、そのあたりの問題がいちばん難しいところです。私たちはウイルスと共存しながら、複雑な生態系のなかで複雑な社会に生きている。でも、それはいまに始まったことではなかったはずです。

松岡　誰もが生命の歴史や社会の歴史と深くかかわっているんだということを、もっと考えていかないとね。

改元はチャンスだった

田中　では、そろそろ話を「江戸問答」の入り口にもっていきたいのですが、その前に、一つ質問です。令和になったとき、何を感じましたか。この元号は万葉学の中西進さんの発案ということで、松岡さんも中西さんの編纂による『万葉集の詩性』(角川新書)という本に寄稿してましたね。

松岡　リービ英雄さんや高橋睦郎《むつお》さんとともにね。ぼくは「昭和」から一つおいて「令和」というのは、ちょっと「和」が近すぎるなと感じました。むしろアジアを含んだ「令亜」とか、そのくらいでもよかったんじゃないか。そのときは「令」じゃなくてもいいんだけれど。

でも、万葉から引いたのはいいと思いましたね。これまではずっと漢籍からばかりでしたからね。万葉の歌には和漢をまたぐものがある。もっとも、「令和」の用法は『文選』からの転用でしたね。そこがちょっと悔しい(笑)。

田中　中西さんが元号の典拠とした『万葉集』のそのくだりは、大伴旅人邸における梅花の宴の序文ですね。そのもとは中国の『文選』賦《ふ》篇の「帰田賦《きでんふ》」にある「仲春令月《ちゅうしゅんれいげつ》、時和気清《ときわしききよし》」です。令月は美しいよい時節、時和しは気候が穏やかなことですが、この「仲春令月」を大伴旅人は「初春令月」にして、「時和気清」を「気淑風和」(気うるわしく風やわらぐ)とした。このような漢詩の和歌世界への転換は、まさに『日本問答』で取り上げたデュアルな日本そのものです。ほんとうは平成から令和に変わったときが、日本文化のそのようなあり方を語り、意識するチャンスだったんですね。けれども政府もマスコミも単一の日本へと関心を導いてしまった。かつて江戸時代もまさにデュアルをどう日本語で語るか、という課題に直面していました。日本ではじめて「国学」が生まれた背景には、「自分たちは日本語をどう扱えばよいのか」という問題意識があったはずなんです。

松岡　いつしか日本語の本来を議論しないようになってしまった。きっと明治の近代国語の確立あたりから、だんだんそうなっていったのでしょうね。東京帝大の上田萬年《かずとし》とか、あのあたりから。上田萬年は円地文子のお父さんです。

田中　元号そのものについて言えば、もし江戸時代の人たちが今回の改元の盛り上がりを見たら驚くでしょうね。江戸時代も含めてかつての改元は、天皇の代替わりだけでなく、水災、疾《しっ》疫《えき》、地震、暴風、火災、飢饉《ききん》、兵乱そのほかいろいろな理由でおこなわれていた。讖緯説《しんいせつ》にもとづく辛酉《しんゆう》、甲子《かっし》の年の改元も、必ずおこなわれた。だから一年とか三年しか続かなかった元号も珍しくない。万延元年などは、元年しかない（笑）。

今でさえ和暦から西暦への読み替えが面倒なのに、改元が頻繁だった時代はもっと面倒です。とても日常で使えませんから、ふだんは元号ではなく十干十二支を使ったわけです。これなら甲子に始まって乙丑《いっちゅう》、丙寅《へいいん》、というふうに進んで六〇年はもつ。

松岡　明治以降、天皇一代かぎりの、数十年あるいは十数年単位の元号になって、明治・大正・昭和が時代意識をじっくり反映するようになったのだけれど、日本の歴史全般からすると元号がどんな機能をはたしてきたのか、諡号《しごう》（おくり名）の制度とともに、まだまだわかりにくいですね。

田中　江戸時代に比べると、近現代こそは天皇制の国ですね。私は長いあいだ近現代から江戸を驚愕《きょうがく》しながら見つづけたわけですが、今は江戸から現代を見て不思議だなと思うこともたくさんあります。いちばん不思議なのは、この日本列島で生きていながら、デュアルや多様性の豊かさを認識せず、単一な社会像へと行きたがることです。今度の改元のときにも、それを感じましたね。

日本の面影はそれぞれのなかに

松岡　この本は『日本問答』に続くもので、いわば第二弾です。だからできれば二冊続けて読んでいただくといいのですが、あのときに議論した日本にまつわる課題を背景にしながら、もう少し「江戸時代」「江戸社会」の特質にかかわってみようというのが、この『江戸問答』の狙いです。今、グローバル資本主義が行きすぎて、いったん根本から見直したらどうか、リセットしたらどうかという議論がそこかしこで起こっています。デフレ問題や基地問題やアジア関係の問題やコロナ対策が重なっている現在、また中国が著しく強大化し、イギリスがEUを離脱して、アメリカがアメリカ・ファーストばかりを強調してきたなか、日本はどうすればいいのかというところにさしかかっている。アベノミクスも成果が上がったのかどうかがわかりにくい。「国難」だと感じている人々も少なくない。

しかしふりかえってみると、「国難」だと感じたからこそ明治維新が起こり、満州事変を起こしたのです。それなら、今の日本が何を構想し、どんなことを考えるべきなのか、もっと思いきったことに踏み込んでいくべきではないのか。あるいは急ぎすぎないほうがいいのか。ぼくは今こそ「江戸」にまで戻って考えたほうがいいと思っているんですね。いったい「江戸」って何が実現できた時代だったのかということです。そうなると田中さんの出番です。

田中　『日本問答』は、「折りたたむ日本」というテーマから始めて、「やつしの日本」と「もどきの日本」で終わりましたね。今回の『江戸問答』では、私たちが生きてきた日本を観察し、これからの日本の可能性をぜひ問題にしたいと思っています。私がそう考えるのは、ずっと江戸時代の価値観を考えてきたからです。まさに「逝《ゆ》きし世」である江戸の「面影」を見つめてきた。その面影はたんに知識のなかにあるのではなく、今の日本人の生活のなかにもいろいろ残っているはずです。それをちゃんと取り出したい。

前回の『日本問答』の最終章で、松岡さんと私はそれぞれの子どもの頃の話を交わしましたね。『日本問答』の出版後の二〇一八年四月二一日に法政大学でおこなわれた特別対談「日本問答・江戸問答」（法政大学江戸東京研究センター〔ETOS〕主催）のなかでも、なぜ私たちがそうやって子ども時代の話をしたのかということを話題にしました。ここにはとても大事なテーマがあったということに、あらためて気がついたのです。それは「日本の面影は自分のなかにある」ということなんです。

どうしても私たちは「知」を外に求めてしまう。本を読んでそこから獲得するものだというふうに考えてしまう。けれども日本とは、本来は生活のなかにあるもので、私たちのなかに血肉化しているはずです。まさに記憶になり面影になっている。それを横に置いて別の知を求めてしまう。外に日本があるというふうに考えてしまう。だから自分のなかで整合しない場合があるし、自分自身にとって日本とは何かという主張もできなくなってしまう。あげくに利益誘導を目論むナショナリズムに押し切られる。こういう繰り返しがあったのではないか。

松岡　与謝蕪村に「いかのぼりきのふの空のありどころ」という一句があります。蕪村は何もない今日の空に「きのふの空」という面影を投影させたんですね。それは、凧《たこ》が上がっていた空なんです。でも、今日の空には何もない。そこに蕪村は「きのふの空のありどころ」を見いだした。それから万葉の例でいうと、阿倍仲麻呂に「天の原ふりさけみれば春日なる三笠の山に出でし月かも」という歌がありますが、これも仲麻呂が独自の境遇のなかで「ふりさけ見た」ことで生じた面影です。こういうふうに、ふりさけ見なくちゃダメなんですよ。こういうことは集団がやることではなく、一人ひとりがもっと試みるべきことです。

田中　法政大学の対談のときは、二人で石牟礼道子さんの話もしましたね。石牟礼さんの場合には、三歳から五歳の記憶が非常に大きな位置を占めていて、それを書くことによって言葉と自然観に凝縮された日本が浮かび上がったんですね。不知火《しらぬい》の海で育った石牟礼さんの場合、日本の霊的なもの、つまり自然界と人間との交流がみごとに言語化された。もちろん別のところで育った人は別のものが見えるはずで、そういうふうに子どもの頃に自分のなかに映っていた日本という環境と風土が、日本をとらえるうえで大事な意味をもつのではないでしょうか。

松岡　公開対談ではもう一つ、江戸・東京の空間が大きなテーマになった。

田中　都市構造の専門家で、法政大学江戸東京研究センターの初代センター長である陣内秀信さんにも対談に加わっていただいた。それで、陣内さんのテーマである「江戸・東京の空間構造をどう見るか」ということを三人でいろいろ交わしました。これは『日本問答』ではあまり出なかった観点でした。

江戸東京研究センターは、古代から近代に至る、江戸と東京の聖地と名所と都市伝説と出来事を重層的にマッピングしようとしています。歴史的思想的な時代のマッピングということを考えたときに、記憶と空間(水系や高低差などを含む)をどうとらえるのかがずっと気になっていました。つまり自分にとっての東京の面影とはいったい何なのかということが基本ではないか、と。一人ひとりの東京の面影を集めてみると、膨大な面影になるんですよ。都市を単なる構造で見るのではなく、そういう見方も必要なのではないか。

私は歌川広重の『名所江戸百景』を、なぜこういう江戸を描くのか、いつも考えながら見ています。なぜここに水があるのか、水なしでも描けるのにどうしてちょっとでも水を入れるのかとか。広重は遠近法を頻繁に使うのですが、では遠近法のなかに何を入れて何を入れないのか。広重はこういうことを非常によく計算しているんですね。

松岡 そうね。ものすごくうまく組み立てている。

田中 たとえば名所である御殿山《ごてんやま》の桜を描くのに、わざわざ御殿山がひどく削れて崩れている姿を描いています（本章扉）。お台場をつくるために、つまり大砲の台をつくるために山を削ったあとを描く。そこに見えるのは、西欧化するために「傷つけられていく江戸」「損なわれていく江戸」なんです。でも広重の絵そのものは、全体としては実に美しい。

松岡 江戸が改造されていく、そのプロセスを描いている。それをどこからどのアングルで「きのふの空」にしていくかを絞っている。

田中 広重は「水の江戸」と「壊れてゆく江戸」の、その両方を描いています。それを見たときに、その時代に生きている人のまなざしに映っている都市像というのは、わりと大事なことを伝えうると思った。そういうことを私は公開対談のときにもいろいろと気がついた。それで『江戸問答』でも、まずは自分のなかにある面影を、それぞれ語ってみたいと思ったのです。

松岡 わかりました。そういう話から交わしましょう。

江戸をどうふりさけ見るか

松岡　まずぼくなりに、そういうふうにしたほうがいい理由や観点をあげるとすると、一つには、江戸・東京をつなげて、そのままできれば昭和や平成や令和の日本までを語っていく責任が、いま非常に深くなりつつあるという点です。

今日のネット社会や世界情勢のなかで、私たちは自分たちの面影というものがいったいどこにあるのか、それをどのように求めればよいのかがますます見えにくくなっている。その一方で、「イスラム国」のような国なのかどうかよくわからない集団や、クルド人のように国をもてない人々、国を追われた難民や棄民のニュースが毎日のように入ってくる。こういう時代にあっては、ちょうどリルケが自分の国ではないパリで求めたような、あるいは作家のミラン・クンデラが「チェコスロバキアなんていう国はない」「存在が耐えられないのだ」と言って求めようとしたようなもの、そういうふうに何か江戸・東京を貫くものが私たちのなかにも必要になっているのではないかということです。

ただし「貫くもの」といっても、現在の東京に残っている江戸の文化や生活の残滓《ざんし》を再発見しようということではない。そういうレトロスペクティブな浪漫主義はあってもいいけれど、それはとっくに明治・大正・昭和の（泉）鏡花や（北原）白秋や（萩原）朔太郎や（永井）荷風がやっている。そうではなくて、日本人が「江戸」という都をつくろうとしたときの構想や、そのなかで変容していった江戸をどのように「ふりさけ見る」のか、その「ふりさけ」の視点を貫いてみたいんです。

田中　新たに広重になってみる。

松岡　そう、そう、まさにそうです。それは風景学ではしばしば「ヴィスタ」（画景）と呼ばれていることです。ヨーロッパの絵画はそのヴィスタをギリシア・ローマの神話や聖書のなかの光景でかためた。ルネサンス絵画はチマブエもマルティーニも、ラファエロもボッティチェリも、その枠組みをつかって絵画という領域を広めていった。日本ではそれにあたるのは土佐派や住吉派で、大和絵のヴィスタを経典や聖人伝から採りました。狩野派は漢画からヴィスタを採った。それが浮世絵では、名所の実景や歌舞伎の舞台や美人のいる光景をヴィスタにするようになったわけです。

　では、いまのわれわれはどういうふうに面影を「ふりさけ見れば」いいのか。それを問い直したほうがいい。だから、ぜひこの『江戸問答』では、バックミラーのなかのヴィスタを覗きこむような目によって、江戸・東京の面影の揺れぐあい、貫きぐあいも見たい。それが一つ目です。

　それから二つ目は、面影をたどろうとすることによって、変化のなかに歴史の正体が遠望できるということです。遠望だけではなく、かえって近くに見えることもある。田中さんやぼくが生まれ育った横浜や京都や東京は、敗戦まもないころの物資も何もないところから大きな変化を遂げていった。それはちょうど石牟礼道子さんが子ども時代に出会っていた風景や人々が、現代の究極の技術の一つであるチッソによって変貌していったこと、あるいはいま田中さんが言われたような広重の絵がとらえた御殿山の変化のようなものと同じです。

　そういうかつての象徴が崩れたり歪んだりしてどんどん新しいものになっていく渦中で、新しいものを近景に置きながらも、過去から変わらないもの、たとえば富士山の姿みたいなものを遠望しながら、過去と現在を二重写しにできる。こういうことを広重がやったわけですけれども、同じことを石牟礼さんは不知火の海を言葉で描くことでおこなったし、田中さんもぼくもそれをやろうとしてきたわけですね。そこを今回は語ってみましょう。

　三つ目は、自分のなかの「場」の面影ですね。私たちは自分のなかに民族的な自己や社会的な自己や歴史的な自己とともに、生理的な自己、感覚的な自己、記憶的な自己をずっともっています。その「たくさんの自分」をいろいろ語れば、さらに多面的な「場」の変化が見えるはずです。

田中優子や松岡正剛という個人のなかに蓄積された面影は、ミラン・クンデラやエドワード・サイードのような現代人にも共通して蓄積されている。むしろ世界がドバイ化していっているぶん、あるいはヴァーチャルシティ化しているぶん、積極的に面影を持ち出さないとつりあいがとれない時代になっているんだと思います。だからたんなる個人の思い出話ではなくて、新たな問答軸として面影やヴィスタをとらえ直すことが必要なんです。

面影を追求した作家たち

田中　現代人にとっての面影の抽出は作家や画家たちだけではなくて、映画もそれをおこなってきました。たとえば、面影をずっと生涯追求していたんじゃないかと思うのは、フェリーニです。とくに『フェリーニのローマ』という作品に結実していると思う。フェリーニの映画では、ローマ以外でも、いつも面影が語られる。

松岡　田中さんのフェリーニ論は初めて聞いた。ええ、とてもよくわかります。『フェリーニのアマルコルド』とかもね。

田中　ローマだけじゃなくて小さな町であったり、子ども時代のころであったり、あらゆる文化の追憶の総合だったりする。しょっちゅうそういうものがテーマとして出てきて、最終的に『フェリーニのローマ』というのは、いまのローマだけではなくて、『サテュリコン』(紀元一世紀のペトロニウスの文学)などの過去のローマも含めて映像にしてしまう。

それからルイ・マルの『地下鉄のザジ』は、私が子どものころ、心に刻み付けた最初のパリでした。やはりルイ・マルにとってのパリの面影が描かれている。

松岡　アラン・レネの『去年マリエンバートで』は三人の男女のあいだの面影についての、執拗な確認でしたね。

田中　そういう映画が日本にあったかというふうに考えると、なかなか思い出せないんですよ。たとえば題名だけでいえば、小津安二郎の『東京物語』はそれらしいけれど、東京を描いているかというと、あまり描いていない。

松岡　ああ、なるほど、ふんふん。ふつうは小津安二郎かなとは思うけれども、たしかにフェリーニ的ではない。フェリーニは少年の目というのを一つ置いて描いた。ルイ・マルは少女の目を置いて描いた。たとえばギュンター・グラスの『ブリキの太鼓』は、ドイツで映画にもなりましたが、オスカルという少年の目を設定して、それをブラウザーというか、ある種のスコープにしながら戦前戦後のポーランドのダンツィヒ（グダニスク）という都市をずっと見つづけた。そういう少年少女ブラウザーのようなものは、小津にはないかもしれませんね。でも、その小津に憧れたヴィム・ヴェンダースが『東京画』をへて撮った『ベルリン・天使の詩』は面影をみごとに戻していましたね。

田中　ええ、『ベル天』。ヴェンダースにはありますね。

松岡　ヴェンダースは『東京物語』のもう一つの舞台になった尾道を、妻の写真家であるドナータ・ヴェンダースとともに『尾道への旅』という写真展にするんですが、そこにも小津にひそんでいた尾道の面影が呼び戻されていた。ただ、日本映画ではそういう顕著な例が少ないのかな。溝口や黒澤にも大島渚《なぎさ》や吉田喜重《よししげ》にも希薄だったかもしれない。大江健三郎のような作家も「場所」についての意識はとても深いものがあるけれど、やはりフェリーニやグラスとは違う。いまぼくたちが石牟礼さんやフェリーニの例で言っている方法とは、ちょっと違う。

田中　とくに都市とか空間をとらえて面影として摑《つか》むということが、日本ではあまりなされてこなかったような気がするんですね。

江戸についての映画も、私はできるだけ見てきているんですよ。江戸を実際に見た人はいないからしょうがないとしても、それなりにつくり込んではいても日本の面影をとらえることはあまりできていない。たんにみんなが「江戸っぽいかな」と思うようなセットを人工的につくってばかり。それが残念ですね。フェリーニがサーカスや芸人や娼婦や障害者を登場させながら前近代の文化の混淆を描こうとしたようには、江戸をとらえきれていないんでしょうね。

松岡　東京が焼け野原になってしまったからですかね。葛西善蔵のころからの「私小説」というものがありますよね。小島信夫や吉行淳之介や安岡章太郎のような「第三の新人」と戦後に呼ばれた人たちもそうですが、あまりにも改変されてしまった戦後の東京の片隅を見ている。たとえば吉行の場合は『驟雨《しゅうう》』とか『原色の街』という作品のなかで、それを娼婦を通した一瞬の感触の風景にはしているんだけれど、「日本の面影」にしているかというと、そうでもない。川端の『雪国』も女の面影にしてしまっている。

それから、これは田中さんの専門だけれども、石川淳も『焼跡のイエス』やその他の作品で、戦後の町を描きましたね。

田中　『焼跡のイエス』は、主人公がアメヤ横丁と思われる闇市で、ボロとデキモノとウミでできたようなかっぱらいの少年に出会い、そのままそれが上野の山に持ち越され、その山のなかで、聖女ヴェロニカが手にする布に浮かび上がったキリストの顔を、少年に見てしまう話ですね。主人公が上野の山を通るのは、そこから谷中に出て天眼寺の太宰春台《だざいしゅんだい》の墓に寄るためでした。その墓石の銘文が服部南郭《はっとりなんかく》の撰によるからで、その拓本を取る目的があった。石川淳には「戦後の東京の闇市」と「江戸の学問」の隔絶されたデュアルな関係の読み取りがありますね。そこに主人公にとっての「絶望の空間」と、そこから突き出ようとする「生命力の奇跡」という関係が映されて見つめられている。注目すべきは、闇市の現実以外はキリストを含めすべてが「面影」の重なりでできているところです。太宰春台も服部南郭も、キリストでさえ、布のなかの面影のようなものです。それから、書かれたもので言うと、荷風の『日和下駄《ひよりげた》』があった。

松岡 そうね、『日和下駄』は荷風自身が成長していないんじゃないかというぐらい、下駄の少年のまま歩いている。

田中 実際に荷風は、東京の川やお堀で泳いだり散策したりするのが大好きな少年だったんですが、そういう感覚が残っていますね。『日和下駄』は欧米で暮らしたあとに書かれたもので、その後も東京を散策し書きつづけていた。荷風にとって文学と散策は連続しているんですね。きっと、フランスから帰ってから、少年に戻っちゃったんですね。そんな感じがする。

松岡 日本を語るには、面影少年や面影少女が必要だったのに、われわれはどうも蔑《ないがし》ろにしてきてしまった。それを、石牟礼さんや荷風や石川淳が引き受けてくれたというふうに見ればいいのかな。そう言えば、滝田ゆうとか、つげ義春といった漫画家はやっていますね。

田中　なるほど、滝田ゆうはやっていますね。

松岡　あるいは杉浦日向子かな。でも杉浦さんは江戸のなかにどっぷり入ってしまったから、また少し違うか。『じゃりン子チエ』のなかにはあるかもしれない。

田中　高野文子《ふみこ》にもあるかもしれない。

松岡　うん、うん。ああいう感覚を日本映画がもう少しがんばって描いてもよかったのに、意外とやってきていないかもしれない。いま思い出したけれど、生まれ育った奈良を描いた河瀬直美の『萌《もえ》の朱雀《すざく》』や『殯《もがり》の森』や『沙羅《しゃら》双樹《そうじゅ》』などは、すばらしく面影を追っていましたね。河瀬さんはたしか、東京オリンピックの公式記録映画の監督を任されていると思います。

田中　それはたのしみですね。

様子をうかがう文化知覚距離

松岡　「私のなかの面影」としての『日本問答』からこの『江戸問答』への流れですが、田中さんはどのへんからその語りをしたいんですか。

田中　『日本問答』の最終章でも少し話した、私の生まれた横浜の家のことです。それは、下町の長屋の典型だったんですが、江戸の長屋との共通点を、のちに発見するんです。江戸が自分の横浜の体験と重なってくるんですね。たとえば家のなかにいると、隣の人の声が聞こえる。長屋は壁だけで仕切られているからです。落語にも、よくそういう話が出てきます。

松岡　壁に釘を打つと、隣の長屋の部屋の仏壇のなかの阿弥陀さんのところに釘が出る（笑）。

田中　「粗忽《そこつ》の釘」ね。「黄金餅《こがねもち》」というどぎつい話もある。隣に住む病気で死にそうなお坊さんが、持っているお金を人に渡したくなくてお餅のなかに入れて食べるのを、壁に穴を開けて見ている。その後、屍《しかばね》を焼いてもらいに焼き場まで運ぶのですが、それは親切なのではなく、焼いた後でおなかから金を取り出すためです。

長屋はそうやって穴を開けないまでも、壁越しに隣人の声が聞こえる。この感覚がもたらすものは私自身が経験しているんですね。江戸時代にはなかった箪笥《たんす》や押入れがあるので、決して筒抜けではないし、わざわざ境の壁際に家具を置くわけです。でも台所はそういうものがないから、大声で呼びかければ聞こえる。会話もできる。基本的にプライバシーという概念のない生活ですが、それが大変なものなのかというと、それほどでもない。そもそもないものは、守る必要もない。

松岡　コンプライアンスも必要ない。

田中　何を聞かれていても、しょうがないじゃないか、まあいいじゃないかという感覚になるわけね。そういうプライバシーのない世界の感覚というのを、私は子どもの頃から体感的に知っていたんです。

それは家のなかでも同じで、子ども部屋というものが存在しないわけですから、子どもである自分がどこに居場所を見つけるかといえば、自分で探して決めるしかない。使える空間が一《ひと》間《ま》しかなければ、その六畳一間のなかのどの片隅に自分がいるのか、そのつど考える。あるいはなんとなく決まってきたりする。親は私の後ろにいて、常に私の背中を見ている。その関係は、たとえ見られていても、見られているとはべつだん意識しないんです。親のほうも、そうやって見ているから、とくに口出しする必要もない。つまり干渉しなくなる。

松岡　巧まざるして、みんなが自律的になる。昭和三〇年代から四〇年代半ばくらいまでは、日本中の「近所」がそうなっていましたよね。

田中　玄関だって、夏はほぼ開けっぱなしです。その頃の家は床が高かったんです。たたきから上がり口が椅子の高さくらいある。外から入ってきた人は、家のなかに入らないでそこにちょっと座る。そういうことが日常的に起こるわけです。そこでできてくる人間関係はたいへん中途半端だけど、塩梅《あんばい》がいい。それがのちに、なくなっていくんですね。中途半端な人間関係が消えていく。

松岡　塩梅ね。それが高度経済成長が進むに従って消えていく？

田中　床が低くなるに従って壊れていくんです。「疎遠な関係」と「密接な関係」に二分化されるからです。二分化される前は、しょっちゅうお互いに訪問するけれど、それは玄関までで、玄関から家のなかの様子もだいたいわかるけれども、よけいなことは言わない。でも助けるべきときには助けるという関係ができあがっていた。距離のあるかかわり方です。これは江戸時代の人間関係そのものです。

それがだんだん「カンケーない」か「かかわりすぎる」かに二分化されていく。それは近隣関係だけでなく、一般の人間関係もそうなった。

松岡　エドワード・ホールが、そういう社会文化的な距離のことを「プロクセミックス」と呼んだ。文化知覚距離という意味です。ホールはドイツ人と日本人とアメリカ人と中国人では、プロクセミックスはそれぞれ違うということを書いたんですね。いまの田中さんの話には、「様子をうかがう」とか「聞き耳を立てる」ということで成立しているような、社会というものを自分の家の近辺で小さくモデル化できているような文化知覚距離が、かつての日本にあったんだという話ですよね。

　日本人にとっては「近所」というものが独特でしょう。ぼくと田中さんとでは、少し世代も違うし、生まれ育った場所も違うけれど、学校から自分の家までのあいだに、いろんな世界の縮小モデル、社会の小さなモデルがちゃんとすべてあったということは、おそらく共通していると思う。草っ原があって土管があるあたりのこととか、野犬がうろついたり、ちょっと変なおじさんがいたり、そういうちょっと怖いものがいるあたりのことは、田中さんとぼくだけではなく、みんな記憶があるんじゃないかな。誰もがそういうちょっと「あやしい近所」の地図をもっていて、だから駄菓子屋で風船ガムのようなものを一個買うだけでたいへんな冒険が成就できた。そういう日常を、みんな送っていたはずなんです。

田中　松岡さんの子どもの頃の家はどんなふうでしたか。最初は京都の呉服屋さんで、町屋だったんですよね。

松岡　生まれたときはそうなんですが、ぼくの記憶にある最初の家といえば、帯屋の裏の離れに家族で住み始めたときのことなんですね。ぼくは昭和一九年という戦時中の生まれなので、そのころ京都が空襲されるかもしれないとさかんに言われていた。まだ三月一〇日の東京大空襲(昭和二〇年)も起こっていないころで、沖縄のほうからアメリカ軍が来るということだけはわかっていた。京都にも空襲があるかもしれないというので、母とぼくだけ三重県の尾鷲《おわせ》に疎開をしていた時期があるんですね。

敗戦後は妹が生まれて、家族そろって東京へ出て、そのあとまた京都へ戻り、綾小路の室町東入ルにあった帯屋の離れに間借りして住んだんです。小学校四年の半分まで、間借りです。そこからまもなく中京《なかぎょう》の一戸建ての町屋に移りましたが、そのころの京都の家といえばどこも同じで、似たような体験がずっと続いた。たとえば汲み取りです。自分の排泄物、家族の排泄物を汚穢《おわい》屋《や》さんが来て、汲んでもって行く。それからバタ屋さん、これは廃品回収のことです。研ぎ屋さんもときどきやってきて、包丁とか鍋の焦げ付きなんかを研いでくれる。というように、小さな家なのに、いろんな人たちが定期的にやってきては、いろんなことを解決してくれる。家の内外で何か小さな世界が確立されているんだなという感じは、子ども心にもありましたね。

あるいは、母が掃除をするとき、畳に茶殻や湿らせた新聞紙をちぎって撒《ま》いて、それを箒《ほうき》で掃く。そういう内側の美しさの保ち方がありました。「そろそろ沈丁花《じんちょうげ》が咲くころやな」とか、「山梔子《くちなし》に虫がついてるな」というようなことを言いながら、小さな庭の数メートル範囲の小自然を大事にする。こういうあり方は、借家であれ長屋であれ変わらない、ぼくにとっての「面影」のモデルになっていると思います。

田中　でも、そういうことをなかなか語ってみようとは、してこなかった。それはなぜなんだろうと思うわけです。きっかけがなかったということは一つあるんですが、こういう話をするということ自体を躊躇《ちゅうちょ》する。そういう話をすることに、はたして意味があるんだろうかと思ってしまう。

松岡　そんな家庭的な話をしてもしょうがないだろと言われてしまうんでしょうね。長らくそういう風潮が強かった。

平時のなかのリスクマネジメント

田中　私自身、そういう体験と日本の面影とを意味づけできていない状態だったんだと思うんです。石牟礼さんはなぜそれができたかといえば、水俣病があったからでしょう。いったいこんなふうになってしまう前の水俣は何だったのかというような問題意識が研ぎ澄まされて、そこを書くべきだと思えた。私たちにはそれを描く動機がない。でも『日本問答』での対話をへて、ここに来て感じるのは、「日本のことを考える」「日本文化を説明する」というときに、はたして文献だけを探っていていいんだろうかということなんです。なぜ自分がかかわってきた面影の歴史を語ってこなかったのだろうかと、そこは忸怩《じくじ》たる思いがある。

松岡　山本七平が言うように「空気」が邪魔をしていて、それが学問にまで及んだんじゃないかな。でも、われわれが育った社会は汲み取りやバタ屋さんと一緒だったんだよ。

田中　汲み取りの話でいうと、これは江戸時代の頃から継続されていた仕組みです。私の家もそうでした。都会であっても汲み取りがある。もちろん江戸時代とは違って、昭和の汲み取りは役所を通していたのかもしれないけれども、でも日本の仕組みとして定着していて、なかなか崩れることがなかったわけですね。廃品回収にも何種類もあって、ふつうのゴミを集める人、紙を集める人、金属を集める人というように、専門化されていた。そうやって成立していた世界が、戦後になると衛生問題の対象になって、ＤＤＴを撒く対象になってしまった。

松岡　そういう近所や家という単位のなかで、少年少女は「面影」とか「様子」というものを教わっていたにもかかわらず、どこかでそのプロクセミックスが見えなくなって、「様子」の物差しが失われてしまった。そのことによって、どうも日本は「平時」と「有事」の管理もヘタクソになってしまったのではないかと思うんです。

このことをぼくは内田樹《たつる》さんと話していて、なるほどと気づいた。内田さんとは「有事」と「平時」という話をしたんです。日本はなぜこんなに有事への対処がヘタになってしまったのかということを考えていくと、かつての日本人は平時を大事にしていたからこそ、小さな有事を敏感に感じることができたのではないか、そういう感覚を自分たちの身近な近所で培っていたのではないかという話になったんです。見かけない人が歩いているなとか、いつもやってくる物売りの人が今日は遅れているな、といったようなことです。

内田さんは武道家でもあるので、そういう感覚をいつも研ぎ澄ませているんだそうです。内田さんによると、武道家というのはいつも行き帰りは同じ道にするらしい。そうすれば、向こうから来たやつの肩の動きがちょっとおかしいとか、やばい気配だとかいったことがすぐわかる。そういうものを敏感に察知して「有事」と見なして構えをとる訓練をするんだね。

武道家たちばかりでなく、おそらくかつての日本人は近隣のなかで、絶妙に平時をコントロールしながら有事に備えていたんじゃないか。そのためにいつも何かの支度をし、用意をしていた。いまはそういった社会モデルを、ぼくたちは持てなくなったのではないか、ということです。すべてお金を払ってサービスを受けられるというふうになりすぎた。

田中　サービスにかこまれすぎて、ある種の危機感が摩耗《まもう》している。だんだん鈍感になった。

松岡　クライシスマネジメントやリスクマネジメントからみても、かつてのほうがうまくできていた面がある。

田中　たとえば、いまの日本人と違って、かつては「物を持たない」ということが、重要なリスクマネジメントになっていたでしょう。家のなかに何もないから、ある意味ではそのままで地震と火災への備えになっていた。

松岡　なるほど。何もないから断捨離する必要もない（笑）。あとは台風に備えて雨戸や窓に板を打ち付けた。

田中　その時代ごとのリスクマネジメントは確かにあったと思いますし、かつてはそれを家の単位や近所の単位できちんと共有できていたのでしょうね。

「商品」が循環する社会

松岡　江戸の社会は封建的な幕藩体制のなかで、なぜこういう持続型で循環可能な経済や生活がずっと維持できたんだろう？

田中　恋川春町が一七七五（安永四）年に『金々先生栄花夢《きんきんせんせいえいがのゆめ》』という作品を刊行しました。これによって大人の絵本とも言うべき「黄表紙」が確立されるんですが、それは「邯鄲《かんたん》夢の枕」という中国の話が土台になっている。「邯鄲夢の枕」では主人公は科挙の試験を受けに行くんですが、ところが邯鄲という土地で夢を見たために試験を受けるのをやめて故郷に帰ってしまう。皇帝に上り詰める夢を見て、「こんなものか」と思ってしまうわけですね。

ところが『金々先生栄花夢』では、同じように田舎から出てきた主人公が、江戸に入る前に目黒の粟餅屋で昼寝をして、金持ちになるという夢を見る。それでやっぱり「こんなものか」と思って江戸に行くのをやめて帰っちゃう。中国の話は皇帝にまで上り詰める可能性のある官僚の物語なんですが、日本はこれを商人の世界の話に変えてしまうんですね。

このことに象徴されているように、日本は江戸時代以降、商業システムで社会の仕組みができあがっているんです。決して官僚によるトップダウンで社会システムがつくられたわけではなく、商人の世界が確立されていったときに、商業のプロセスのなかで社会システムが確立していったんですね。循環世界がなぜ確立されたかということを考えるときに、このことははずせない。そういうなかで排泄物も商品化していった。商品化しなければ、あの循環はできなかった。そこには商業システムというものがガチッと入っていたんです。

たとえば水道などは、江戸城ができた時に玉川上水から淡水を引いてきて江戸城のなかを通すという大工事から始まって、そこからそれぞれの大名屋敷にも水道を通すというように、完全にトップダウン式でつくられたシステムです。運河もそうやってつくられた。ただし、運河の開削《かいさく》にも玉川上水の開削にも商人が入っています。ということは、非常にたくさんの商人が上水にも関与したわけですね。排泄物に関しても、かなりの部分は商取引によって仕組みがつくられた。排泄物を取りに来る人は、そもそも農民なんですね。では排泄物を取りに来ることは農業なのかといえば、彼らはそうは思っていない。もちろん排泄物は農業の役には立つけれども、あくまで商品として売るためにもらいにいく。そのうちに、もらいに行くんじゃなくて、お金を払って引き取ることになる。

松岡　昭和の汲み取りは、汲み取りしてもらうほうがお金を払っていた。

田中　江戸では逆なんです。汲み取る側の農民がお金を払っていた。そういう商取引として確立していった。それくらい、排泄物は需要があったのですね。それが確立してしまうと農民自身も商人化していく。さらに下肥問屋制度ができると、農民が問屋になって、臨時雇いの人足さんたちを汲み取りに行かせるようになる。汲み取ったものは船に乗せて運ぶんですが、もちろん船頭料もすべて問屋さんが払う。そうやって問屋まで運ばせて、発酵処理をする。そこまでやって、ようやく商品として分配、つまり他の農民に売るわけです。農民の問屋化が始まってくることで、完全に商業システムが確立するんです。

松岡 農民の商人化というのは、いつごろから起こっていったんですか。

田中 そういうことはなかなかとらえきれないんですが、「換金作物」という言い方が出てくるように、作物がお金になるという感覚がある時から出てきますね。膨大な市場取引があった綿花や繭《まゆ》、絞って燈火《とうか》に使う菜種《なたね》など、年貢を納めたあとにあまった作物を売ってお金にするということも、おこなわれるようになる。

それからもう一つは、農民は食料だけをつくっているわけではなく、紙を漉《す》き、布を織るなど生活必需品をつくっているわけです。こういうものは当然最初から商品にするつもりで、生産しています。農民たちは、商品が仕上がるところまでというよりも、途中までを担うわけです。たとえば布を織るということですと、桑の栽培までとか、蚕《かいこ》を育てるまでとか、糸取りまでとか、機織りまでおこなうとか、さらに染色まですするとか、いろいろな段階がある。これらの段階が分業化されていて、段階ごとにお金が動きます。そして最終的に布という商品になり、それを呉服屋が買い取るのですが、着物にするのは都市の職人です。農民はコウゾやミツマタを育てて紙漉きもしますが、便箋や巻紙にするのは職人です。こうして桑も蚕も糸も一つひとつの段階が商品になる。このような農民の商人化は、かなり早くから進んでいたと思いますね。

松岡　われわれは『日本問答』で公家と武家を主軸に日本を大きく見たわけだけれども、いよいよ江戸から東京へというときは、公家、武家に代わって、農民、さらには商人たちを主軸にしないと、解けないことがいっぱいあるということですね。

田中　そうです。たとえば他のアジア、中国や当時の韓国と比べても、江戸社会は商業システムが非常に重要で大きいというのが特徴だった。当然それが産業にも文化にも影響を与えてますね。

松岡　京都でも、角倉了以《すみのくらりょうい》・素庵《そあん》親子のような豪商たちが高瀬川を開削して水を京都に引いてくるというふうに、自分たちでインフラとともに商業システムをつくった。さらに本阿弥光悦のような、法華衆であって刀の研ぎ師である人物が、角倉素庵と組んで嵯峨本などの印刷物やメディアを手掛けていくというように、商人や職人たちがいろいろなものを試作している。幕府はそういう法華衆の力を警戒して、光悦を鷹峯《たかがみね》に追いやろうとしたんですが、光悦はその鷹峯に職人を集めて、のちに光悦村と呼ばれるような生産共同体をつくっています。

田中　そもそも京都がそういうふうにして成り立っていたから、江戸ができてきたときに、上方の商人が江戸に移っていけた。

松岡　京都の場合は、とくに近江商人をどんどん入れたんですが、江戸・東京は、商人は各地から来ていたんですか。

田中　そうです。最初は京都や大坂や松坂からドーッと商人たちが移っていった。そうやって江戸支店をつくって、大きくしていった。そのあとは、江戸のなかで暖簾《のれん》分けして商家が増えていきます。

松岡　江戸名所図絵や江戸図屛風を見ていて日本橋あたりに注目してみると、商人や職人がどのように町を構成しているかがよくわかりますね。魚河岸の魚問屋、本町の呉服商、両替町の金融商人、材木屋、油屋、薬問屋などがひしめいている。その近所に葺屋町《ふきやちょう》や堺町があって、芝居をたのしもうとする町人が集っているし、その合間を縫って女性たちの髪や髷《まげ》を結ったり飾ったりする店、男たちの紙入れや煙草入れを提供している店もある。寿司屋や料理屋も店を開いている。一八世紀になると、武家より商人と職人のほうがずっと目立っています。

江戸東京博物館には、そういう殷賑《いんしん》を精巧にあらわした町の模型がいろいろ出てますね。

田中　江戸名所図会や浮世絵をいろいろな立体模型にしています。両国広小路の芝居や見世物小屋や寄席の賑わいなども、展示してあります。

「界」と「隈」のデュアルスタンダード

松岡　ぼくが前からときどき使っている大事な言葉があります。それは「界隈《かいわい》」という言葉です。「界」は広くて「隈」は狭いところですが、この二つが重なって界隈になる。かつては「界」と「隈」はデュアルだったんだと思います。

江戸時代はもちろん、ぼくたちの少年少女時代くらいまでは、ひとまとまりのエリアとしての「界」というものと、そこにわだかまった「隈」、悪く言えば吹き溜まっているところの両方があった。しかしその吹き溜まっているところの単位が、社会学用語で言えば、コミュニティやコモンズとしての小さな単位としてよくできていた。その単位のなかには町医者もいるし銭湯もある、ゴミも糞尿も処理される。たとえばどこかの家の子どもがおたふく風邪にかかると、あっというまに情報が伝わって、みんなで気づかいあうこともできた。いわば、「界」は世界につながる大きなものへの道でできていて、「隈」は個人や隣どうしの面影でできている。その両方に、商人と職人がうまく入り込んで、循環経済のいろんなミニ単位を成立させていた。こういう「界隈」というのを、いまもっと持ち出してもいいでしょう。

田中　そう思います。『日本問答』の対談のあと、私は松岡さんのイシス編集学校の最高学府である「離」(守破離の「離」を意味する専門コースのこと)を受講させていただいたんですが、そのレッスンのなかに、子どもの頃の空間の記憶を振り返るというものがありました。「ここ」というふうに認識していた空間が、成長するにつれてどんなふうに広がっていったかということを考察するなかで、いろいろなことに気がついたんです。これはもしかしたらかなり大事なことかもしれないと思った。たしかこのレッスンでも、松岡さんは「界隈」という言葉を使っていましたね。

松岡　ぼくはずっと使ってます。ぜひこの『江戸問答』でも、キーワードの一つに昇格させたい(笑)。

田中　子どもが身近な空間からだんだん遠くまで行くようになりながら、空間認識がどのように変わっていったか、つまりどんなふうに界隈を知っていったかという問いでした。私の場合は歩いて三分ぐらいのところに町医者があって、そのすぐ隣に公園があって、町医者と公園のところを突っ切っていくと駅があって……というように、次第に「向こう側」に向かって界隈が広がっていた。では、その反対の「後ろ側」に何があるかというと、祖母がやっていたお茶屋がかつて建っていた坂があって、その坂の上のほうには寺や墓地があった。こんなふうに、後ろに我が家の過去と寺社や墓地の空間、前に向かって現代の世界が広がっていくという、非常にわかりやすい空間認識をしていたんだということを、あらためて理解したんです。

松岡　空間認識って、決して同心円状に広がっていくものとはかぎらないんです。むしろ、田中さんのようなひょうたん型がいくつも重なりあっている。それにしてもイシス編集学校をやってみたら、「界隈」が蘇ったというのは嬉しいな。

田中　お世話になりました(笑)。

松岡　ちょっと読者のために補足しますと、ぼくがやっているイシス編集学校では「守」と「破」のコースで編集の型や文章術や物語術を学んでもらって、編集力を身につけてもらいます。そのあと最後に「離」までくると、ぼくが組み立ててきた編集的世界観をまるごと学んでもらうというカリキュラムになります。ぼくが書いた原稿用紙でいうと一五〇〇枚くらいのテキストが待っていて、そのテキストに沿って次々にお題が出るんですが、その内容はぼくが生きているあいだは門外不出にするつもりなので(笑)、詳細はこれ以上は言いません。「離」に来るかどうかは自由です。ただし毎期三〇人しか受け付けません。少数精鋭主義なんです。

この「離」のカリキュラムのなかに、人間が世界というものをどう仮説しながら組み立ててきたかということと、人間が子どもの頃からどんなふうに世界というものと出会っていくかということを、重ねながら考察してもらうようなお題をいくつか仕込んでいるんです。実際には、その前にギリシア・ローマの世界観や古代中国の諸子百家の見方について学習してもらうんですが。

なぜそのようなお題に取り組んでもらうのかといえば、やはりぼくは「面影」というものを重視しているからです。「界」と「隈」でできているデュアルスタンダードな世界のなかで、少年少女は何をどう感知していたのか、その「面影」がもしわかれば、実は日本の謎も江戸の謎も平成の謎も解けるというふうにぼくは思ってきたんです。

田中　あのお題を体験したから、いまは松岡さんが考えていることがよくわかります。

松岡　ぼくの経験でいうと、たとえば京都時代はずっと風呂屋通いだったんですね。うちのなかには五右衛門風呂しかなくて、とくに子どもにはグラグラして落っこちそうで入れないんですよ。だからたいてい近所のお風呂屋さんに行ってた。なんといっても、お風呂屋さんに行くと、近所の人たちと交わったり、子どもたちと騒いだりできるでしょう。いろんなお兄ちゃんやお姉ちゃん、ここかしこのおじさんやおばさんとも会えた。そういう場所が、風呂屋以外にも、駄菓子屋とかいろいろあったように思うんです。

田中　みんなが集まってくるようなところですね。

松岡　そう、寄り合う場所だよね。浮世風呂《うきよぶろ》や浮世床《うきよどこ》みたいな世界。家のすぐ前だって、夏になれば縁台を出して、近所の人たちと夕涼みしながら将棋を指したり、そのまわりで子どもたちが遊んだりしていた。こういうものを何と呼べばいいんだろう。コミュニティと言うのは大袈裟だし、コモンズも言い過ぎだし、もうちょっとおもしろいものなんですね。まさに「様子がわかる社会」とか「小社会」と言いたいようなもの。

田中　コミュニティより小さいですよ。でも「家族」ではない。

松岡　クラン(氏族)でもない。

田中　町医者も、そういう機能をもっていた。でもいまや町医者がどんどん消えています。知人の医者に聞いたのですが、本来、医者もそれぞれ多様な生活をしているから、その多様性を考慮しながらそれぞれの才能を組み合わせて病院をなりたたせなければならないのに、いまはみんな一律の制度で働くようになってしまったので、大変なんだそうです。働きつづけられなくなったり、問題が起きたりしている。医者がほとんど病院勤務になってしまったという背景もあるようです。

松岡　かかりつけのお医者さんも持ちにくくなってきた。

田中　私が子どもの頃に家族全員お世話になっていた町医者も、息子の代になって病院勤務になり、横浜の大きな病院の院長になってしまった。そうなるともう元には戻らない。そうやって町医者は消えていく。病院勤務はご本人たちにもかなりつらい生活になるわけです。なぜかというと、町医者は家のなかで営業しているから、子育てもできるし、家族の暮らしにも対応していける。私たちがお世話になった町医者とは、家族ぐるみで近所付き合いをしていました し、ある意味でそこがコミュニティの拠点にもなっていました。奥さんは看護婦さんでしたので、夫とともに働きながら子育てしていた。近所の子どもたちを集めてプレゼントをあげたり遊ばせてやったりしながら、自分の子育てもいっしょにやっている。

でもいまはお医者さんも看護師さんも病院に勤務するという形態になって、仕事と子育てに引き裂かれている。医療にかかわる人は、仕事と生活が両立できない大変な状況に追い込まれている。

松岡　新型コロナの蔓延によって世界各地で「医療崩壊」が問題になったのだけれど、それ以前に地域と医療の密接な関係がくずれて、すべてが大病院化しているということも問題なのでしょうね。

祈りの場所は家のなか

田中　もう一つ、私にとっての「界隈」の話でいうと、一番身近なところに「祈りの場所」をどう持っていたかということが大きかったと思うんです。かつての日本の家のなかには必ず仏壇があった。ただ、その仏壇の大きさは地方によってものすごく大きな違いがあって、私の生まれた家は六畳と三畳しか部屋がなかったので、仏壇もささやかなものでした。二間《ふたま》に家族五人が暮らして、あとは台所と玄関しかないような、とても小さい家なんです。トイレはあるけれど、お風呂もない。だから仏壇もごく小さなものを箪笥の上に置いてました。そこしか置きようがない。商家に行くと神棚も置いてあったけど、近所の家にはどこも神棚はなかったですね。でも仏壇だけはどこの家にもある。

松岡　ぼくの家は商家だから両方あったけど、たしかに一般の家には仏壇しかないところも多かったかな。

田中　どっちを優先するかということだと思うんです。家が狭くて両方入らない場合にどっちをとるか。そうなると、やっぱり仏壇が先なんです。

松岡　つまり先祖を優先するということね。

田中　そうです。先祖とのつながりであって、家族とのつながり。

松岡　氏神よりも先祖か。なるほど、そこは日本人の界隈の感覚にとって大事かもしれない。

田中　では氏神関係はどこにあるかというと、家の外の路地にある。

松岡　路地にお稲荷さんとかを祀《まつ》ったりもする。

田中　子どもの感覚でいうと、家から出て一〇歩とか二〇歩ぐらい歩くと、そこに祠《ほこら》がある。いったい何なのかがわからないくらいの小さい祠が石の上にポンと置いてあるんですが、子どもたちがその前を通りかかると、「ここで手を合わせないと悪い事が起こるよ」と誰かが言い出す。そこでみんな手を合わせて通る。

松岡　一秒くらいちょこんと立ち止まってね。男の子はみんな経験していると思うんだけど、いつも立ちションをしている塀に、あるとき突然、鳥居のちっちゃいのが描かれてたり、赤い鳥居マークのステッカーが貼られたりする(笑)。きっと「ここはしたらあかんで」という意味で描いたんでしょうけど、そんなところに神様が急に出てくるからギョッとする。大人からは「あそこでおしっこしたら、おちんちん曲がるで」と言われた(笑)。だいたい、仏壇でバチが当たることはないんだけれども、神様のことはみんな「バチが当たる」と言われながら何かを教わるんだよね。

田中　そういえばそうね。

松岡　しかもそれが、近所のいろいろなところにいるんですよ。ヤオヨロズたちがね。京都はとくに多い。家のなかにまでいっぱいおわしました。とくにうちは呉服屋でしたから、年末の大掃除では母と店の人が煤《すす》払いがおわると、注連縄《しめなわ》を小さな一本の藁で巻いて細い紙の御幣《ごへい》を垂らしていくんですが、それが家のなかに一三ぐらい出現する。

田中　そんなに？

松岡　井戸とか大黒柱とか竈《かまど》とか一三カ所も注連縄が張られるから、子どもは家のなかで身動きできなくなる。これじゃ家のなかが伏見稲荷状態(笑)。でも京都ではこれが典型的な商家なんですね。もちろん、仏壇もちゃんと置いてある。うちは浄土真宗で、仏壇というのは「四世同堂」、つまり阿弥陀さんとともに四代にわたる四世が「同じ堂」に入っているんやでと、父から説明されました。「そこに、おばあちゃんがいやはるんや」とね。そうすると、お灯明《とうみょう》を点け、線香を焚き、お経をあげるたびに、おばあちゃんに出会う。そういうことを感じながら、父のお経をむにゃむにゃ聞いていた。田中さんの家ではお経はあげていましたか。

田中　あげていないですね。法事のときはお坊さんが来てあげてくれる。

松岡　うちは父がヘタクソなお経を誦《よ》んで、母がそれにあわせ、ぼくや妹はなんとなくむにゃむにゃとついていくんです。父が急に声をあげて調子をつけると、笑いながら妹と突《つつ》きあっていた。

田中　土地や家によって違いはあっても、祈りの場所やお祈りそのものが、遠くにあるのではなく生活体験としてごく近くにあったわけですよね。自分たちが寝たり食べたりする場所にあるということが染み込んでいた。それが最近の生活からはすっかりなくなりつつある。自分の生活圏から祈りの場所と機会が遠のいているんですね。祈るときはわざわざ外側にある祈りの場所に行く。そのうちスピリチュアル・スポットだとかパワースポットだとかいって、憧れの場所になってしまったりもする。生活圏にないから、かえってそうなってしまう。

松岡　農家などがそうですが、大黒柱や井戸をはじめ、家のなかにも小さなパワースポットがいくらもあったんですけどね。

田中　私が仏壇をアクチュアルなものとしてとらえたのは、祖母が亡くなったときです。まさに町医者が診《み》に来てくれまして、家のなかの布団で亡くなった。そうするとその瞬間から、私にとって仏壇は祖母になる。そういうアクチュアルな結び付きとして仏壇が存在しはじめるんですね。

松岡　葬儀がひとしきり終わると、初七日も家のなかで進みますね。そうするとそこに「御仏前」というものが出現する。お花を供え、線香もあげる。うちの場合は父がお経もあげる。そうすると、まさに仏壇がおばあちゃんになるわけです。おばあちゃんだけでなく、おじいちゃんや先祖も並んでいるので、そこから「四世同堂」です。

田中　そうやって「祈り」が過去と現在を結んでいく。

松岡　「御仏前」という考え方は強いですよ。生活にまで入りこむ。

田中　「御霊前」とかもね。

融通無碍な江戸の信仰

松岡　それにしても家のなかに仏壇があるというのは、日本の近世社会の大きな特徴だよね。徳川幕府の寺請《てらうけ》制度からでしょう。

田中　宗門《しゅうもん》改めからですね。キリシタンを取り締まるために、民衆に寺請証文をお寺から受けるようにさせた。とくに一六三七(寛永一四)年の島原の乱以降のことです。あれは天草四郎らのキリシタンの反乱と見なされ、実際にも民衆を大きく巻き込んだので幕府が警戒した。それで宗門改めを寺院にさせるようにした。これが寺請制度になった。

松岡　宗門改めは、そのあと宗門人別帳《しゅうもんにんべつちょう》になりますね。生年月日や出生地や続柄などが記載される。これは戸籍というより、一種のパスポートというかＩＤの発行です。旅の手形も寺院が発行した。人別帳に記載がない者たちは「無宿人」扱いされた。そんなこんなでお寺が結果的に地域の町や集落のミニセンターになり、過去帳ももつようになった。お墓も決まっていった。寺請証文も宗旨を決めるものになる。

そういう時期に、一方で檀家制度が仕上がっていく。これは最初のうちは公家や武家や豪商たちがお寺の檀家として認知されていたのが、だんだん個々の家に広まるわけです。

田中　檀家制度は、寺檀制度ともいいます。もともとは氏寺と力のある檀越《だんおつ》の関係だったのが、仏教の世俗化とともに一般化するわけです。それにつれて先祖供養も広がっていった。

松岡　そうですね。そうすると、ここに檀家が仏壇をもち、さらに親族や商家も仏壇を分けもつようになる。仏壇といってもその原型はお寺の須弥壇《しゅみだん》か持仏堂《じぶつどう》だったと思います。それがしだいにポータブルなものになっていった。厨子《ずし》や宮殿《くうでん》ふうなかたちになった。これは火事とか水害と関係があって、逃げ出すときに運び出せるようにしたからでしょうね。江戸時代というのは振袖火事（一六五七〔明暦三〕年、明暦の大火）の前と後では、この持ち運びしやすさ、ポータビリティが違ってきますよね。振袖火事のあとに大八車《だいはちぐるま》や用水桶なども工夫されるようになるんですが、そういうポータビリティの発達と仏壇の普及が同時に進んでいった。

田中 江戸や京都はそうですね。地方では家が密集していないから、火事の類焼も少ないので仏間を設けましたね。仏壇も巨大なものになった。いまでも金沢仏壇や名古屋仏壇や長浜仏壇って、ものすごく大きい。

松岡 ぼくの家は祖父の代までは近江湖北の長浜でしたから、親戚はみんな仏間をもつか、大きな仏壇をもってましたね。

田中 ああ、長浜ですか。

松岡 父は長浜から京都に入ったんです。江州《ごうしゅう》音頭や曳山《ひきやま》祭りの長浜です。

田中 ふうん、近江商人ですね。

松岡 そうです。丸紅(伊藤忠)の伊藤忠兵衛、白木屋の大村彦太郎、高島屋の飯田儀兵衛と飯田新七、西武の堤康次郎《やすじろう》、ヤンマーの山岡孫吉《まごきち》などの話は、よく父から聞かされました。父はワコールの塚本幸一さん、布団の西川甚五郎さんとはよく交流していましたね。ニチレイ(帝国水産)の木村鑛二郎さんとか。

田中 近江商人の「三方よし」ね。「売り手よし、買い手よし、世間よし」。「世間よし」がいいわね。

松岡　経世済民《けいせいさいみん》っぽい。あれは五個荘《ごかしょう》の中村治兵衛が言い出して、そのあと伊藤忠兵衛が広めたようですね。「始末して、きばる」というのもあった。でも一方では商売上手だというので、「近江泥棒、伊勢乞食」などとも言われた(笑)。まあ、それはともかく長浜仏壇や近江仏壇は大きかったです。きらきらしていた。ぼくは、自分の気性からすると京都より近江に親しみを感じます。

田中　仏壇の普及は仏教への帰依《きえ》の証しというより、祖先信仰と親類縁者の重視につながったように思います。

松岡　それが「家」と「祈り」を近寄せた。

田中　そうですね。それとともにお葬式も近寄せました。

松岡　そうでしたね。儒教学の加地伸行さんなどは葬式仏教は仏教ではない、儒教の影響のほうが強いと言いますね。

田中　そのへんのことは宗教論というより、江戸時代の社会統制とも関係があるんだと思います。幕府は宗教をガバナンスとして利用しましたからね。寺請制度はあきらかに制度として宗教を利用しているのであって、カトリックやプロテスタントやイスラムのように信仰を重視したわけではありません。むしろ「べつに信仰しなくてもいいよ」というほうです。幕府としては、キリシタンでさえなければよかった。

松岡　お寺のほうも、しょっちゅう宗旨替えをした。前は浄土だったけれど、いまは密教や禅のお寺になったというところも多い。

田中　住職さんがいなくなったので、別のところから来てもらったという例も多い。

松岡　ロイヤリティに甘いというか、屈託がない。融通無碍《ゆうずうむげ》というか、つまりは宗旨替えが平ちゃらだったんだろうね。それが変わったのは維新の神仏分離令と廃仏毀釈《はいぶつきしゃく》からでしょう。あれでみんなギクッとした。同時にキリスト教も解禁された。

田中　それから国家神道の成立でしょう。あっというまでした。

松岡　日本仏教は、ここから試練にさらされる。お寺も食べられなくなって興福寺の塔が安値で売られそうになったという話もある。清沢満之《きよざわまんし》たちが仏教改革をしなければならないと立ち上がったのも、むべなるかなですよ。仏教が低迷しているあいだに、岡山の黒住宗忠《くろずみむねただ》の黒住教とか赤沢文治《ぶんじ》(川手文治郎)の金光教《こんこうきょう》とか中山みきの天理教も台頭してきた。こちらは神仏習合的なところもあって、仏壇に依拠しない信仰運動を展開しましたね。これらはその後、まとめて新興宗教と呼ばれるのだけれど、広くいえば民間信仰ですよね。

それでちょっと聞きたいのは、江戸時代の民間信仰は幕府の寺請制度とは関係なくけっこう自由にあったわけでしょう？　つまり新興宗教のようなものはずっとあっただろうと思うんですが、ヨーロッパや中国の歴史に比べると、おとなしい。神秘主義やオカルト的なものもあまり出ていない。これはどうしてなんですか。

田中　やっぱり幕府の統制が強かったんです。民間信仰もけっこう取り締まっていました。

松岡　カルト的なものがあまりないのは、出てきにくかったということですか。

田中　日蓮宗の不受不施《ふじゅふせ》派はある意味ではカルト的なところがあったけれど、やっぱり強く統制を受けましたね。ちなみに江戸時代でいちばん盛んな新興宗教は富士講《ふじこう》ですよ。

松岡　弥勒《みろく》信仰ね。未来希求型。

田中　そう、富士講も未来型の弥勒信仰の一つです。長谷川角行《かくぎょう》という修験道の行者が富士山の人穴《ひとあな》で角材の上に爪先だちして千日の苦行を実践したということがもとになっていますが、それは江戸時代より前のことで、もともとはその前の本地垂迹《ほんじすいじゃく》型の富士信仰からきたものです。山岳信仰とか修験道とか中世神道とか、いろいろのものがまざっている。富士のスピリットが顕現《けんげん》したといわれる浅間《せんげん》明神の信仰、コノハナサクヤヒメ信仰、本地仏を大日如来とした密教信仰、富士山を菩薩に見立てた富士大菩薩の信仰などなど、いろいろです。

松岡　それがどうして近世になって流行したんですか。

田中　江戸時代、街道の整備によって旅行が簡易化されて参詣ブームが起こるんですね。とくに伊勢参りや富士登山が人気になっていった。これは伊勢信仰や富士信仰というより、参詣ブームです。なかでも富士信仰は神仏混淆的なので、庶民にはとっつきやすかった。だからどんどん広がったのだけれど、それを組織化して誰かが指導したわけではない。あくまでブームです。それが巨大組織化する兆候があって、幕府は取り締まっています。

松岡　のちの伊勢の「おかげ参り」や森の石松の金毘羅代参《こんぴらだいさん》などもそうですが、多くの江戸庶民があれほど参詣に夢中になったのはどうしてなんですか。観光ですか、現世利益ですか。

田中　現世利益的に見えるけれど、たとえば伊勢参りをしたからこういう病いが治りましたとか、そういう記録はほとんどないですね。私はむしろ巡礼の延長のような気がします。「おかげ参り」のように喜捨《きしゃ》によって旅をするのは、必ずしもラクな旅ではありません。四国巡礼などは、重い病いを負いながら巡礼をした人もめずらしくない。病気が治るかどうかもわからない。けれども旅によって人生の位置づけが変わるということはある。その「自分を変えたい」「自分が変わる」ということが参詣のトリガーになったんだと思います。

松岡　なるほど。

田中　江戸時代は遊行民《ゆぎょう》への独特の意識がまだかなり残っていて、農業や商業のために定住して暮らしている人々も、山伏《やまぶし》や巫女《みこ》など祈禱のための遊行者を家に呼ぶことがめずらしくなかったんです。芭蕉のような遊行する俳諧師への畏敬の念もある。遍路への蔑視と畏れの共存もあった。つまり遊行する人たちのなかに、自分の人生とは異なる生き方を見ていたのだと思います。そうだとしたら、旅によって人生を変えられるのではないかと思っても不思議ではないんですね、それはお金をふんだんに使う観光旅行とは違う。やはり参詣でなければ、人生を変えることはできませんね。

松岡　富士講や伊勢講がそうだったように、「講」の仕組みが動いたのも大きかったでしょうね。おかげでまわりから餞別《せんべつ》も貰えた。ツアーガイドとしての御師《おし》さんの活躍もあった。

田中　伊勢参りのブームは、御師が豊受大明神の「おかげ」を農民たちに広めたのがきっかけですからね。

一本の木のある風景

松岡　このへんで最初に田中さんが言われた、少年少女の記憶にひそんでいる面影が、なぜ

『日本問答』や『江戸問答』になるのかということ、あるいはそれがときには「世界問答」のスケールにも関係するかという話を、ちょっと深めておきたい。

われわれはたくさんの記憶をもって生きているのですが、ことごとく再生できるわけではありません。想起したくない記憶もあるし、歪んでいる記憶もある。トラウマになってしまうものもあります。なかで、とても重要な生理学的なこともあるんですね。それは幼い頃の記憶は二歳半か三歳以降しか思い出せないというふうになっているということです。どうしても一、二歳の頃の記憶は取り出すことができない。ときどき三島由紀夫のように「産湯《うぶゆ》に浸かっていたときに盥《たらい》の縁が光っているのを見ていた」というような赤ちゃんの頃の記憶を持ち出す人がいるけれど、そういう話はだいたい怪しい(笑)。

では、どうしてわれわれは原初の記憶を取り出せないのか。最近の脳科学によると、脳細胞が十分に発達してシナプスからニューロトランスミッター(神経伝達物質)が出て、電気信号が化学信号に置き変わって解釈系が起動するようになるのがようやく三歳児ぐらいなので、それ以前のことは記憶していないし、想起もできないということがわかってきています。いまの時代は、写真やビデオや音声の記録を親が残してくれるので、あとから知ることはできるし、それを自分の記憶のように思ってしまう人もいるかもしれないけれど、原初の記憶は、ふつうは三歳以降のものになるはずです。

ぼくはこのことは、面影というものにとってとても重要なことを示唆していると思うんです。人間にとって、生まれて最初のわずかな数年間というものが、ヒドゥン・ディメンション（隠れた次元）になっているということが、われわれの思考や想像力に大きなスコープをかぶせてきたように思う。

そもそもわれわれは、空海が「生まれ生まれ生まれ生まれて生のはじめに暗く、死に死に死に死んで死の終わりに冥《くら》し」と言ったように、実は生まれる瞬間のことも死ぬ瞬間のこともとらえることができません。意識は最初と終わりには動かない。こういう人間としての生命のありようが、面影と深く関係しているのではないかと思うんですね。

いまぼくたちが面影のことを大事に交わそうとしていることは、たんに日本のおもしろさとしてだけじゃなくて、面影に注目することが生命に近い見方を駆動させるのではないか、また生命のおぼつかなさというものに近づいている見方になるんじゃないかという気がするんです。そのおぼつかないものをうまく取り出してみるためにも、「近所」とか「界」とか「隈」とか、お仏壇とかお風呂屋さんというような物事もいっしょに扱っていく必要があるということではないか。

田中　そうだと思います。そのおぼつかないものの一つに、自然環境との関係というものも、ぜひつなげてみたいんですね。石牟礼さんの作品を読むと、海の動物たちや陸の動物たち、植物たちとの会話が頻繁に出てきます。その感覚は私にはないものですが、でも自分の記憶のなかには、やっぱり自然とのつながりというものが鮮明にあるんです。それはたった一本の木なんです。私の場合、自然環境がほとんどないような都会育ちだから、石牟礼さんの子ども時代のような環境とはまったく違う。にもかかわらず、やっぱり自然とのかかわりの記憶は鮮明にある。だからきっと、これはどんな環境で育った人も、誰もがもっている根元的なものではないかと思い始めたんです。

松岡　田中さんの一本の木のことをくわしく聞きたい。

田中　イチジクの木でした。家の前にほんのちょっとした空間があった。そこがわが家の小さな庭であり通路だったんですが、イチジクの木が一本立っていたんです。そこにいつも登っていた。木登りをして、てっぺんまで行って、そこで過ごすという体験が頻繁にあったんです。それは私にとっての自然との交流の最初で唯一のものだった。

ところが、あるときそれが伐られてしまった。家を拡張して二階家にするために、そのイチジクの木のある場所が必要となって、伐ってしまったわけです。そうしてつくられた二階部分に兄の部屋と私の部屋ができた。兄はちょうど大学受験の時期でしたし、私も初めて自分の部屋を得ることができた。でも嬉しくなかった。私のイチジクの木が伐られたから。この取引はどうもおかしいという感覚を持ってしまった。

松岡　子どもって、大人たちが交わす取引のニュアンスが察知できるんだよね。だから「何かへんだな」としょっちゅう思ってますね。

田中　私は自分の部屋なんてほしかったわけではない、イチジクの木のほうが大事だった。それは親から見ればとんでもない話だと思いますが、イチジクの木を失って私が得たものは何もなかったと思いました。つまりこれは、とても大事なものと大事でないものという、価値観がくい違ったものを交換しなければならないという最初の経験だったろうと思うんです。そのあと、二階に住むようになった私は何をしたかというと、窓のずっと向こうに見える公園の木を見つめつづけるという変な癖ができてしまった。

松岡　でもそのおかげで、田中さんは本の大好きなアンデルセン少女になっていった。

田中　そうですね、アンデルセンはずっと読んでましたね。松岡さんは、そういう「一本の木」に当たるものの記憶はありますか。

松岡　そういう依代《よりしろ》のようなものではなくて、いろいろ組み合わさった記憶ですね。もぎ取られた記憶ではなく、通り過ぎ去っていった記憶のカレイドスコープですね。

京都の町屋は小さいながらも庭があって、そこに沈丁花《じんちょうげ》とか山梔子《くちなし》とか、草木がそこそこありました。モチの木も紅い椿もあったし、細い紅葉の木もあった。でもぼくはそういった庭の自然が移り変わるとともに、母の帯の柄とかお客さんに出すお菓子やお茶や掛軸が変わっていくというような、まさに小さな循環だけれども、そういうことのほうに強く惹《ひ》かれていましたね。のちにこういうものが日本人における「面影」のアーティキュレーション(分節)としても、とても大事だということを知りましたが、その頃はそういうことを知識としてではなく、庭の自然と家族の営みのなかで感じていた。

それとぼくは小学校三年の頃から大人たちに交じって句会で俳句を詠んだり、投稿させられたりしていて、だから歳時記やたくさんの季語というもの、たとえば「水ぬるむ」とか「春泥《しゅんでい》」とか「日脚《ひあし》伸ぶ」とか、そういう日常会話に出てこないような季節感や自然観にも比較的早くから親しんでいました。これは大きかったですね。自分が見ている小さな光景に「言葉」が加わってくる感覚は、とてもおもしろかった。うまく言葉が加わってこないと、イメージが逃げていくんです。小学校四年か五年のときに「赤い水のこして泳ぐ金魚かな」という句を詠んだんですが、その一句が出るまで一カ月くらい金魚を見てました。

そこに「七五三」とか「十三参り」とか、京都なので町内の「地蔵盆」から「やすらい祭」のようなものから大きな祇園祭まで、季節ごとにいろんな祭礼との遭遇が加わった。そのたびに、いろいろな「もの」や「こと」が組み合わさる。自分を取り巻くもののなかに、いろんな「調べ」のようなものを感じていましたね。

田中　でもふつうの少年並みに、虫捕りなんかもしたわけでしょう。

松岡　もちろん、夢中になって遊んでましたよ。化石や鉱物の採集、それから乾電池を組み合わせて何かを工作すること。みんな夢中です。とくにセミの羽化については、地虫《じむし》をとってきて蚊帳《かや》のなかにつかまらせ、背中が割れて薄いキラキラした翅《はね》が出てくるのを朝まで観察するのですが、これには魂を奪われました。

田中さんの「一本の木」の記憶の話は、何かとても普遍的な面影を感じますね。いまちょっと壺井栄の『柿の木のある家』(旺文社文庫)を思い出しました。『二十四の瞳』の作家です。ぼくはあの話が大好きだった。最初に夢中になった本は石井桃子の『ノンちゃん雲に乗る』なんですが、その次が『柿の木のある家』です。一本の大きな柿の木のある家から柿の苗木とともにもらわれていく、双子の弟とその家族の物語が綴られています。

もうちょっと長じてから好きになったイタロ・カルヴィーノの『木のぼり男爵』(白水社)も

思い出しました。少年がカタツムリ料理を食べたくないという些細な理由で木に登ってしまい、そのまま大人たちの価値観やルールのいっさいを拒否しながら、たった一人で樹上生活を始めるというすばらしいお話です。かなり荒唐無稽《こうとうむけい》なんだけれども、ついに「木のぼり男爵」と呼ばれるようになって、樹上に共和国をつくろうとする。

田中 たった一本の木があるだけで、神話にも物語にもなるんですよ。

郊外の風景への憧れ

松岡 ほんとうは自然観を養うのも人間観を養うのも、大事な一本の木さえあればいいのかもしれない。日本の面影に必要な自然というのも、一本のイチジクの木があれば十分なのかもしれない。羽衣《はごろも》の松みたいなものですね。

田中 そう、ごくわずかでいいんです。そもそも自然が少ない町に住むような人たちには、ちょっとした町の変化のなかに自然を感じることもできていたんです。たとえば夏には氷屋さんだったところが、歳の暮れになると小判焼き屋さんや餅つき屋になる。店そのものの営業が変わっちゃう。

松岡　そうそう。京都でも炭と氷が同じ店で売られていた。

田中　そういう四季の変化の感じ方も「面影日本」には多様にあったでしょうね。

松岡　京都も江戸・東京も、市中にいながら田舎に憧れているようなところもあったと思うんです。典型的には茶の湯の「市中の山居《さんきょ》」という考え方や侘《わ》び住まいです。明治以降に広まった「根岸の里の侘び住まい」という有名な言葉があるし、国木田独歩の武蔵野幻想もあった。こういう、農村とか田舎とか鄙《ひな》びたものを、あえて市中に入れたいと思うような感覚はずっと継承されているんだと思う。

田中　郊外の美しさに憧れるようなところは、たしかにあったと思います。『名所江戸百景』にもそういう郊外が描かれているし、「向島《むこうじま》」というところをわざわざつくって別荘地にしたりもする。しかし、では江戸の中心部に自然がないかというと、そうでもなかった。城壁をもつ海外の都市と違って、水を都市の境界（内濠《うちぼり》、外濠《そとぼり》）にしたものですから、江戸は水の都になっていました。江戸の町のなかを縦横に川や運河が走って、水をあちこちで見ることができた。荷物はもっぱら舟で運搬されていた。上野や御殿山などの丘には樹木が植えられ、川や滝が見られるところもあって、物見遊山《ものみゆさん》でおおいに賑わいました。

これに対して、郊外は観光地や別荘地だけでなく生産地でもありました。江戸の中心部を抜けた麻布や中野などには畑が広がり、大根や花や各種の野菜を栽培していましたし、新宿でも武士たちが花の栽培をしていた。大名屋敷や寺社は広大な敷地に庭園をもっていましたから。多くの植木屋がその手入れに従事し、その余波として鉢植え類を庶民が住まいの周辺に置いたわけです。

排泄物は集めて発酵処理し、ゴミは灰にして、両方とも養分として周辺農村で土に帰りましたので、清潔さが保たれていたようです。着るものも履くものも紙類も建築物も、使い古されればすべて資源となった。現代の私たちから見ると、理想的な自然循環型の都市社会だったわけです。しかし驚くべきことに、庭園、丘陵地帯の植樹、運河開削と河岸の建設、水道の設置、下肥蓄積用の雪隠《せっちん》、物の資源化、肥料化、治水、溜め池などなど、これらはすべて人間の手によるもの、つまり江戸は徹底的に人工的に整備された都市だったということです。武蔵野の林もいったん開拓され、その後に植林されたものです。

松岡　趣味として、町なかで園芸を楽しむ人たちもいましたね。

田中　苗売りが長屋を回って来るので、それを買って楽しみのために育てる。植物を育てるということについての親近感というか、生活にそれを入れるのが当たり前で、それなしではいられないというような感覚も強くあったんだろうと思うんですね。花を育てて売るという仕事もあって、しかもなぜか武士がやっています。

松岡　渡辺京二さんが『逝きし世の面影』(平凡社)のなかで、幕末維新の頃に日本を訪れた外国人たちが、日本の農村の風景の美しさに感嘆している記述をいろいろと紹介していますね。あれを読むと、田んぼのあぜ道なんかに、農家が自分たちで鑑賞するためにわざわざ花を植えてある、というようなことに外国人が感心している。

田中　イギリス人の園芸家ロバート・フォーチュンが一八六〇(万延元)年の江戸の自然について、「起伏や小丘のあるこの地所の到る所に庭が点在して、カシやマツのような常緑樹が生い茂っていた」と書いています(『幕末日本探訪記　江戸と北京』講談社学術文庫)。「馬で郊外の小ぢんまりした住居や農家や小屋の傍《かたわ》らを通り過ぎると、家の前に日本人好みの草花を少しばかり植え込んだ小庭をつくっている」「生垣は丁寧に刈り込まれて、手入れがゆきとどき」「どこにもある小屋や農家は、きちんと小ざっぱりした様子で」「旅人の休む茶店の傍らを何度も通ったが、その裏にささやかな庭や養魚池があった」「日本の園芸家は、菊作りの技術にかけては、われわれよりも大分うわ手で、不思議に大輪の花を咲かせる」などなど、「手入れされた自然」に注目しています。農村の人々も、売るために育てるもののほかに、楽しみのために育てるということもやっていたんですね。

松岡　京都では、大原女《おはらめ》が薪や花を頭にのせて市中に売りに来るという風物詩が有名だけど、賀茂ナスとか九条ネギなどは市中でもつくられていたから、必ずしも農村が町の外側にあるという感覚はなかったように思います。むしろ農村と市中は完全につながっていて、あまり区別はしていなかったかもしれない。それにぼくの少年時代は、京都の町なかを荷馬車が通っていたから、まだ馬糞がそこらじゅうにポコポコ落ちていました。田中さんの頃の横浜にはさすがにそれはなかったでしょう。

田中　それはないです。

松岡　ぼくの少年期はまだありましたね。木炭車が走っていたくらいですから。

田中　そういった風景は江戸から明治になってパッと消えたわけじゃなくて、昭和になってからもかなりいろいろ残っていたものが、じょじょに消えていったのでしょうね。

松岡　いつごろから消えてしまったんだろう。

田中　一九六〇年代が最後だったんでしょうね。東京オリンピックぐらいに消えていった。

プレモダンの矛盾と葛藤

松岡　このままそういったものについての記憶の言語がなくなって、重要な語り部がいなくなっていくと、もう二度と取り戻せなくなってしまう。かつては、宮本常一のような人が登場して、そうやって消えてしまう日本の面影や「忘れられた日本人」をなんとか記録しようとした。あるいは考現学の今和次郎《こんわじろう》が、障子の破れ方とか襖《ふすま》の汚れ方まで記録しようとした。なぜ明治時代に、日本民俗学が柳田國男や折口信夫によって立ち上がり、あるいは昭和に渋沢敬三などによって充実していったのかというと、やっぱり日本人の記憶と語りの方法を失う危険を感じていたからです。

だから、田中さんが言われたように、これからは個人の記憶にある面影の話を語っていくことが、ほんとうに大事になっていくと思います。いままではそういう話は世界や日本の将来とは関係がないと思われてきたけれど、いまはそれをしないと日本の将来が危ういくらい、ぎりぎりのところに来ているように思う。映画『ALWAYS　三丁目の夕日』がいくら昭和を描いても、あれではぼくたちの時代の面影すら残せませんよ。

田中　よくわかります。私も『ALWAYS』の方法ではだめだと思う。

松岡　あの映画が描いた昭和を懐かしんでいるようでは困る(笑)。というのは、あそこには「過去の面影」や「意地」や「頑固」が描けてないからです。今日から見た「懐かしい昭和」

に偏りすぎた。プレモダンっていろいろ矛盾や葛藤が出入りするのですが、そこがあっさり消えている。「レトロ」をあらわすには、近代以前がそこに出入りする「まじった状態」が必要なんです。荷風の下駄へのこだわりと銀座の電車の爆走のようなものが組み合わさっていかないと。山崎貴監督の描いた昭和は、たしかにオート三輪や東京タワーや上野の雑踏といった昭和のアイテムはよく拾っていると思いますが、そういう葛藤の光景が欠けている。その点、さきほど話に出たフェリーニやルイ・マルは、プレモダンとポストモダンを高速に行き来させてますよね。

田中　なるほどね。だから映像からも遠近と陰影があまり感じられない。あの時代に実は失われたものはたくさんあるはずなんですが、それが描かれていないので表面的に見えてしまうということでしょうね。

松岡　宮崎駿は『もののけ姫』によって、プレモダンどころじゃなく、ハンセン病や産鉄の一族のたたらまで戻って、いわば網野善彦的な日本の面影を描いていたけれど、ああいうことを映画監督たちも、もっとしぶとくやってほしいんです。むしろマンガやアニメがそれをやってますね。

田中　いま思い出しました。ちょっと古い映画になりますが、今井正監督のつくった映画『にごりえ』は、樋口一葉の『十三夜』『大つごもり』『にごりえ』を合わせたオムニバス映画でしたね。その三作とも、樋口一葉が描いた明治時代の極貧階級や格差社会の暗さを、実によく描いていました。そういうものを映像化できたのは、今井正が戦前戦後の日本を知っていたからでしょう。今井正が描いたものは単なる貧しさではなく、決して解決できない問題を抱え込んだ「哀しさ」でもあるんです。

松岡　田中さんにも『樋口一葉「いやだ！」と云ふ』（集英社新書）という著書がありますね。あれはおもしろかった。

田中　私が『樋口一葉「いやだ！」と云ふ』という題名をつけたのは、一葉の作品に必ず叫びのような「いやだ！」が出現するからですが、この「いやだ！」は、いたたまれなさなんですね。まさにプレモダンの哀しさです。こういうものが現代になってすべて解決したかというと、決してそういうわけではない。たんに解決できたような気がしているだけ、経済と科学技術さえあれば解決できるという幻想を抱いているだけで、人間が抱える哀しさはどんな時代も同じです。その普遍的な哀しさを表現できるかどうかで、文学も映画もずいぶん違ってしまう。

松岡　プレモダンを引っさげながら失われていく影を維持しようとがんばっていたものに、大正の童謡運動があったと思うんです。一九一八（大正七）年に鈴木三重吉が『赤い鳥』をつくって、西條八十《やそ》や野口雨情《うじょう》や北原白秋が「雨降りお月さん」や「歌を忘れたかなりや」や「ちんちん千鳥」というような、寂しさやネガティブな感覚にあふれた歌を、あえて少年少女のために連打した。ぼく自身、子どもの頃に母から教わった「からたちの花が咲いたよ」とか「叱られて」とか「あわて床屋」といった童謡を通して、面影というもののおぼつかなさやいたたまれなさを、またそれを失うことの淋しさを知っていったように思います。

田中　どうしようもなさのなかで生きていく哀しみですよね。プレモダンには、どこか諦めながら生きている感覚があった。それが高度経済成長時代に失われていくというか、否定されていったんじゃないかしら。「みんな諦めないようにしよう」みたいな話になっていった。

黒澤明の『生きる』のような映画には、諦めの映像感覚がありましたよね。高度経済成長的な価値観のなかでも、一九六〇年代は、まだ両方あったんだと思うんですね。諦めながら生きているということと、諦めないように生きていこうということの両方の、それこそ分かれ目だったんだと思う。それが諦めずにガンガンいこうみたいな方向にどんどん行ってしまったから、そこで取り残されたものがたくさんあると思う。それを見ているか見ていないかという違いが大きいんでしょうね。

松岡　童謡も、雨の日は千代紙を折っても寂しいだとか、シャボン玉が屋根まで飛んで消えるとか、カラスの子はなぜ啼《な》くのとか、やっぱり哀しい、寂しい、何かが充足できない、けれどもしょうがないという状況や感覚がうたわれていた。それまでは『古事記物語』などを書いていた鈴木三重吉は『赤い鳥』を通して、北原白秋や西條八十たちにさかんにそういった童謡をつくらせていく。詩人の野口雨情は童謡論を書いて、小学校唱歌が「庭の千草《ちぐさ》」型の美しいものばかりになってしまった、そこには本当の日本がないということを訴える。巖谷《いわや》小波《さざなみ》のような人は、日本の昔話をもう一度書き直していく。明治末期、大正から昭和にかけて、こういうことがいっせいに起こっていったわけですね。

田中　童謡に込められた哀しみや切なさは、もともと和歌とか俳諧の世界がずっと持ちつづけてきたものですよね。そういったものをすべて否定しながら進んでいったのが近代化というものだったのに、童謡作家たちがそういう世界を子どもたちに向けながら、残していこうとしたこと自体が驚きです。

松岡　日本の面影のことなら、詩や歌のなかには残していくことができるという確信があったのでしょう。さきほどから、どうもこれから日本人は「様子の文化人類学」をもっとやるべきじゃないかという気がしてきました。

田中　「様子の文化人類学」。なるほど、様子という言葉は、ぴったりきますね。家族の関係もそうですよ。かってはもっとお互いに微妙な距離感を保っていたように思うのに、それもだんだんなくなってきていますからね。

松岡　それと、ほんの少しのもので満足できていた。あらためて満足や自足を問いなおしたほうがいいでしょうね。春になれば土手で土筆《つくし》を摘んだり、蓬《よもぎ》を摘んで草餅にしたりする、あのわずかな自足がもっていたものを、見直したほうがいい。ささやかな自然で十分やっていけるという感覚。夏の暑いときには、玄関先に打ち水をするとか盥で行水をする程度で、涼をとったり愉しんだりできる。小泉八雲が、竹ひご細工の虫かごのなかでだんだん弱っていくコオロギの哀感のことを妻の節子さんとともに語りあうというような、虫かごひとつ、金魚鉢ひとつで何かを了解しあえる関係。こういうものも「様子の文化人類学」になりうると思うんです。

田中　そういうものを見つめる言葉も、和歌や俳諧のなかでずっと紡がれてきた。

松岡　日本人は立派なフロントガーデンとかがなくたって平気なわけですよ。軒先にちょっとした植木とか虫かごとか、金魚鉢だとか用水桶とか、メダカとかコケがあればいい。李御寧《イオリョン》さんは、こういう日本の傾向を「縮み志向」というふうに呼びましたが、これを「縮み」としてよいのかどうかは、ちょっと疑問がある。もう少しいい言葉で呼びたいですね。『枕草子』で清少納言が「小さきもの」に注目したような、ああいう感覚に近いものでしょう。

田中　「小さきもの」のほうがいいですね。最初が大きくて縮んだわけではないですから。アジアの感覚だと、大きいものを小さくしたと言いたくなるのかもしれませんが、日本は小さいもののなかに大きいものを想像するわけだから、「縮み」と言ってしまうと、それが見えなくなってしまう。

松岡　そういう感覚が江戸と明治と昭和でどう変わってきたのか、何かが決定的に失われたのか、それとも何かはちゃんと息づいているのか。そこをもう少し見つめてみたいですね。

「分」から「類」への変化

田中　哀しさや切なさの表現について、もう少し話を続けていいですか。

松岡　ぜひ、どうぞ。

田中　私はどうも、江戸時代の哀感と明治以降の哀感とはかなり違うというふうに感じるんですね。このことは風景画を見るとよくわかるんですよ。たとえば明治時代の浮世絵師の小林清親《きよちか》の「天王寺下衣川《ころもがわ》」(図版)という絵がありますね。蛍のいる夜景で、誰か提灯《ちょうちん》を持って歩いている人がいる。窓のなかにも灯りがともっていて人影が見える。こういうものは、江戸時代

小林清親「天王寺下衣川」(慶應義塾所蔵)

の浮世絵や風景画にありそうでないんです。広重の『名所江戸百景』にも夜景はあるんですが、そこには必ず人物がいる。その人物にはちゃんと役割がある。この人は向島に来たところで、これからお店に向かう芸者さんだというようなことがはっきりわかるように描くんです。つまり役割を描くんです。ところが、「天王寺下衣川」には人物の手がかりが何もない。誰なのかがわからない。これは料亭のなかなのだろうなと思うけれども、これはどういう人なのかなんて別に詮索しない。

松岡　なるほど、主人公型じゃないんだ。

田中　主人公もいないし、役割をもった登場人物もいない。そのためなのか、それまでの浮世絵にはない哀感があるんです。おそらく、役割がない分だけ誰にでも共通する何かがあるんじゃないか。見る人がそこに自分を入れ込めるのかもしれない。

松岡　清親の絵は近代の夜景画とか光線画と呼ばれているもので、街灯や電灯のような、かつてはなかった新しいものも描いているのが特徴ですね。でも、あえて人物像を特定しない絵にしていたというのは、何かが変化してきたんですね。そうか、気づかなかった。

田中　役割ではないまなざしを持って描こうとしたのは確かだと思うんですね。そう考えると、江戸時代は明確に役割社会です。

松岡　『日本問答』のときも話が出ましたが、徳川社会は「分」の社会ですね。身分の「分」であり、本分の「分」で、分際の「分」である。

田中　それぞれの個人も、自分の「分」に対する責任感が強い。それは武士だけではなくて、商人のなかにも浸透している。人々もかんたんに物を盗んだりはしない。盗みから犯罪が始まると考えているから、盗みに対する処罰が非常に厳しいわけです。それくらい倫理観がたいへん強い社会で、それはたぶん「分」のような役割意識からきているんだと思う。そう考えてみると、明治以降には、役割ではない人のありようというのが見えてきたんじゃないかと思う。

松岡　それは何なんだろうね。

田中　「個人の登場」というふうに言ってしまう人はいるかもしれないけれども、それとはちょっと違う。

松岡　今日に言うような個人主義の「個」ではない。むしろ「類」の誕生ですよ。

田中　うん、それですね。江戸から明治になって「分」から「類」に変わった。

松岡　明治社会のことを説明するとき、ぼくは「立身、立国、立志」というようにキーワードを使うんです。「末は博士か大臣か」みたいに、高いところに上がっていくことをみんながめざそうとしたのが明治だった。福沢諭吉も『学問のすゝめ』などでそこを綴ったし、着彩の「大日本帝国議会之図」などを見てもそれがよくわかる。議会に集まった議員たちの姿がすべて細かく描かれているものですが、それぞれがすべてまさに「類」になって、「立身、立国、立志」をめざしている。

田中　江戸時代の「分」の社会の崩壊が起こって、みんなの目標が同じになったのが明治ですね。つまり、立身出世の階段は誰でも上がれるんだという社会になった。

松岡　西欧社会がめざすモデルになったからね。もう一つ、「類」への変化を象徴するものとして、ほかに鉄道と郵便と印刷という、この三つが大きい。鉄道はたくさんの人が乗って、いっせいに同じところをめざして行く。郵便も、飛脚のように一人ひとりの人に届けるのではなく、たくさんの人々にいっせいに配達をする。印刷物も、誰かが彫った版木で一枚一枚を摺り上げるのではなく、本木昌造《もときしょうぞう》が事業化した活字印刷によって一度に情報をメディア化することができるようになった。こういう鉄道と郵便と印刷が代表する近代の類化の技術と、そういったものによる風景や人々の変化を、小林清親や井上安治などの明治の浮世絵師は敏感に察知していたんでしょうね。

一方、最後の浮世絵師と呼ばれた月岡芳年《つきおかよしとし》は、「英名二十八衆句」のように芝居の登場人物たちを血みどろの無残絵としてフィクショナルに描いた。でもこういう描き方も、江戸の浮世絵にはなかったもので、そもそも浮世絵はフィクションではない。むしろ実際にいた遊女や役者たちを描いていた。

田中　まさに「浮世の絵」だから。

松岡　広重や北斎の風景画だって、それぞれの土地の風景や職人を具体的に描いている。でも芳年が描くのは徹底してフィクションです。フィクションに本物のようなリアルな血を流すようにした。こういうものも新しかった。

田中　井上安治や小林清親の風景画を見ると、もう一つ気づく変化があります。たとえば小林清親の「御茶水蛍《おちゃのみずほたる》」が何を描いているかというと、水道橋なども描かれているんですが、「影」そのものなんですよ。だから人物も顔を見せない。こういう東京の風景が「類」としての人間が生きている風景として新しく立ちあらわれている。

松岡　影にしたというのは等し並みに描いたということでしょう。思想史的に言うと、福沢諭吉が「天は人の上に人を造らず人の下に人を造らず」と書いたり、中村正直が「自由論」を翻訳したりして、さかんに「類」としての人間のあり方を持ちだしますよね。明治維新で王政復古になって、明治天皇をいただく大日本帝国になったとはいえ、実際には日本は福沢諭吉型の「類」の時代に突き進んでいった。『日本問答』でも話題になった島崎藤村の『夜明け前』は、そういう王政復古のいんちきさに幻滅し、ついには錯乱していった藤村のお父さんをモデルにしていました。あるいは、幸田露伴や樋口一葉や泉鏡花たちは、江戸の西鶴の復活を志していきますが、明治の大半の小説はむしろ「青年」という類型を描いたり、「恋情」という一般的な感情を描いたりするほうに進んでいった。田山花袋の『蒲団』の青年などはどこにでもいそうな青年です。(滝沢)馬琴や(山東)京伝が描いたような人物とはずいぶん違う。

「哀しみ型」と「博覧会型」

田中　私が気になるのは、どうしてそういう近代をあらわした清親のような風景画のなかに、哀しみがあるのかということなんです。

松岡　哀切や哀惜ね。そうねえ、福沢には哀しみはないよね。

田中　福沢にはないけれど、清親のような画家たちにはある。変化していく江戸―東京という現実に直面しながら何を見ていたのかといえば、明るい未来のほうではないですよね。むしろそこで失われたものを見ているまなざしがある。それがある種の哀感につながっているんじゃないかという気がするんですね。

松岡　ヨーロッパでいうと、ローデンバックが『死都ブルージュ』を書き、リルケが『マルテの手記』を書くというように、都市のなかに「死」を見ますよね。そこに荷風や朔太郎などが惹かれていくのですが、でもそこには個々の姿は描かれていないんですね。もうバルザックやスタンダールやゾラはいない。かれらは江戸社会のような「分」を描いた作家たちですが、ローデンバックやリルケは違う。小林清親の版画ふうの絵も、そういうものと近いものがあるのかもしれない。

　でも、明治の文化は十把一絡げではなかなか説明できません。たとえば思想家のなかでも、『一年有半』を書いた中江兆民には哀しみがあったと思うし、正岡子規にも啄木にもあった。

田中　永井荷風にもある。そういうふうに見ていくと、絵を描く人たちのなかにもそれがある人、ない人の両方がいるということが見えてくる。

松岡　何か「失うもの」をあらわしているのでしょうね。菱田春草《ひしだしゅんそう》にもその気分が描かれています。それを、江戸から東京へという風景＝ヴィスタの「面影」問題に切り替えると、結局、かれらは何を描いていることになるのかな。

田中　新しいドラマの登場なんでしょうね。「類」としての人間たちがどのような物語のなかに入っていくのかを予感させるもの。それはやはり哀しいドラマだというふうに見えていたのでしょう。たとえばゴッホは、江戸時代の浮世絵を見て黄色い明るい世界、黄金の世界を感じた。近代日本人から見たときにも、やはり江戸はこういう明るさにつながっていて、その明るい世界が失われていくというふうに感じていたと思うんです。

松岡　その過渡期が井上安治とか小林清親の夜景に出てくる。

田中　ところがそういうものとまったく違うのが横浜絵の系統です。こちらはただ新しいもの好きというだけで、何も考えていない絵がとても多い。

松岡　横浜絵はイベント絵画だものね。

田中　そう。テーマパークを描いてるみたい。六郷川の蒸気車を描いた横浜絵があるんですが、この絵には蒸気車のほかに渡し船も描かれていて、その向こう側には電車が走っていて、さらにその向こうにはいままでの浮世絵と同じように富士山がある。古いものと新しいものをパッチワークしてなかなかみごとな絵なんですが、ただただそういう組み合わせ方をおもしろがっている絵なんですね。これは明治という新しい時代に対するもう一つの「類」です。「類」としての面影のなかにある哀しみを見ようとした清親たちとはずいぶん違う。

松岡　「面影哀しみ」型と「パッチワーク博覧会」型という二つの「類」のあり方があったのかな。そうかもしれないよね。そうだとしたら、そういう対比は、たとえば与謝野鉄幹と正岡子規にも当てはまる。正岡子規の短歌は、庭の糸瓜《へちま》とか鶏頭《けいとう》とか、そういった小さきものの面影ばかり詠んでいて、自分の変化と重ねられている。そして「根岸の里の侘び住まい」となる。与謝野鉄幹は面影を「ますらおぶり」で強いもののように詠《うた》っていく。そうやって大きな全体というものに向かおうとする。

田中　何の違いが、そういう違いに関係するのでしょうね。

松岡　これまであまり議論されてこなかったことだね。磯田光一などが少し書いたかな。

田中　たとえば私にとっての横浜は、先進的な面と同時に暗い部分、貧しい部分を持っているということが、つねに両方見えていた。でも、横浜に対してそういう暗い部分を感じない、見ようとしない人もいるわけです。こういう風景の見方が、何の違いから出てくるのか。

松岡　田中さんの感受性が非常に深くて襞《ひだ》があったということなんでしょうけれども、それでは説明にならないからね（笑）。

ジャーナル都市とデリバリー都市

田中　たとえば、当時の私が東京をどう見ていたかといえば、どうもよくわからない。あまり襞のなかで見ようとはしていなかったようなんです。松岡さんは京都も東京も横浜も幼な心の風景のなかにあるわけでしょう。どんなふうに感じていましたか。とくに東京についてはどう見えていましたか。

松岡　ぼくが最初に東京で暮らしたのはほんの幼少期で、まだ戦後まもない闇市なんかのある時代でしたが、自分自身の記憶にはあまり残っていないんですよ。その後、京都に移って、高校生のときに一家が横浜に引っ越し、学校は東京の九段高校に通うことになった。このときには、東京はもう「新規な見物の対象」という感じでしたね。とくに父は「なんでも一流を見ろ」がモットーで、ぼくをフランク・ロイド・ライトの帝国ホテルや有楽町の三信ビルや横浜グランドホテルやいろんなところに連れて行ってくれた。ぼくの目には、近代化が開花した帝都の面影しか見えていなかった。

田中　それは京都の見方や感じ方とはずいぶん違うものでしたか。

松岡　かなり違いますね。蚊帳のなかに放った蛍とか、虫かごのコオロギの切なさなんかは、横浜や東京ではもう感じていなかったですね。

田中　ああ、そうか。やっぱり感じられなくなった。

松岡　いま振り返ってみると、東京というのは「巨大なジャーナル」のようなものに見えていたんだと思います。そういう言葉がいいのかどうかわからないけれども、たとえば京都であれば京都新聞のような、町のサイズに合ったメディアで済んでいたわけでしょう。それが東京にくると、朝日や読売といった全国紙とか日本放送協会(NHK)の本社が構えているというだけではなく、ブロードキャスティング、つまり「類」というものをつくりだしている側であって、しかもそういった「類」が再配分された「デリバリー都市」という感じがした。まあ、一言でいえば資本主義の装置によって再配置された都市ということなんですが。

田中　自然発生的な界隈性とは違う集積感覚ということですか。

松岡　そうですね。でも、だからといって東京が嫌だとかは思ったことがなかった。ネオンはきれいだし、父親がホテルで食べさせてくれるものはおいしいし(笑)。子ども心にはうれしいですよ。当時は、東京というのは何か上出来なものが後ろにあってこんなふうになっているんだろうな、というふうに感じていた。いま思えばそれがまさに消費的な資本主義の華やかさなんですが、あのころはそれが決していやらしいものとは感じなかった。のちのちボードレールやリルケを知って、都会には腐乱や死臭があることを知るんです。

田中　横浜にも、近代以降の「日本初」と言われるスポットがいろいろあるので、たしかにジャーナルっぽさや集積っぽさはありました。私が通っていた小学校には日本初のガス灯があったし、関内はまさに国際化の先端の居留地だったし、元町は庶民には手に入らない欧米の商品を売る街だった。元町は日本のなかでも非常に特殊な商店街でした。自分が暮らしていた街の商店街と元町商店街は、横浜のなかでも両極端だった。ああいう、下町的な風景と外国的な風景が共存するというのも、横浜の特徴だったように思います。

松岡　元町は、ぼくもびっくりしましたね。近沢レース店だとかコンフェクショナリーの喜久家とか、ものすごいかっこいい店があって、ユニオン・スーパーがあって。京都にはないものだとすぐわかりました。やはり日本の近代以降は、商店街こそが「新しい界隈」を生みだすのに欠かせない装置でしたね。江戸は、商店街とのちに呼べるようなものはすでにありました？

田中　日本橋でしょうね。ただし問屋さんが多かったんですが、もちろんそこで買うこともできる。小売りもしていました。

松岡　でもいわゆる小売り中心の商店街というのは、東京になってからどんどん増えていったということですか。

田中　東京になってからです。問屋と商いとが一体化しているのが江戸です。たとえば本屋も地本《じほん》問屋といって、編集者がそのなかにいるから、出版社でもあるわけです。出版社と問屋と小売りが一体化している。このように生産現場と小売り現場が一緒だったのが、近代になるとみんな分業して小売りが増えて、それで商店街が盛んになっていくという構造があったと思います。

松岡　いまは全国で多くの商店街がシャッター街になっているけれども、かつては戸越銀座や目黒銀座みたいに、各地に「銀座」という名の商店街がたくさんつくられた。高度経済成長とともに地方にも似たような消費社会ができ上がった。それがスーパーや大型商業施設の登場によって変化していった。ほんとうはこのときに、各地の「新しい界隈」もさらにもっと別のものになるべきだったのに、同じころに大規模団地や巨大な集合住宅が次々つくられていったこととあわせて、一挙に均質化していきましたね。このときも、そのなかでちっちゃな「界隈」を再構築するチャンスはあったと思うんですが、ぼくの記憶するかぎり、やはり団地やマンシヨンは、統一管理される空間になってしまった。

田中　団地じゃ界隈はないわよね。

松岡　界隈が生まれる余地がない。みんな同じ建物の同じ間取りにいるんですからね。団地の側も集会所や談話所をつくっているのですが、それは暮らしが生み出した界隈ではない。

田中　私が体験した戦後の横浜には非常に明るいモダンなものと、「麻薬の巣窟」のような闇の部分とが、町のなかに共存していた。これがあるときからなくなるんです。かつては日ノ出町の界隈と、元町や港のほうとは、まったく雰囲気が異なっていました。また港一つとっても外国船が出入りする華やかな部分と、港湾労働者たちが暮らす港周辺のバラックや船上生活者の生活圏とが共存していました。

松岡　ニコヨン(日雇いの労働者)がいましたよね。

田中　いました。たくさんの界隈があって、そこには差別も格差も存在していた。そういった格差を描いたのが黒澤明の『天国と地獄』です。あの映画は横浜の格差社会を描いているんですね。そういう格差が、小学校のなかにもあった。小学校の友だちのなかにものすごく貧しい子と非常に華やかな生活をしている子どもの両方がいて、子どもたちにもその格差が見えていた。そういうものがだんだん平板化されて、横浜も変わっていったということになりますね。

松岡　やっぱり「類」が再配分されて、デリバリー横浜になってしまったんでしょうね。

江戸の多重性の秘密

松岡　一転して、江戸の界隈についての話をしたいのですが、なんといっても遊郭や芝居町の出現が大きいでしょう。ひとまとめに「悪所《あくしょ》」とか「悪場所《あくばしょ》」とかとも言われますが、なぜそのように取り締まられたところにおもしろい文化が誕生したんでしょうね。

田中　江戸という都市のなかに、遊廓というもう一つの都市があり、芝居町という都市があったと、そんなふうに見たほうがいいと思います。芝居町には芝居茶屋というものがあって、ここがさまざまな食べもの屋さんなどにもつながっていますが、基本的にはプロデュース集団でした。一方、遊廓にも仲之町の茶屋というものがあり、やはり食べもの屋さんと同時に男芸者や女芸者を抱えています。芸者と遊女は違います。プロデュース集団が抱えているのが芸者さんのほうです。

そのように遊廓と芝居町というのは、江戸という都市のなかで非常に重要な、まさにデュアルな関係性をもって存在している二つの大きな町なんですね。でもよく考えてみると、いまの東京も同じなんです。東京のなかにはスポットとしての、たとえば渋谷という町、新宿という町がある。そういうふうにして、町のなかの町として、ある種の個性的なまとまりというものがある。それがもっと凝縮したかたちで個性をもって存在していたのが、遊廓と芝居町だったと考えるといいと思います。

松岡　プロデュース集団というのは、何をプロデュースするんですか。

田中　つねに年中行事をつくっているんです。それによってコンテンツがあらわれ、それがメディア戦略になっていきます。芝居町は、今の人形町から浅草の猿若町に移転していますが、移転しても芝居町は芝居町です。芝居町というのは劇場が複数あって、劇場がつくっている町です。渓斎英泉《けいさいえいせん》の「江戸両座芝居町顔見世之図」という絵に見える芝居町は、非常にたくさんの人で賑わっていますね。当時の「猿若町地図」を見ますと、歌舞伎の劇場が三つ、それから浄瑠璃の劇場が二つある。その背後にもまた道があって、この裏の道沿いにぎっしりと芝居関係者と役者たちが住んでいます。居住空間でもあるからお風呂屋さんや食べ物屋さんもある。ようするに一つの共同体になっているんですね。そのように都市のなかの都市を構成している。そうすると、この町の人たち、いまで言う地域の人たちが、芝居を盛り上げようとしていろいろな行事をするわけです。お祭りもやる。そのようにしてできあがっているのが芝居町です。

松岡　年中行事というイベントを、その成り立ちからアフターケアまで含めてプロデュースするわけだ。

田中　そうです。遊廓は何を柱にしているかというと、やっぱり年中行事なんです。これもまた都市のなかの都市です。年中行事を人工的につくり出す都市です。広重の「東都名所新吉原五丁町弥生花盛全図」は俯瞰している図でわかりやすいのですが、桜の花が咲く頃には桜の木を外から持ってきます。桜の花が散るとそれを持って帰ります。そうやってまるで舞台のように遊廓の町をつくり出す。これは明治時代になっても同じです。一八七〇(明治三)年に描かれた「東京新吉原仲之街花盛迺図」では、レンガの門と洋風の建物ができていますが、やはり桜祭りが展開され、『世事画報』に見える明治の「花びらき」の絵では、女性も子どももここに入ってきて見物している。そういう観光地になっています。このように遊廓の一つの特徴はいつも年中行事をしているということです。

松岡　たとえばどんな行事があったの?。

田中　まず正月は新年のあいさつ回りがあり、太神楽の芸人たちが吉原に入ります。正月七日の人日《じんじつ》、三月三日の上巳《じょうし》、五月五日の端午《たんご》、七月七日の七夕《たなばた》、九月九日の重陽《ちょうよう》という五節句は大事な行事です。七月の盆のときは、「玉菊灯籠《たまぎくどうろう》」の行事がある。茶の湯、生け花、俳諧、琴、河東節《かとうぶし》の三味線などに才能を発揮した玉菊という遊女を偲んでおこなわれるようになった行事で、仲之町全体に書や絵が描かれた灯籠が下げられます。吉原が美術館と化す日です。

秋の始まりである旧暦八月一日におこなわれる八朔《はっさく》では、遊女たちがみんなで白い打掛《うちかけ》を羽織ります。その日から一カ月にわたってお祭りが展開される。これを「仁和歌《にわか》」と言って、喜多川歌麿が多くの「仁和歌」の情景を描いています。そのほかにも、酉《とり》の市が近くに立ちますので、その客たちを迎える日があり、餅搗《もちつ》きもおこなわれます。

松岡　悪所が「都市のなかの都市」だとすると、分母の都市のなかに分子の町ができていったということにもなるわけだけれど、そのもともとの「分母の江戸」はそういうことを見越してつくられたんですかね。

田中　「えど」(江戸)の「と」は入り口の戸のことです。「やま・と」(大和)といえば山の入り口のことで、これに対して「え・と」は水の入り口、入り江です。大和というとだいたいは奈良を思い浮かべると思いますし、実際にも京都は大和とは呼ばれませんが、京都の地形をみると盆地なので、やはり「やま・と」なんです。

それに対して江戸は「水の入り口」であって、水を使った流通が非常に重視されて発展した町です。この「やま・と」である京都から「え・と」である江戸への日本中心の移転というのはとても大きな意味をもった。いちばん大きいのは流通構造が変わったということです。実際にも千石船が日本列島の周囲を回るようになり、江戸に膨大な物流が出入りするようになります。それを引き受けるためには「やま・と」では無理だった。やはり江戸が必要だった。

松岡　うん、うん、その見方は必要ですね。一方、江戸のなかには、京都の町の見立てがいろいろとつくられましたね。

田中　そうですね。まず、比叡山の延暦寺を、東叡山の寛永寺として江戸のなかに置きました。清水寺は清水観音堂として寛永寺の境内のなかに入ります。だいぶスケールは小さくなりますが、琵琶湖と竹生島《ちくぶしま》は不忍池《しのばずのいけ》と弁財天になります。不忍池になぜ弁財天がいるのかというと、あれは琵琶湖の見立てだからです。そういうふうにたくさんのものを京都から移しています。

江戸時代、江戸・京都・大坂は三都と呼ばれます。このうち大坂はどんな機能を持っているかといえば、山のなか、つまり盆地である京都に対して、物流を担う大坂、商業を担う大坂がくっついている関係にある。それによって、京都と大坂という対関係になります。そして京都と江戸もまた、対関係になっています。ではその大坂に当たるものは江戸にとって何なのかというと、江戸はすでにそのなかにもっています。それが日本橋です。日本橋川と日本橋の魚市場、青物市場は、流通の出入り口でした。江戸のなかの大坂です。

そういうふうにして京都の持っているものと大坂のもっているもの、それから京都近郊にある琵琶湖、比叡山まですべて、小さくして江戸のなかに移しているわけです。江戸のなかに凝縮している。ですから、江戸というのはまったく違うところとしてつくられたのではなく、京都、あるいは上方の「うつし」としてつくられているわけですね。

松岡 われわれの「江戸問答」では、たえず「見立て」とか「うつし」とか「やつし」という方法を理解することが欠かせないと思うんですが、そもそも江戸そのものが、京都を見立ててうつしてつくったものだった。

田中 そうなんです。私は一九七〇年に法政大学に入りましたが、それから二年ほど経って、初めて江戸文化のすごさに気付いたことがあったんですね。それがきっかけで江戸文化研究に入っていくんですが、そのきっかけになったのが石川淳の『江戸人の発想法について』というエッセーでした(『文学大概』中公文庫所収)。このエッセーのなかのどこに驚いたかというと「江戸人にあっては、思想を分析する思弁よりも、それを俗化する操作のほうが速かったからである」というところ。石川淳は「操作」という言葉を使っていたんですね。続けて「象徴が対応しないような思想はなきにひとしかった」とも書いてあって、江戸には二重の操作しかない、それは歴史上の実在と生活上の象徴であって、これが転換しあうのだというわけです。

松岡　目を閉じれば大日如来、目を開けばお竹さん。江戸はいつもそればっかりですよね。

田中　そうです、そうです。「お竹さん」というのは江戸の都市伝説の登場人物で、江戸時代に実在した人物ですが、そのお竹さんが実は大日如来であるとされて人気を呼ぶわけです。

こういった話はそれ以前からあって、能の「江口《えぐち》」では摂津の国の江口の遊女が、普賢菩薩の化身であるとされています。これは何なのかといいますと、江戸人の発想のなかでは、このような「やつし」「象徴」「転換」「変相」「操作」「仕掛」によって、一人の人間のなかに二重も三重もの人間を抱え込むということが平気でおこなわれるんですね。それを周りの人たちも知っているし、本人もそう思っている。いま私たちが考えるような自我の構造から見ると、非常に不思議な構造です。

松岡　アバターがいっぱい。だから江戸社会では、一人の人間がたくさんの名前を持つ。江戸のハンドルネームですね。いまの時代に個人とかアイデンティティとか言われているようなあり方とはずいぶん違っている。

田中　まさにそのことに私は非常に驚いて、そこから江戸文化に入っていったんです。江戸というのは現象だけ見ているとあまりにもたくさんのことが重なりあっていてわかりにくいのですが、どういう「操作」や「転換」がおこなわれたかという構造を見てみるとたいへんにわかりやすい。ただそれは、いまの私たちの考え方やあり方とはかなり違うんですね。そのため石川淳は、こういうことを「俳諧化」という言葉でも説明しています。

松岡　そう、そこですよ。

俳諧文化と付句の愉しみ

田中　俳諧化を私なりに説明してみますと、たとえば芭蕉の「古池やかはづ飛び込む水の音」は、和歌の世界に登場する「かはづ」を背景にしていますね。「かはづ」というのは和歌の場合はカジカガエルのことです。鳥のようにきれいな声で鳴く。ですから和歌では「かはづ」と言えば鳥と並ぶ存在で、登場したら必ず鳴くものと決まっている。必ず「かはづ鳴く」というフレーズで和歌のなかでは表現されます。このカジカガエルはきれいな水にしか棲まないので、「かはづ」が出てくれば、必ず玉川と呼ばれるとてもきれいな水もそこに出てきます。さらに「かはづ」の鳴く季節は山吹が咲きますから、組み合わせとしては「かはづが鳴き」「きれいな水があって」「山吹が咲いている」となる。この要素を揃えて、和歌はずっとつくられてきた。ところが、芭蕉の句では、「かはづ」が鳴かずに水に飛び込むわけです。鳴かない「かはづ」

を芭蕉は登場させてしまった。しかも飛び込むのはきれいな水ではなく、長い時間が層となって蓄積している「古池」です。これはつまり「かはづ」という言葉を軸にして、美しい幻想の世界から、現実の世界に転換してしまうわけです。こういうことを俳諧化といいます。

たぶんこの俳諧がつくられたときには、みんな笑ったと思います。俳諧という言葉は「滑稽」という意味でもあって、そうやって転換をすると同時にみんなで笑うものだった。

松岡　付け合いも謎解きもあったしね。俳諧の時代的な進捗ぶりは興味深いですね。日本文化はいろいろな遊びで洗練されていったのだけれど、俳諧から芭蕉の「さび」や「しをり」に及んだというところは、一つの絶頂です。

田中　ほんとにね。

松岡　もともとは(山崎)宗鑑や(荒木田)守武などの滑稽な俳諧連歌が戯れていて、それを(松永)貞徳《ていとく》が連歌の途中の俳諧句を自立させますよね。あるとき貞徳が寄合いで帰ろうとしたら、主人がみごとな柿を持ち出して「これを俳諧の発句にしなければ帰さない」と言うので、たちまち「かきくけこ食はでは行かでたちつてと」とやった。柿を食べないでどうしてここを立ち去れるか」という機知です。この機知の感覚が貞門の北村季吟《きぎん》とか田捨女《でんすてじょ》に流れて、「いつかいつかいつかと待ちしけふの月」とか「雪の朝二の字二の字の下駄のあと」というふうになった。

その機知や滑稽をいかしたまま自立した俳諧俳句を西山宗因や芭蕉がさらに揉んでいくわけですから、これはたまらない(笑)。ぼくはその江戸の遊び心が明治の淡島寒月や子規、大正の寺田寅彦をへて昭和の石川淳に及んだところが俳諧のすごいところだと思いますよ。芭蕉は服部《はっとり》土芳《どほう》が随聞記にした『三冊子』で、「俳諧は挨拶だ」とも言ってますね。たんなる「こんにちは」の挨拶じゃない。

田中　不易流行と風雅の挨拶です。

松岡　そう、その挨拶。江戸文化はそういう挨拶が俳諧として、またさまざまな「滑稽」や「笑い」として風雅のほうへ洗練されていく。風雅に行ってもなお、おかしみが残響する。石川淳はそこに惚れた。そうとうな文化の素養が交歓されるところも気にいったんでしょうね。もともと若いときに淡島寒月に発句を習っているし、おじいさんは漢学者だった。晩年は大岡信や丸谷才一と歌仙連句をずっと遊んでいました。「あまつさへ湖の香さそふ雨月かな」という句がありますね。『雨月物語』の見立てですね。

田中　雨月がお好きだった。『新釈雨月物語』がありますしね。

松岡　ともかくも江戸文化がことごとく見立てでできていると喝破《かっぱ》したのは石川淳ですよ。南《なん》画《が》や歌舞伎の「見立て」などでは歴史の素養も必要になるけれど、そこがおもしろかったのでしょう。

田中　歌舞伎の『助六由縁江戸桜《ゆかりのえどざくら》』は一八世紀に上演されていたのですが、この芝居に登場する助六は実は曽我五郎であって、曽我五郎といえば一二世紀の人だから、なんと六〇〇年も前の人が目の前の舞台の上にいるという構造です。『仮名手本忠臣蔵』では、浅野内匠頭は塩冶《えんや》判官《はんがん》という人として出てきます。これも四〇〇年の時間差があります。こういう歴史的な二重構造によって、いろんなものがつくられる。スケールの大きい見立てです。歌舞伎ではそれが登場人物の一人ひとりのなかにも平然と入っている。

『助六由縁江戸桜』揚巻衣裳(©松竹株式会社)

松岡　だから舞台はとても多重になる。

田中　意匠もね。『助六』には揚巻《あげまき》という遊女が出てきますが、その着る衣装(図版)に注目してみると、人日の節句(お正月)の打掛、上巳の節句(三月三日)の衣装、端午の節句(五月五日）の衣装、七夕（七月七日）の衣装、重陽の節句（九月九日）の打掛というふうに、次々に衣装を替える。なぜかというと、揚巻は日本の四季の象徴なんです。揚巻はかつては曽我五郎の恋人として存在した人なんですが、舞台にはこういうふうに四季の象徴として出てくる。これは見立ての世界では、象徴をともなわない人間は存在しないという考え方なんです。

松岡　そういった二重性や多重性が複雑に組み合わさって江戸文化が成り立っている。

田中　さっきも話に出ましたが、そもそも連句がまさにそうだったんですね。連句は三六句、五〇句、一〇〇句というふうになっているけれど、よく見てみると、すべて二句ずつで一つの意味をつくっています。たとえば『猿蓑《さるみの》』で芭蕉が「苔ながら花に並ぶる手水鉢《ちょうずばち》」と詠む。手水鉢のところに行ってみたら、苔が花に並ぶほどきれいだという意味で、ここで感情としては「ああ、きれいだな」と言っているわけです。これに対して（向井）去来が「ひとり直《なお》し今朝の腹だち」と付けた。朝から腹が立ってぷんぷんしていたが、きれいなものを見て「ひとり直りし」、自然に直ってしまったという意味です。これで芭蕉の句と対になります。デュアルになっている。ところが、その次の句を付けるときには、前の前の芭蕉の句のことは忘れなければならないんです。

松岡　打越《うちこし》ですね。

田中　ええ、そういう決まりになっている。そこで「ひとり直《なおり》し今朝の腹だち」の意味をまずのみ込んでから、（野沢）凡兆が「いちどきに二日のものも喰うて置《おき》」と付ける。そうすると「腹が立っているのにどうして直ったの？」「二日分食べたからです」と意味が変わります。腹が立っていたのが鎮まっていった理由が、前後の組み合わせでまったく変わってくる。これを重ねていくのが連句です。つまり連句構造というのは、基本的には対ごとにつながっていく。

松岡　付句《つけく》がつながっていく。よくぞこういう仕組みを考えたもんだよね。画期的です。

田中　もともとは連歌で、宗祇《そうぎ》がうまかったんだと思う。それが里村紹巴《さとむらじょうは》が戦国武将たちに連歌を教えるようになって、その流れにさきほども話に出た山崎宗鑑や荒木田守武が俳諧連歌に仕立てなおしたあたりから、これが江戸文化の見立てや遊芸の感覚と結び付いたんでしょうね。

松岡　連歌師や俳諧師が職能としてありえたというところが、すごいよね。言葉のディレクターであって、座のディレクターでしょう。それが職業として食べられる文化になっていたのだから、そこがすばらしい。点料（報酬）をもらうわけですよね。いつごろからですか。

田中　『人倫訓蒙図彙《じんりんきんもうずい》』では俳諧の法式は松永貞徳、雛屋立圃《ひなやりゅうほ》に始まったとありますね。でも『俳諧京羽二重』では点者《てんじゃ》（判定者）と俳諧師と作者を区別してますね。西鶴は作家になる前に俳諧師として暮らしていた時期があるけれど、二〇代で点者になっている。その西鶴が亡くなったあとの元禄期で京都に二九人の、大坂には二四人の俳諧点者がいたようです。蕉門の俳諧師がそれにさらに輪をかけた。あとは蕪村の時代までずっと続きますよね。

松岡　俳諧師が食べられたのは出版をともなっていたからでしょう。西鶴も一〇代後半は連句に応募するほうだったけれど「生玉万句《いくたままんく》」のときは阿波座堀《あわざほり》の版元の板本安兵衛と組んでディレクターになって、企画力で勝負した出版を成功させますね。安兵衛もアマチュアの俳諧師だった。ぼくはともかくおもしろかったんだと思う。

岡野弘彦さんが言っておられましたが、丸谷才一や大岡信は連句ほどおもしろいものはないと感じて溺れるようになっていたらしい。それは岡野・丸谷・大岡の『歌仙の愉しみ』(岩波新書)を見てもひしひしと伝わってくる。最近は永田和宏・辻原登・長谷川櫂《かい》さんたちの『歌仙はすごい』(中公新書)がまたまた連句ブームを再燃させましたね。やっぱり「座の文化」っておもしろい。

2

浮世問答

日本最大の藩校と言われた水戸の「弘道館」は，尊王攘夷思想に大きな影響を与えた「水戸学」を育んだ(弘道館「正庁」．弘道館所蔵)

学問のオタク化と多様化

松岡　江戸から明治への大転換とはよく言われることだけれど、一八六七(慶応三)年生まれの露伴や漱石ではなくて、天保あたりの生まれの表現者や活動者がどのように明治を感じていったのか、まだまだわからないところがありますね。

田中　残念ながら、幕末から明治の初期にかけて江戸時代に生まれた人が何をしたのかということをめぐる、そういう「類」の視点の研究がないんです。明治維新によって急に時代が変わって、欧米からいろいろなものを取り入れて近代化しました、というような説明ばかりになってしまっている。

でもよくよく考えれば、そもそも明治維新そのものが、江戸時代の学びから出てきたわけです。だから、その「学び」は何だったのかということを解明しないと、日本の近代化が何だったのかということはわからない。

たとえば幕末の豊後・杵築《きつき》の藩校にはフランス語を教える人がいた。佐野雋達《しゅんたつ》です。この人は中江兆民からフランス語を学んでいるのですが、実利的なことだけで考えると、この時代にフランス語を学ぶことに意味があったとは思えない。とすると、外国語を学ぶという考え方がそれまでとは異なる意味で出てきたようなんですね。江戸時代は中国語をやっている唐通事《とうつうじ》や商人や、オランダ語をやっているオランダ通詞《つうじ》や蘭学者がいたわけですが、それ以外の何に役立つかまだわからない言葉を、幕末にはいろいろな人が学び始めていた。

松岡　滞在外国人の影響もあったでしょうね。ぼくはメルメ・カションのことを書いたことがあるんですが、カションは宣教師として安政二(一八五五)年にフランス船リヨン号で琉球の首里に着いて、日本語をマスターしてレオン・ロッシュの補佐役をしたり、栗本鋤雲《じょうん》と昵懇《じっこん》になったりするんです。その鋤雲がカションとの交流について『鉛筆紀聞』に書いている。それをのちに亀井勝一郎が読んで、なるほどこういうふうに質問しながらフランス語を身につけていくのかと感心しています。福地桜痴《ふくちおうち》も『懐往事談』でカションのことをシーボルトと並べて紹介していて、こういうような二人に接しているとすぐに外国語を使いたくなると書いた。

メルメ・カションは横浜に住んで仏語伝習所の先生をしたり、メリンスお梶と仲良くなって浮名を流したりするのですが、こういう外国人の影響も大きいでしょう。

田中　蘭学のように外国語の本を読むための習得でない場合は、外国人との接触はかなり大きいでしょうね。

松岡　楽しいしね。当時の日本人には、英語やフランス語を学ぶことがおもしろかったんだと思う。俳諧がおもしろいとか虫を飼うのがおもしろいとか、朝顔や万年青《おもと》を育てるのをおもしろがるというような感覚とあまり変わらなかったんじゃないかな。ただただ、好きなことを尽くしていくことがおもしろかった。

田中　役に立たないものだけど、極めてみたい、とことんやりたい。

松岡　あえていえばオタク(笑)。オタクで平気。オタクであることを隠しもしない。しかも江戸では、子どもや若者ではなくて、大人たちがオタクを夢中でやっていた。ちょっと異様な文化です。

田中　伊能忠敬だって完全にオタクです。

松岡　平賀源内なんかも、そうとうなオタク。

田中　ようするに、無目的で何かをやった人はみんなオタクですよね。

松岡　江戸時代には、そういうオタクっぽい感覚をなんと呼んでいたんだろう。「好き者」とはまたちょっと違いますね。

田中　たんなる「好き者」よりも、やっていることは、もうちょっと力が入っていますよね。

しかも、それが流動性を生んでいる。遠くの塾にわざわざ行くのが平気なのと同様に、地方から突然、江戸や京都や大坂に出てきて塾に入ったりもする。大坂にあの先生がいるとか、江戸にこの先生がいるとか、おもしろい学校があるらしいという、それだけの動機で出て来ちゃったりする。何か仕事があるとか、一旗揚げようというのではないんですね。そうやって出てきた人が、たまたま自分でも学校をつくってしまう。じゃあ、学校をつくってずっとそこにいるのかというと、つくったあとにまた平気で故郷に帰っちゃう。自分の故郷で小さな塾の先生をやったりする。

松岡　とことん遊学的。ぼくは日本の学びにおいては、「遊」のなかに「実」がそうとう入っていて、その「実」のなかにも「遊」が入っていたと思っていますよ。日本の「学び」とはそういうものだった。そのぶん理論や哲学のような体系はつくれなかった。

杉田玄白の『解体新書』や宇田川榕菴《ようあん》の『舎密開宗《セイミかいそう》』は、解剖学や化学の翻訳ですが、けっこう楽しく翻訳している。どうやって日本語にするのかを試行錯誤しながら、かなり楽しんでいる。「元素、酸素、水素、窒素、炭素」はみんな榕菴の造語ですし、「細胞、結晶、成分、圧力、物質」も榕菴です。コーヒーを「珈琲」と綴ったのも榕菴。こういう連中が「江戸から明治へ」の転換のおおもとでいろんなことを支えている。常に遊びながら、学ぶ。そのうえで実利も追う。「実」と「遊」のあいだを動いていた。

田中　翻訳文化は大きいですね。

松岡　ぼくがかつて工作舎という出版社をつくったときに、木幡和枝さんやほかの同時通訳のプロたちに頼まれて、一緒に活動をしました。かれらはぼくの日本語のセンスを学んで同時通訳に生かしたいと言うんですね。ロシア語の通訳者の米原万里さんともそのころにお会いしましたが、ああいうすばらしい同時通訳者たちは、通訳の仕事が楽しくてしょうがなくて、ほとんど遊びが半分なんですよ。完璧で間違いのない通訳を国連のようにしたいなんて思っていない。むしろどうやって自由に意訳をするかということを楽しんでいる。

田中　つまり、置き換えているんですね。

松岡　置き換えたり見立てたりするほうを楽しむ。日本の「学び」の感覚にあったのも、こういうものではないかと思うんですね。たとえば、あんなに万年青《おもと》をたくさん育てなくたっていいと思うし、あんなに多品種の金魚をつくらなくてもいいと思うんだけれども(笑)、とことん「尽くし」たうえで、その一つひとつに名前を付けたりする。これもやっぱり置き換えや見立ての遊びなんです。工夫を凝らして銘を付けて、ネーミング力を楽しみながら競っているんですね。だから自分の活動に応じて、いくつもの名前をハンドルネームのように使い分けることも平気なんです。北斎のように二〇も三〇も雅号《がごう》をもつような人も出てくる。そうやって名前を増やした分、多人格化していく。

田中　いまで言うと複数の「アバター」をもつような感じ。それも誰かから求められているわけではないし、やっぱり出世の役にはまったく立たない。

松岡　しょっちゅう雅号が変わるなんてややこしすぎるのに、それで平気なんだな。

田中　商品を売ることだけが目的なら、ふつうは損します。

松岡　名前が定着しなければ、ブランドがつくれないですからね。日本はとくにそうなっている。銘を付けて銘柄にする。荒井由実から松任谷由実に変わるくらいなら何とかなるけど、福山雅治が一〇回も二〇回も名前を変えたらみんな困る(笑)。いったいどうしてそういうことが平気だったのか。役割やロールというものについてのとらえ方が違っていたんだと思う。

田中　ロールも、どんどん変えていくんです。たとえば、吉田松陰は満八歳のときから藩校明《めい》倫館《りんかん》で講義をしていた。満一〇歳と満一四歳の時には藩主に講義している。そんな子どもによく講義なんかさせるなと思うんですが、そういうことが平気なんです。大人だから、子どもだからというような感覚がなくて、できるのならさせていいだろうみたいな軽さ、柔らかさがありますね。

松岡　藩主の側にも「お主、やるな」というような、勝手な評価が平気でできるリーダーがいっぱいいたでしょうね。

田中　『蘭学事始』のメンバーは杉田玄白など小浜藩の人たちを中心にしているんですが、藩主から「他人と違うことをやってみたら」と言われてやるわけですよね。かれらもそうした役割については自由な感覚をもっていた。一人の人が、さまざまなことができるということが前提になっていた。水戸の光圀《みつくに》のように、日本史を自分たちで編纂しようとする藩主もいました。

松岡　秋田の佐竹曙山《さたけしょざん》のように、すばらしい秋田蘭画を描いてみせた藩主もいた。二二歳で藩主になった土佐の山内容堂《ようどう》も個性的だよね。

田中　福井の松平春嶽《まつだいらしゅんがく》とか宇和島藩主の伊達宗城《だてむねなり》とか。

松岡　そうした英明なトップもいたし、自在に仕事をつくっていくスタッフもいた。田中さんが研究されたように、わざわざ平賀源内のように地方をまわって独創的になることを煽《あお》っていた有能なコーディネーターもいた。そしてオタクもいた。多くの連中が複数のロールをもち、ポリロール化していたんでしょうね。

田中　そういう社会環境があったほうが、人の能力は自然に多様化していけるんだと思う。

松岡　ピラミッド的なスキルアップではなく、多様なスキルをもつ多人格的な人が増えていく。

田中　名を成すという感覚もいまのような感覚じゃないでしょうね。そもそもいっぱい名前があって、活動も分散しているわけだから、複合的になるのは名を成すには非効率です。けれどもそうしつづけた。

競争はないが評判はある

松岡　現代日本人の感覚からすると、江戸時代のほうが時間の使い方がうまいというか、そうとう遊ぶ時間を確保できていたようにも思える。「夕涼み」とか「風呂上がり」とかね。そうでないと、たくさんのアバターをもってあんなにいろんなことに手を出すなんてできないでしょう。実際のところどうだったんですか。

田中　たとえば農業だったら、それはありえますね。作業が季節によって集中しますが、農閑《のうかん》期《き》にはけっこう時間はあった。それから商人の場合も、外回りの集金に出かけたまま帰ってこないという話はよくあったようです。

松岡　どこに行ってるんですか。

田中　寄り道したり、見物したり。どこかで喧嘩《けんか》があれば、ずっと見ているとか(笑)。でも確かに、なんでそんなに時間があったのか、そこをちゃんと分析しないといけないですね。逆に言うと、いまの私たちはなんで毎日こんなに忙しいのか。

松岡　あまり立身出世を求めなかったということも関係がある。

田中　そもそも、もっと働けば、もっとお金が入るという考え方が、江戸時代にはあまりなかったんですよ。仕事に就いていれば、やる仕事の範囲は決まっているし、どんな仕事にもテリトリーというものがある。大工さんだって商人だって、自分の範囲やテリトリーを超えてさらに別のことをやって儲けようという発想にはならないわけです。やるべきことの「範囲」があって、それで生活が成り立っていれば、それでいいわけです。

松岡　よりよい生活を求めたりもしない？

田中　経営者のレベルにはそういう発想もあるかもしれませんが、それも自分の生活のためじゃなくて、自分たちの商いを広げるためだったでしょうね。武士などは、やる仕事は決まっていますから、それ以外に何もすることがない。禄《ろく》、すなわち給料が決まっているので、もしそれ以上稼ごうと思ったら内職をする。内職をしなくても生活できる人は、あえてそれ以上に仕事はしない。そういう意味での欲はない。

松岡　一方で、江戸時代はかなりの経済成長を成し遂げていたのでしょう。なぜ武士のような生産にかかわらない人たちを大量に抱えながら、出世欲も生活欲もない人たちの国が、そんな成長ができたんですか。

田中 NHKが二〇一八年に「大江戸」という番組を三回シリーズでつくり、第二回目で江戸の商業の世界を特集したんですね。そこで、江戸時代の日本は経済成長率がイギリスに継いで世界で二番目だったことが明らかにされていました。イギリスは植民地をいっぱい持っていたから当然だと思うんだけれども、植民地も何も持たない日本の経済成長率がなぜそれほど高かったのか。この答えは、流動性なんですね。人も物も動かしていたから。

その中心は「ものづくり」です。徹底して市場で売れるものを作る。有田焼や伊万里などの肥前磁器は市場を海外にももっていた。インドネシアなどアジア圏にも、ヨーロッパ全域にも輸出されました。国内の場合はあらゆる布と紙と、そして食料です。生活必需品だけでなく、浮世絵などの出版物が生み出す「流行」によって、買い替えが起こる。その結果、反物を売る呉服屋だけでなく、古着を扱うさまざまな業者のあいだでもお金が動きます。

松岡 けれども流通経済がうまくいっていたというなら、もっと忙しくなってしまっていてもおかしくなかったとも思う。なぜ、あんなにみんな遊べるんだろう。

田中 たとえば、文人の場合にどうだったかといえば、絵であれ書であれ学問であれ、それはなんらかの経済を生み出していたと言ってもいいと思う。そういう人の塾に誰かが行くときにも、お金が動く。人が移動すれば、つまり流動性が高ければ、それだけお金が動いて、お金が落とされていく。ですから遊びが深まれば深まるほど、お金が動きます。たとえば、テーマパークや映画館に行くだけなら単発ですが、お稽古事は繰り返しになっていく。私塾もかなりのお金が動く。いまでも観光地に一回行くことと、大学や大学院に入学することをくらべれば、後者のほうが大きな金額が動きます。そのかわり、資格を得たりキャリアを更新できたりすれば、その人の収入は上がる。流動性はお金の動きを活発にするだけでなく、人生にも活気を与えるはずです。

松岡　多様性を認めることで、競争は生まれないかわりに、流動性がどんどん生まれる。これは江戸の経済社会の大きな特徴だと言えそうですね。

たとえば朝顔の好きな人たちのなかにも、咲いたところが好き、しぼんだところが好き、ツルが巻いているところが好き、ツルが上がっていて三本になっているのが好きというように、ものすごく細かく好みが分かれていて、それに対応するだけの朝顔市場というものができていく。金魚や錦鯉なんかも、もうわけがわからないぐらい品種を増やしていくでしょう。そうすると、いまでいうロングテールが動く。それどころか超ロングテール市場ですよね。

田中　競争社会じゃないから、多様性をいくらでも追っていけるんですね。基準が一つだと、社会がピラミッド型になって、みんな競争せざるを得《え》なくなる。いまの大学の偏差値競争というのも、入試が同じような基準でなされているから起こるわけです。そこで大学は、それぞれの特性をはっきりさせることと、入学してからどれだけの能力をつけられるかを見えるようにすること、そして入試改革をおこなうことで、それを乗り越えようとしています。やがて偏差値って何？　という社会になるはずです。

松岡　そんななかで「連《れん》」の活動は、どう評価されていたんですか。いまのわれわれは狂歌を全集で読んでいろいろ評釈もできるけど、当時は作品の善し悪しの点数などはつけていませんよね。

田中　評価を担っていたのが評判記です。また評価には出版社もかかわってくる。たとえば歌麿の『画本虫撰《むしえらみ》』を編集するときに、狂歌師は誰にしようかという選び方をするわけです。そうすると、おもしろい狂歌をつくる人たちがだんだんスクリーニングされてくる。

松岡　つまり、平安王朝の歌あわせの判者に近いことを、地本《じほん》問屋などがやり始めた。

田中　そうです。しかし地本問屋が自分だけでやっているわけではなくて、まさに蜀山人《しょくさんじん》こと大田南畝《おおたなんぽ》みたいな人が、あれがいいとか悪いとかしょっちゅう言っているわけです。それが評判記になったり噂になったりする。そういう人に依存している本屋さんもいるわけです。あるいは蔦屋重三郎《つたやじゅうざぶろう》が南畝と相談しながら決めるというようなことも起こる。そういう意味での評価のリーダー的な人というのは、必ずいます。

松岡　評価眼や評価意識は、そうとうに高かったのかな。

田中　高かったと思います。ただ、変化のスピードが速いので、ゆっくり考えて評価しているというわけではなく、次から次に来るものをとっさに評価できる目利《めき》きが出てくるということですね。たとえば平賀源内が大田南畝を評価するとか、南畝が山東京伝を評価するとか、こういうふうにして評価眼が受け渡されていく。評価の受け渡しというものが起こってくる。

松岡　「いいね」ボタンとは違う。すばらしいね。

田中　最初は遊女評判記から始まって、次に役者評判記が出てきて、それが定期刊行物になります。これは元禄よりずっと前のことで、遊郭や歌舞伎の商業化と関係がある。その後、談義本評判記、黄表紙評判記、洒落本評判記、読本《よみほん》評判記というふうに展開するんですが、たとえば黄表紙評判記が『菊寿草《きくじゅそう》』という題名になるように、それぞれ本らしい題名がつくので、評判記かどうかの区別がつきにくいんです。

松岡　評者の名前は出ているんですか。

田中　誰がやっているかはわからない。

松岡　ミシュランみたい？

田中　複数の人が座談会風にやっているんです。それから、評判は評判記だけがやるのではなくて、たとえば洒落本のなかで、他の作家や絵や器《うつわ》ものの評定をするというようなこともやっていた。登場人物が評価するんですが、それが一種の評判記になるように工夫されているんですね。そんなふうに、評価が社会のいろいろなところでおこなわれていたと思います。

松岡　ぼくは編集者として二〇代から雑誌『遊』をつくり始め、その後も『アート・ジャパネスク』(講談社)という美術全集をつくったり、『情報の歴史』(NTT出版)という年表をつくったりしてきたんですが、ぼくがエディターシップを発揮しなければならないときに常に意識していたのは、江戸の評判記集成なんですよ。あれはすごい参考になった。夢中になりました。こんなに評価をやるのかと驚かされた。

田中　『本朝食鑑《ほんちょうしょっかん》』や『色道大鑑』や『男色大鑑』もそうですが、評判記が百科事典化していくのです。

松岡　ぼくはそういうメディアを「エンサイクロメディア」と呼んできた。ディドロとダランベールが編纂し、桑原武夫が憧れたエンサイクロペディア(『百科全書』)のようなものを、もっとメディア化させたほうがおもしろいと思っていたんでね。だいたいディドロやダランベールたちは、二〇年、三〇年かけてやっと一つの百科全書をつくった。オックスフォードのOED(英語辞典)もそういうつくり方でしょう。でも江戸のメディアはもっとスピード感があって、もっと方法の実験を尽くしていった。「エンサイクロメディア」というのは、そういうイメージです。

田中 きっとディドロやダランベールから江戸を見ると、「なんでこんなにくだらないことを集めて〝大鑑〟と呼べるの?」と思ったでしょうけどね(笑)。

松岡 翻訳家で劇作家のロジャー・パルバースさんと話したとき、日本の番付《ばんづけ》がすごいと感心していた。番付というのは東にも西にも横綱がいるんだけど、いったいどっちが強いのかがわからない。その次に並んでいる大関だって関脇だって、東西どちらにもいて、どっちが強いのかやっぱりわからない。パルバースさんは大島渚《なぎさ》と『戦場のメリークリスマス』のような映画をつくったのですが、日本の映画のエンドロールにも感心すると言ってました。最初に主役のスターの名前が出て、次に脇役、さらに端役と続いていくのに、終盤になって突然、三國連太郎とか仲代達矢とかの大物がでてくる(笑)。さらにいくと今度はしばらく間があって、おもむろに平幹二朗の名前が出てきたりする(笑)。誰が一番の大物なのかがわからないように並べてある。悟られないようにというか。あの絶妙なバランスのとり方はすごいって言っていた。あんなものはハリウッドにもヨーロッパにもフランス映画にもイギリス映画にもない。

田中　番付の妙ですね。

江戸文明論になぜならない？

松岡　江戸の学問や遊びやいろんな文化、ひっくるめてこれを「江戸文化」と仮に呼ぶとすると、一般的にいま「日本文化」と言われているものに比べて、もっと重畳《ちょうじょう》しあっていて、かなり流動的なものだったという気がしてきますね。

田中　それを渡辺京二さんは「江戸文明」と呼んだ。すべてが有機的につながりあって一つの塊《かたまり》になっているから文明だ、と。それがそのあとの世界で全部切り離されてしまい、いまは破片としてだけ存在しているものを、私たちは「文化」と呼んでいる。こういうものをバラバラに集めても「文明」とは言えない。こんなふうに、すごくうまい言い方をしている。

松岡　しかも渡辺さんは、もはや現在の日本人はかつての日本を異文化として学習しなおさないかぎり、取り戻せないものになっているとまで言ってましたね。

田中　江戸文化を研究している人間にも、その自覚がなくちゃいけないと思う。いまはその「かけら」から入っていくしかないけれど、「かけら」の向こうにある全体像をとらえることが目的なんだということを自覚しておかないといけない。

松岡　田中さんも、まさに金唐革《きんからかわ》みたいな「かけら」から入って江戸の奥にまで広げましたよね。でも、そういう研究をしている人は決して多くはない。なぜみんなやらないんですか。

田中　そういうふうに奥に入ったり広げたりするのは学問じゃない、正統な学問というのは「かけら」だけを探ることだと思うようになってしまったんですよ(笑)。私が『江戸の想像力』(筑摩書房)を出したときにも、「あんなのは学問じゃない」とさんざん言われた。「かけら」をやることが学問だと思っている人たちからは、そう見られてしまう。

松岡　日本人だけでなく、欧米人だって江戸時代のことは大好きだし、おもしろがっていると思うんです。西鶴や近松や芭蕉のことも、広重や北斎のことも、乾山《けんざん》も光琳《こうりん》もかっこいいと思っている。だからもっと江戸研究をトータルにやってほしい、江戸のことをもっとダイナミックに知りたいという熱望感はグローバルにもあると思う。

田中　江戸が注目されるようになると、「かけら」をつまみ食いして商売に結びつけようとする傾向が出てきてしまったことも問題だったんですね。たとえば、あるときから急に伊藤若冲《じゃくちゅう》が人気になって、若冲関連のテレビ番組がつくられ、展覧会を開くと人が殺到する。でも大河ドラマでは、あいかわらず戦国時代と幕末しか扱わない。そこはやっぱり切った張ったがないと視聴率を稼げない。若冲の生涯や若冲の時代ではドラマにならないと思われている。

松岡　若冲では一年間も視聴者を摑《つか》んでおけないということか。

田中　でも若冲は「かけら」としてなら利用価値がある。そういう風潮が、江戸についてずっと続いているように思うんですね。

研究者の側の問題でいうと、西欧の科学の考え方に倣《なら》いすぎたのかもしれない。分析のために物事を細かく分けて、その一つひとつのことだけを深く研究する。仮説をたててエビデンスを見つけて証明することに、ほとんどの時間を費やす。こういう西欧科学の方法を、日本の歴史文化にあてはめて、人文科学もその通りにやっちゃったんですね。本当は人文科学というのはもっと総合的であるべきなのに、分析型一辺倒になってしまった。そこにそもそもの問題があるように思います。

松岡　学者だけじゃなくて、江戸以来の芸能や技術を受け継ぐ人たちにも問題があると思う。たとえばいまの歌舞伎俳優たちや職人たちが、江戸の役者や匠《たくみ》のことを語れなくなっている。

そこから方法論を磨いていこうともしていない。やっぱり「かけら」のことしか見ていない。

田中 「かけら」をいくら寄せ集めても、それは「かけら」のままなんですね。「全体」というものには決して行きつけない。全体像を有機的にとらえるためには、仕組みを見ていく必要がある。私はそれこそが「連」だと思っているのです。その基本は、やはり「人」なんですよ。人がどう動いて、人がどういう多面性のなかで自分たちの価値をつくっていったのか、どういう能力を尊重していたのか。そういう「連」のシナプスの動きのようなものをとらえないとだめだと思う。

松岡 晩年にさしかかった山口昌男さんが、それまでの欧米型の文化人類学を脱ぎ捨てて、明治・大正・昭和の人士の動き、職能の動き、メディアの動きを徹底して追いかけましたね。それが『「挫折」の昭和史』『「敗者」の精神史』(岩波書店)や『内田魯庵山脈』(晶文社)になった。ああ、やっと日本が日本を見ているなという気になれました。人と人のつながりだけで、歴史文化に介入した。

田中 実は江戸文化も、人と人のつながりで深いところまで行くことができます。人のつながりはその人の役割である職能のつながりとなり、メディアのつながりとなる。私は山東京伝論をいまだ書けずにいるのですが、それは人のつながりに焦点を合わせることの不足からきていると思っています。メディアと人を分けすぎる、人と仕事を分けすぎてしまうのです。実際は「偉人」もいないし「偉業」もなく、勝ち組も負け組もないし、「社会」という漠然とした概念で生きているわけではない。人は人に触発されて次にやるべきことを発案する。私自身も松岡さんから幾度も触発されて仕事をしてきましたから。その集積が「文明」となるわけです。

松岡　そこだよね。

田中　有機的な動きのところを具体的にとらえないと、文明を語ったことにはなりません。それを、私自身も含めてまだまだできていない。部分的にでもいいから、有機的な関連の発見がもっと必要だと思っていますね。

たとえば芝居小屋というものは劇場として自立しているのではなくて、町とのつながりをもって存在している。だから外部から来た人を取り込んで、そこにまた新しいつながりができていく。そうやって、外に向かって能動的に働きかけるような町ができていく。町が一つで完結しない。町のエネルギーがどんどん外に出ていって、それが経済的な活性化につながる。こういう有機的なつながりが、どういう仕組みで成立しているのか。こういうところから、もっと全体像をとらえたいと思うんですね。

松岡　ぼくはたとえば、さきほども少し話題にしましたが、三味線のことなどももっと徹底してやるべきだと思うんですね。江戸の音楽や楽器としてやるのではなく、一つの文化装置としてとらえなおす。江戸の音曲は三味線をもつことによって、常に変容して、多面的で人格的なものになった。そこではコードとモードの単位が常に入れ替わっている。一丁の三味線が新内《しんない》まで行ったり、清元へ行ったりしながら、人間の苦悩や哀しみのすべてを背負えるようになっていく。このように、おそらく三味線ひとつを追うだけで、ルネサンス以上の文化装置のありようが見えてくるんじゃないかな。

田中　よくわかります。

松岡　ギリシアが神殿という装置を通して、ローマが道という装置を通して語られるように、江戸を語るにもいろんな装置がありうるし、おそらくそうとう多重にあると思う。もちろん藩校や私塾や寺子屋も、俳諧も狂歌もそういう装置の一つでしょう。いまの価値観でいうと、江戸時代はどうしても封建的で名分社会であって、かつてのマルクス主義が言ってたような前近代性そのものと見られがちなんだけれども、そういう見方を裏返せる、覆す力があるはずです。にもかかわらず、そういう江戸の覆す力を見せることができないできた。それどころか狭い袋小路に入ったままになっている。

それとも、江戸学にはそういう細かいところへ行っちゃう何か悪しき特徴があるのかな。つい重箱の隅をつつきたくなるような何かが江戸にあるのか。それとも江戸に向かうブラウザーに問題があるのか。

田中　たしかに戦前の江戸研究者は「好事家《こうずか》」と呼ばれていて、マニアックな人というふうに思われていました。それこそオタクですよね。

松岡　三田村鳶魚《えんぎょ》なんかはなるほど、オタクっぽいですね。

田中　好事家そのものですよ。三田村鳶魚のやり方というのは、とにかくあちこちから、ものすごくおもしろいトピックをいっぱい見つけてきて、それをどんどん書く。似たような人に石井良助という法学者がいて、この人も法律という軸はありながらも、やはりいろんなところからトピックをもってきて、それについて書く。そうやって好事家になるという傾向がある。

松岡　それは浄瑠璃研究の水谷不倒《みずたにふとう》なんかも？

田中　水谷不倒も、そういうところがあります。もちろん方法も持っているけれども、どちらかというと学問的というよりも、自分の考えとか好みでやっている。でも、研究するとなるとそれだけでは追いつかない。自分の考えだけでは無理なんです。とくに全体を有機的にとらえるためには、「方法」とプロジェクトが必要だと思います。ということは、江戸研究者には一方にマニアックな好事家がいて、方法は別にもたない、おもしろければいいという立場をとる。

もう一方は、思想もあるし方法もあるけれども、狭い対象にだけ向かって全体に向かおうとしない。このどちらかしかいない。

松岡　家元制度を研究した西山松之助さんもおもしろいけど、好事家タイプですよね。自分で茶杓《ちゃしゃく》を削りながらも、江戸学のなかでも好きなことしかやらない。

田中　西山さんは「江戸っ子」という存在を明らかにした功績が大きい。「江戸っ子」の有機的な世界は、西山さんが研究したためにはっきりしたんですよ。でもやっぱり半分好事家ですね。本人もそれでよしとするわけです。

江戸研究に足りないもの

田中　もっと言うと、とくに江戸文学研究者が自己否定的なんですね。私が大学院で教わった、他大学から来ていた黄表紙の研究者は、黄表紙の専門書を出していながら「本当にこれはどうしようもない文学ですよね。すごくくだらないですね」と言いながら仕方なさそうに教えていた(笑)。だから、この人は黄表紙が好きじゃないんだな、好きじゃないのにどうしてこんなことをやっているのかなといつも思っていました。たぶんこのようなポーズを取らないと、当時は江戸文学研究そのものがマイナーすぎて、「研究しているあなたがくだらない」とすぐに批判されたからでしょうね。

松岡　ほんとうは自分が好きでやっているのに、好きでないフリまでしているの？

田中　七〇年代、八〇年代は、何かいけないことをやっているみたいな感じがありました。私が江戸時代をやり始めた頃は、江戸をやっても「くだらない」とか「意味がない」「価値がない」みたいなことをよく言われましたよ。

松岡　田中さんが『江戸の想像力』をひっさげて登場したことで、江戸の研究者たちはずいぶん救われたのかと思っていた。でもぜんぜん違うんだ。

田中　ひどい批判もありました。人文科学においても、一つのことを証明するにはエビデンスを付与して証明しなければならないというわけです。「連」の状態とそのダイナミズムについては、私自身はエビデンスをつけているつもりだけれども、それは江戸時代の人が書いている文献に基づいた明確な「物的証拠」ではなく、裁判でいえば「状況証拠」なんですね。それで「そんなのはエビデンスにならない」と言いたいのでしょうね。

しかし、科学的な証明の方法が歴史学に持ち込まれたとしても、文化論や文明論はそれでは総合的展開ができません。どうしても構造をもとにした大きな推測が重要になる。でも推測でものをいう研究者は、学問から排除されてしまう。

松岡 だんだん気分が暗くなってきた(笑)。

田中 もう一つはまさにマルクス主義的な批判ですね。最初の頃はよく、「日本を称賛しているから許せない」という論調で批判されました。たとえば「江戸時代を明るいと言った」というようなことを批判するわけです。でも私は『江戸の想像力』のなかで「明るい」という言葉は一度も使っていないし、そのような発言をしたこともない。つまり読んだ人がそう感じたにすぎないのですが、「江戸時代を明るいと感じさせることによって、前近代の日本が近代よりもよい時代だと思わせ、価値観を混乱させた」というのですね(笑)。

そういえば、私は自分の師にまで批判されました。「江戸時代研究を商業化した」という理由でした。

松岡 廣末保《ひろすえたもつ》さんから? それは田中さんがメディアで注目されたことへのやっかみだよ。出版界とか世の中の江戸ファンは「待ってました」だった。こういう本こそ読みたかったとみんなが思った。

ぼくはやっぱり新しい学問は、複雑性とか多様性だとか創発性に取り組むべきだと思う。文献的証拠だけでは、相転移《そうてんい》が起こって別のものに変容していくというような現象が見えてこない。江戸文化は少なくとも今日の複雑系社会ではないし、今日で言うダイバーシティではないけれども、それでもあの鎖国状態の二五〇年のなかで、かなりの相転移を起こしていたはずだと思う。それはヨーロッパのルネサンスとかバロックとかロココの時代などと比べても、遜色のない複雑性や多様性だと思う。そういうことは、たんに物的証拠をいくら並べて足し算しても、それだけでは説明になりませんよ。

それにアナール学派のような物的証拠についての数字が見えやすい領域の研究と、石川淳が気づいたような「見立ての江戸文化」のようなものは、いちがいに同じ手法で議論できないでしょう。見ていく方法が違う。

田中　アカデミーからは、やっぱりあまり評価されていないんですが、廣末保さんなどは、芭蕉・近松・西鶴を同時につかむ方法の発見をした。『もう一つの日本美』(影書房)という書名が象徴しているように、それまで「日本美」と思われてきたものとは違う、中世の能などの日本美ではない、別の美を江戸時代に発見した。つまり鶴屋南北的な「悪所の美」の発見です。

松岡　『もう一つの日本美』は話題になりましたね。サブタイトルは「前近代の悪と死」だった。あれは注目しました。けれどもそういった南北的な「ないまぜ」の美や「色悪の美」は、歌舞伎や西鶴だけではなく、染めや旗指物《はたさしもの》や談林俳諧《だんりんはいかい》や民間信仰にもありますよ。ヨーロッパでいう「グロテスクの美」(グロッタの美)というなら、祠《ほこら》や民俗的な人形や説経節にあるし、エロスというなら豊後節《ぶんごぶし》や性神信仰にもある。ぼくは一茶のようなあっけらかんとした俳句にも、グロテスクやナショナリズムがあると見てます。

田中 言われることはよくわかりますし、共感するところも多いのですが、一人の作家や思想家を語るのが学問の世界の作法のようになっていて、全体を眺めまわそうとすると、それは推測であって学問じゃないという話になるんですね。関係性を解こうとする研究者のほうも、たとえば京都文人のネットワークが「ありました」とか、「ネットワークしていました」とか、「いろいろ結びついています」と言うだけでは足りないんです。その結果何が起こったか。化学反応のように、それによって何がどう出現したかということまでを言わなければならないと思います。

松岡 気の毒というか、お察しするというか、たいへんだなあ(笑)。でもねえ、歴史が起こっている順番に前の現象が後の現象にどういうふうに影響を与えたかという見方そのものが、進化論的で進歩主義的すぎて、いささか限界があるんじゃないですか。もっと生命論的でもいいと思う。生命論的というのは、インフルエンサーやオーガナイザーと、レセプターやトランスポーターとは別々に機能して、刺激と反応の閾値《いきち》にもとづいて発動したり、鎮静したりするという見方をとるということで、そこには免疫反応のように「A」と「非A」は鍵と鍵穴のようにはじめから同居しているんですね。また環境要因はそうした生命発現プロセスに応じてはたらくという見方です。戦乱や災害や恐慌があったからといって、人の心が落ち込むとはかぎりませんよ。

　ということは文化というものにも、はじめからそういうことを可能にしている「膜」や「発《ぜん》条《まい》」や「臨界値」のようなものがあるということです。それが江戸文化ではつぶさに観察できる。そこをアナール学派やウォーラーステインのようには説明できない。だからこそ、江戸文化は「浮世」とみなされ、「不易流行」が包めたわけです。

　その「浮世」という用語がどこで何回使われてきたかなんていうのは、どうでもいいです。そうではなくて、江戸の社会経済文化のなかで「浮世」というヴィジョンがその響きにおいてもその字面においても、みんな「わかっていた」ということのほうが大事です。

　そこを何かのエビデンスで分断してしまうほうが問題です。関係性が学問によって切り刻まれてしまいます。

田中　江戸東京学には可能性があると私が思っているのは、まさにそこです。いま江戸東京研究センターでやっている研究にも、いままで考えてこなかったようなテーマや要素がどんどん入ってきています。たとえば、江戸の藩校では、学問だけでなく柔術、剣法、銃といった軍事的なレッスンもやるんですが、それと同時に仕舞《しまい》もやったりする。これは文化の稽古です。一方、私塾は軍事訓練はしないで、漢詩を書きましょうとなってくる。となると、四書五経だけではなく、さまざまな漢詩文化に触れていく。より広い学問結社には遊山が入り、お酒も飲むし、俳諧もやるし、絵も描きます。そうやってどんどん文化が加わって、そこに文人文化が出現した。

ところが、従来のとらえ方だと、藩校も私塾も「学校である」という意識が私たちのなかに強すぎたんですね。藩校も私塾も勉強しかしていなかったかのように思い込む。勉強以外の遊びは外でやっていたのだろうと考えてしまう。たしかにそういった遊芸のための結社や塾、たとえば詩社や歌塾も別にあるわけです。学校以外の機関がある。もっとそこに出入りする人たちに注目すれば、勉強の場も遊芸の場も、入れ子になっているということが見えてくるんですが、でも長いあいだ、そういうふうにはなかなか思えなかった。

松岡　明治の文人たち、たとえば幸田露伴だって夏目漱石だって九鬼周造だって、お師匠さんのところへ通って三味線を習ったり、娘義太夫《むすめぎだゆう》を聞いたりしていた。それくらい、遊芸に対して敬意をもって親しんでいました。そういうことは、おそらく江戸時代生まれの文人たちの姿から学んでいったのでしょうし、町のお師匠さんに三味線を習うということが四書五経の学習に匹敵する教養、いまでいうリベラルアーツになっていたのかもしれない。

田中　そうなんです。多くのことは江戸の「学び」や「まねび」のなかにあったはずなんです。

自由な学びのダイナミズム

松岡　『日本問答』では、江戸の学問熱や寺子屋のことを交わしましたね。そして田中さんは法政大学の総長になり、平成の学校教育や「学び」の事情に深くかかわることになりました。その立場からあらためて「江戸の学校」というもの、藩校・郷学校・私塾・寺子屋などをふりかえると、いろいろヒントもあると思うんです。

田中　江戸時代の藩校とか私塾を見ていると、地方がすごいんですね。それぞれの藩がどういう理想をもって地域をハンドリングしていたのかというガバナンスの問題を含めて、かなり高度なものが存在していたのではないかと思います。学校のあり方がとても理想的なものになっていて、地方であってもたくさんの塾生が各地から集まっていた。

松岡　どうして地方の学校がそんなに生徒を集められたんですか。

田中　そこに行けば何を学べるか、どういう先生がいるかということが、口伝えで噂が広がるんですね。インターネットもテレビもない時代に、たとえば大分県の日田《ひた》の咸宜園《かんぎえん》には、東北や関東、秋田あたりからも生徒が来ている。

松岡　広瀬《ひろせ》淡窓《たんそう》の咸宜園はすごかった。門下五〇〇〇人というぐらい。

田中　秋田からわざわざ大分の学校に行くこのエネルギーはどこから来るかといえば、やはり学習熱ですよね。しかもできるかぎりいい環境のなかで、いい先生に付きたいという思いが強かった。興味深いことに、江戸時代の学問の目的は聖人（立派な人）になることでした。就職や出世が目的で学ぶわけではないんです。人格者になるという目的のために可能なかぎり情報を集めて、遠方の学校に行く。こういう行動をとる人たちが日本全国にいたということは、いまから考えると驚くべきことです。

松岡　ほんとうに驚くよね。人倫《じんりん》を学ぶ。

田中　彼らにとって学校とは何だったのかは、いまの私たちの感覚とはまったく違うんです。

松岡　日田の咸宜園のようなものから、伊藤仁斎《じんさい》の京都堀川の私塾や荻生徂徠《おぎゅうそらい》の蘐園《けんえん》学派の塾のようなものまで、それから会津の日新館から熊本の時習館まで、民も藩もそれぞれ人を集めましたね。もちろん、儒教や儒学を学ぶ、人倫を学ぶことが一番の目的だったとしても、それに加えてぼくはやっぱり、何か人々の学びのダイナミズムというものが人を引き寄せていたんじゃないかと思うんですよ。たとえば本を読むときも、講読や会読《かいどく》や慎読《しんどく》といったいろいろな方法があった。こういった学びの手法の普及とともに、学びへの憧れが連続的に波及していったんでしょう。学び方そのものの魅力、感応力が広まっていたような気がします。

田中　公務員試験としての「科挙」がなかったことも大きい。

松岡　大きいね。とても大きい。中国や朝鮮で役人になって「上下定分《じょうげていぶん》の理《ことわり》」をまっとうするには、科挙を受けるしかないわけですが、日本では自分で仕官するしかないし、大名や武家に自己申請するしかない。それが各地に学校をつくらせたのかな。

田中　そうだと思います。それから「場」の力が大きい。

松岡　そうだよね。お互いに学びあっている。指導もそういうふうになっている。蘐園学派では、徂徠が「学問は一人でするものではない。師や仲間とともにするものだ」という方針がありました。これが各派や地方に広がったんでしょうね。「場」の力と「人」の力が両方ともに動いたんだと思う。決してトップダウン型ではなかった。しかもそれぞれの藩ごと、あるいは地方ごとに、立ち上がっていったものですね。

田中　それが私塾にも藩校にも及んだ。

松岡　藩校で早くから独創的だったのは熊本藩の時習館だよね。熊本はすごい。学寮や侍講《じこう》ががんばった。名君といわれた細川重賢《しげかた》が一七五五(宝暦五)年に創設したものですが、学寮の堀平太左衛門や侍講の秋山玉山が独自のカリキュラムを組んで、「一所に橋をかけない教育」に徹した。川上の者は川上の橋を渡り、川下の者は川下の橋を渡るようにしたんですね。「人才」に注目したわけです。これがのちの横井小楠《よこいしょうなん》や徳富蘇峰《とくとみそほう》の登場をもたらした。

田中　今のように学校の名前で選ぶのではなく、塾長つまり人で選ぶ。「師」が重要なのであって、学校の名前ではない。文部科学省がないから、大学設置基準で決められた卒業所要単位というものもないし卒業証書もない。あったとしても就職にはまったく結びつかない。そのほうがはるかに自由です。私塾どうしも塾長の個性で入学を判断されるので、横並びの競争をしているわけではありません。むしろ藩校どうし、私塾どうしも学びあっていました。メソッドを交換しあうわけです。

松岡　やっぱり九州勢というか、新規の風が海外から常に入っていた西南が早かったですね。時習館についでは福岡でしょう。西と東の両方の学問所ががんばった。西学問所の甘棠館《かんとうかん》は亀井南冥《なんめい》の私塾のメソッドを応用し、東学問所の修猷館《しゅうゆうかん》は藩儒筆頭の竹田定良《さだよし》が館長になって仕切った。佐賀の弘道館、島津重豪《しげひで》が開いた薩摩藩の造士館《ぞうしかん》とか。弘道館は副島種臣《そえじまたねおみ》、大隈重信、佐野常民《つねたみ》、江藤新平を生みましたね。みんな、一様じゃない。

田中　ただ朱子学を学ぶだけなら、どこに行ってもだいたいは似たような教科書を使っているわけですから、そんなに遠くに行こうとしなくても十分に学べるだろうと思える。でも、それぞれが違うところを求めて学びの場を探していく。松下村塾なども、そうですね。長州藩は明倫館や有備館《ゆうびかん》などの藩校も充実していたようだけれど、松陰は短期間ながらユニークな教授をほどこした。そのなかから、自然に陽明学派みたいなものも出てくる。

私は日本における陽明学の流行は不思議だと、ずっと思っているんですね。どうも学びのダイナミズムのなかから学派やスタイルが自然に出てきたようなものという気がする。それはどうしてかというと、陽明学の性質のなかに、たんに師が弟子に対して一方的に教えるというのではなくて、人がある「場」に集まることによって組み合わされて才能を発揮する、という考え方があるんですね。

松岡　知行合一《ちこうごういつ》ね。

田中　王陽明が学問を婚姻に喩《たと》えているという話がありますよね。教師としての自分の役割は媒酌人である、つまり、何かと何かをつなげる役割が教師なんだというふうに王陽明自身が考えていた。だとすれば、その空気とかその方法が陽明学のなかに入り込んでいて、陽明学を受け取る人のなかにも入り込んでくる。つまり陽明学の魅力は言葉の思想的な面というよりも、むしろ方法的な面が大きかったんじゃないか。

松岡　同感です。学ぶ方法の感応力が日本で高まっていたからこそ、陽明学の知行合一にものすごく方法的に感じるものがあったんでしょう。おそらくそういうことは中江《なかえ》藤樹《とうじゅ》の頃から始まっていたんだと思う。さすが、近江聖人。

田中　藤樹の考えの特徴を言うと、官学的ではなく私学的な学びをめざしています。つまり武士が出世や教養のために学ぶ儒学ではなく、日常を生きる庶民が自分の身をどう修めればよいかを、自分自身の問題として考え、また伝えようとした。彼は実際、農民の出身ですし、一度は武士階級の教育を受けますが結局、村へ帰って私塾を開きますね。興味深いのは、朱子学を学びはしたけれどそこから自由で、現場に即して考える実践知の人であったことです。たとえば主従関係をもたない庶民に必要なのは、武士が大切にする「忠」ではなく、「孝」という言葉で身を修めることである、とした。また日本の人々の日常のなかにある神をもって儒の道を語るために、神の道と儒の道を同じ位置に置いた。そして王陽明もたどったように、朱子学から脱して実践に抜ける方法として、私欲のない「心」と「理」は一致するものとした。行動をともなわない知は知とは言えないから「知」と「行」も一致するものだとした。

権威から与えられた言葉をそのまま覚えて次の世代に伝えるのではなく、生活のなかで自ら考え、個々人が思想を深めるための「方法」にしていったわけです。ここに、日本儒学の特徴があると思います。

松岡　そうですね。ぼくは藤樹のこと、とくに近江の最初期の私塾と言うべき藤樹書院のことは、もっと知られるべきだと思う。ここから熊沢蕃山《くまざわばんざん》や淵岡山《ふちこうざん》や中川謙叔《けんしゅく》などが輩出したし、なんといっても日本儒学を陽明学のほうへ向けたのは藤樹ですからね。のちに内村鑑三は『代表的日本人』として五人の日本人をあげるのですが、そこに日蓮、二宮尊徳、上杉鷹山《ようざん》、西郷隆盛とともに中江藤樹も入っていた。

もちろんかつての仏教にも人々を熱心にさせるいろいろな行《ぎょう》があったけれど、それはどちらかというと社会から出家して、いささか超人的なるものをめざそうとするものでしたよね。これにくらべて儒教的な学びは身に付くメソッドで、しかも知の極みや行《おこな》いを通して聖人への道筋をたどる方法を伝授しようとした。その方法がすばらしいという噂に惹《ひ》かれて、咸宜園など に全国から人が集まるといったことになったのでしょう。

文人たちのネットワーク

松岡　いったん「学校」のことを離れて、いよいよ「文人」のことを話したいのですが、それでいいですか。ちょっと文人の話をしましょう。

文人という呼称は中国由来のものです。文人墨客《ぶんじんぼっかく》などと言われ、学問を修め文章をよくする者という意味をもっていた。学問を修めるというのは経書経学に明るいということで四書五経にも通じている。文章をよくするというのはすぐれた詩文が書けるということ、さらに能筆《のうひつ》であるということです。そこから書画骨董《しょがこっとう》や琴棋《きんき》書画に関心がある風流な心のもち主だということになります。ただし、中国ではそういう人士は士大夫《したいふ》で、科挙にも合格できる才能をもっていたというふうになるんですね。

けれども日本においては、文人は士大夫である必要がない。だいたいそんな身分がない。それよりむしろ趣味が多くて反俗的で、少し隠逸《いんいつ》思考をもっているくらいの高潔な人物が文士だとみなされました。好き勝手なこともする。祇園南海《ぎおんなんかい》や皆川淇園《みながわきえん》や浦上玉堂《うらかみぎょくどう》みたいな人物ですよ。ぼくはこうした文士の登場が、江戸文化をつくりあげていくにあたってとても大切な役割をはたしたと見ています。ところが中国の文人論は六朝文化の議論をはじめいろいろあるのだけれど、日本の文人についてあまりに論議もされていませんね、研究も少なかったと思う。石川淳が注目されるのは、まさにそこを突いたからです。

田中 その通りです。日本では文人の描いた絵を「文人画」といって悦《よろこ》んでもきました。でも文人研究はたしかに少ない。

松岡 それで、ここでは一例として祇園南海の話をしておきたいのですが。ぼくはけっこう気になっているんです。南海はまさしく文人画の才能を発揮した最初の人であって、服部南郭《はっとりなんかく》、柳沢淇園《やなぎさわきえん》、彭城百川《さかきひゃくせん》とも並び称されていたのだけれど、かんたんに略歴が言えない。たんなる画家でもない。そこが文人っぽいわけです。紀州の藩医の長男で江戸に生まれています。

一六八九(元禄二)年の頃に木下順庵に学んで朱子学を修め、早くも七言律詩を書いて才能を認められている。一八歳くらいのときは五言律詩を一夜に一〇〇篇ほどつくって、当時二〇歳くらい年上だった新井白石に絶賛されている。えらく評判がいい。それとともに木下順庵の門下をバクモンならぬ「木門《ぼくもん》」というのですが、白石、室鳩巣《むろきゅうそう》、雨森芳洲《あめのもりほうしゅう》、榊原篁洲《さかきばらこうしゅう》などとともに、その木門十哲の一人と数えられていた。でも、お役人になろうとはしない。

一六九七(元禄一〇)年、二二歳のときに父親が亡くなってやむなく紀州に戻って藩の儒官となりますが、性来の放蕩無頼《ほうとうぶらい》がたたって知行を召し上げられ、城下を追放されて謫居《たっきょ》を命じられる。呑兵衛だったようです。それでも平ちゃらで、一〇年くらい村人に書画を教えたり、四書を読み聞かせたりして糊口《ここう》をしのいだ。そのとき紀州の藩主になった徳川吉宗が南海に目を付けた。来日した朝鮮通信使の接待役を仰せつかって、みごとに大役をこなすんですね。のみならず朝鮮側の李東郭からその漢詩の才能をほめられる。それで旧禄に戻され、吉宗がつくった藩校の講釈所の督学《とくがく》になります。督学は校長みたいな役です。宝暦になるまで活躍して、いろいろ影響をのこした。

文人画のほうは柳沢淇園が習い、その淇園の紹介で池大雅《いけのたいが》が紀州に会いにきてますね。その大雅をはじめ、蕪村、若冲、蕭白《しょうはく》は、みんな祇園南海の文人感覚の香りから醸し出されたようなものだとぼくは思っている。

田中　祇園南海は中国の『芥子園《かいしえん》画伝』や『八種画譜』を日本に導入し、広めましたね。『芥子園画伝』『八種画譜』は絵手本として、庶民を含む多くの人が自ら絵を描くきっかけになったものです。それと同時に、『芥子園画伝』はカラー印刷本でしたから、浮世絵のカラー化をうながした。江戸時代の「文人的あり方」は、私塾の学問を基本にしたものと、商人や農民にまで広がった動きとがあって、非常にすそ野が広かったのです。実践していることも学問、漢詩、俳諧、文章、絵画、書、音曲に及び、文人とは実践を伴う生き方の名称でした。文人ネットワークと言うとき、人名のわかる人だけでなく、無名の人々の生活にも美的な影響を与えていたとみるべきですね。そのきっかけになったのが祇園南海だと思います。

松岡　そういう文人が出てきて、各地に独自の私塾をつくったり人脈豊かなサロンをつくったりした。ここに文人と学校とが交差しているんです。そこでぼくはもう一人、皆川淇園のことをあげておきたい。

淇園は南海と違って、言語論や言葉の思想を究めています。開物論という「名」と「物」の関係に関心をもったんですね。だから孔子の正名論(言葉の正しさを追求する)とともに荘子の狂言論(言葉の比喩性を重視する)も学んだ。易学も探求した。それと各地に呼ばれ、丹波亀山藩の松平信岑《のぶみね》、平戸藩の松浦《まつら》清(静山《せいざん》)、膳所《ぜぜ》藩の本多康完《やすさだ》などの藩主に招かれて賓師《ひんし》になっている。だから、その足跡と名声が最初から広がっていたんですね。

そのうえで京都の中立売室町に塾を開いて、いろいろな職業の門人を受け入れていって、ついにさまざまな藩主の希望と援助で学問所の弘道館をつくって指導しました。門人実に三〇〇〇人と言われる。まあ、一〇〇〇人はいたんでしょう。門弟に弟でもあった富士谷成章《ふじたになりあきら》、稲毛《いなげ》屋山《おくざん》、鷗外が小説にした北条霞亭《かてい》、『甲子夜話《かっしやわ》』の松浦静山などがいますよね。甥っ子の富士谷御《み》杖《つえ》は、ぼくが大好きな国学的な言語学者です。淇園は文人画家としての腕もよく知られていて、円山応挙に水墨山水の手ほどきを受けてますね。

田中　淇園はたいへんな読書家ですよね。大坂を代表する文人の木村蒹葭《けんか》堂《どう》とも何度か交流してますね。

松岡　片山北海《ほっかい》とともに、子どもの頃の蒹葭堂の先生の一人ですね。その後もいろいろ昵懇になってます。きっとたくさんの「本の知」のことで交流したでしょうね。

田中　そのはずです。蒹葭堂は自宅を、多くの人が訪問し交流する「文人が育つ場」としたのです。しかしそれだけではありませんでした。私は『江戸百夢』(朝日新聞社)で、「蒹葭堂は彼らに多大な人格的影響を与えている」と書きました。自分の財産や持ち物を自分のためだけに使わない、社会に向かって開き、世間の媒体になり切った人なんです。

鄭敬珍は『交叉する文人世界——朝鮮通信使と蒹葭雅集図にみる東アジア近世』(法政大学出版局)で、朝鮮通信使との交流で蒹葭堂の絵画が朝鮮にもたらされ、朝鮮国の文人と日本の文人とが文人意識の共有をしたことを解明しています。蒹葭堂については中村真一郎の『木村蒹葭堂のサロン』(新潮社)という有名な大著があるのですが、鄭敬珍はさらに、文人がどうつくられたのかを調べているんですね。蒹葭堂会の会則を分析して、会則が学問結社から文人結社的なものに変遷していくことを発見したんです。最初は学問のための結社だったのが、だんだんカジュアルになって文人の結社に変遷していく。学問から少しずつずれてきて、遊山もしよう、絵も描こうというふうになって、最後には結社のルールがかなり自由なものになっていく。

私はこういう変化は文人の結社のなかでのできごとだと思っていたんだけれども、私塾や藩校のなかにも共通している変遷があるのかもしれないと思うようになりました。

松岡 そうだろうと思いますね。ということは、これまで話してきたような、私塾、藩校、俳諧師、文人、画家はみんなまじりあっていたということです。学びのネットワーク、趣味のネットワーク、文人のネットワークが互いに重なっていた。そこには次から次へと場所を移っていく俳諧師や、亀田鵬斎《かめだほうさい》や浦上玉堂のような旅する文人たち、東北をめぐった菅江真澄《すがえますみ》などの旅のネットワーカーの姿も重なっていたんだと思う。そうしたなかで、山水に遊ぶ、煎茶に遊ぶ、花鳥風月に遊ぶ、俳諧に遊ぶという文人的なあり方を儒学者たちも取り入れたはずです。中国は、儒学が科挙につながっているから、学問と朱子学と出世が一致しているんだけれども、日本は科挙がなく私塾で学んだことのほうが、その仲間たちの交流のほうが、豊かな文化を育んだのだと思いますね。

田中 きっと「公」でも「私」でもなく、「共」のネットワークが動いたんでしょうね。

松岡　それこそ富士川英郎が『菅茶山と頼山陽』（平凡社東洋文庫）で、中村真一郎が『頼山陽とその時代』（ちくま学芸文庫）で描いてくれたものだと思う。「文人共和国」と中村さんは名付けられたけれども、頼山陽《らいさんよう》だけをとりあげても、二重三重四重の文人ネットワークが重なっています。すでにお父さんの頼春水《らいしゅんすい》が大坂に遊学して尾藤二洲《びとうじしゅう》や古賀精里《せいり》と朱子学を研究し、私塾の青山社を開いていたでしょう。だから山陽は大坂で生まれて、妹は二洲に嫁いでますよね。それから春水が広島藩の学問所の創設にかかわったので、安芸《あき》の国で学問所に学び（それが現在の修道中学校・高等学校）、春水が江戸在勤になると、寛政年間は江戸遊学の足跡をのこします。

そのあと、広島と京都を行ったり来たり、謹慎したり蟄居《ちっきょ》したりして、その途中で福山の菅《かん》茶山《ちゃざん》の私塾「黄葉夕陽村舎《こうようせきようそんしゃ》」で学んだりしている。茶山の私塾はその後福山藩の郷学として認可されて「廉塾《れんじゅく》」と名を改めますが、頼山陽はそのときには都講（塾頭）を頼まれる。茶山は茶山で蕪村や大典顕常《だいてんけんじょう》などと交流しています。

京都に居住するとお父さんが亡くなって、山陽はその遺稿をまとめて上梓して、日田の広瀬淡窓を訪ねにいってますね。で、帰ってくると『日本外史』を仕上げて、東山を望む山紫水明処を構えて、悠々自適《ゆうゆうじてき》ですからね。

田中　岐阜大垣の江馬細香《えまさいこう》とも恋文のような漢詩を交わしながら、けっこう長く交流した。

松岡　あれはあきらかに恋仲ですよ(笑)。でも、細香の才能もすばらしい。ともかく山陽は何百人もの文人たちと「文人共和国」を体現してますね。

地方の私塾が近代を拓いた

田中　私が感心するのは、そこに出入りしていたのが武士だけではなく、町人も農民も商人も交じっていたということ、思想も儒学も国学も陽明学も交じり、趣味も何でもありだったということです。だからどんな私塾も入ろうと思えば誰でも入れた。咸宜園なんかは完全な私塾だから、どんな身分の人だって入ることができた。

松岡　僧侶も入っていた。

田中　どんな身分でも入れるということは、まさに出世の道具にしていないということです。社会的にはなんの出世のパスポートにもならないかもしれない、自分のキャリアには何ももたらさないかもしれない集まりのなかに、それだけの人が入っていく。その動機とか気持ちは何だったんだろうと考えると、やはりそこに価値があるからです。価値があると思える「価値観」があったからです。

松岡　それは、田中さんが研究された「連」とも関係があるでしょう。「連」というのは、せいぜい十数人ほどの単位の人々が「好み」を共有するだけで成立していましたよね。そういうものが、狂歌とか俳諧とか狂詩とか、三味線の豊後節から常磐津《ときわず》まで、ありとあらゆるものについて成立していた。こういう「連」と私塾の関係はどうなっていたのか。このあたりは誰か研究している人はいますか。

田中　まだそういう研究はないですね。文人結社と私塾の関係、「連」と私塾の関係を追っている人はいないと思います。それぞれ別々に研究している人はいるんですが。

松岡　どうも、そこに日本の「学びの方法」のいちばん大事なところがひそんでいるように思うんです。おそらく私塾と文人結社、さらには「連」のようなものが、どこかで重なりあいながら多角的に動いていたんだとみたほうがいいのではないか。だからこそ、就職が有利になるわけでもない私塾に、みんなが殺到するというようなことが起こる。

田中　そういう可能性はあると思います。まず「連」的なものは、平安時代の歌人たちの世界からずっと続いてきているもので、中世に仏教の「講《こう》」と交わりますが、生活のなかに定着していたと思います。私塾は、学問が僧侶や貴族や武士の独占ではなく、その他の人々に浸透した江戸時代に広がります。文人結社は、学問が同時に絵画や音曲や詩歌俳諧などと個人のなかで共存することで、私塾からも生まれ、ほかのサロンからも生まれるわけですが、そのころになると、文人の交わりが私塾に影響し、とりわけ江戸では俳諧の媒介によってさらに一般化して「連」のかたちをとったのだと思います。全国を歩く俳諧師のはたした役割も大きいです。寺子屋の卒業生がつくる筆子中《ふでこちゅう》が俳諧を学ぶ場になることもあり、私塾がなくとも集まって学ぶ、創造する、という生活が当たり前になったのでしょうね。連と私塾は江戸時代にとっても明治時代にとっても、知的好奇心を喚起するのに不可欠な仕組みだったと思います。

松岡　伊藤仁斎先生に習ったからといって出世できるわけではないし、先生になって生徒をとれるようになるというわけでもない。でも学校は好きなように選べるし、学校を出て俳諧をやってもいいし、和算をやってみるのもおもしろいし、山水画や七弦琴《しちげんきん》や煎茶を楽しむのもいい。そのための「連」がいくらでもあって、誰をも受け入れてくれる。このような、いまふうに言うと「コモンズ」がたくさん私塾や藩校を取り巻いていたんじゃないか。そこを人々が流動的に動き回っていたのではないか。

田中　私が私塾を非常に重要だと思ったきっかけは、法政大学の総長として大学史を内面化していく過程で、法政大学の創立者と私塾の関係に気づいたからなんです。法政大学は大学制度ができる前の一八八〇年に、東京法学社という名前でつくられるんですね。創始者は、杵築藩士であった二人の二〇代の若者です。このことを、大学では「明治になってフランスの法律学者ギュスターヴ・エミール・ボアソナードが日本政府によって招聘され、その教えを受けた人がつくりました」というストーリーで説明していたのです。たしかに一八八一年になってからボアソナードの門人が代言局(弁護士事務所)を切り離す方法で、結社としての東京法学社を学校としての東京法学校にしています。学校制度がどんどん変化する時代ですから、制度に合わせなければならなかったわけです。

でも私は、ボアソナードの教えでつくられたフランス系の大学という位置付けには、何か大事なものが欠落していると思えたのです。なぜかというと、そこにかかわった二人の若者は江戸時代に生まれ、江戸時代に藩校で教育を受けている。その人たちがなぜ急に東京に出てきて学校をつくろうと思うのか。しかも、まだ二〇代の若さですよ。この人たちはいったい何者なのかということに関心を持ち、大分県の杵築市に行ったときに、そこにある歴史博物館を訪ねて学芸員さんにさまざま聞いたところ、創始者の一人の伊藤修という人の家は私塾をやっていたということがわかった。もう一人の創始者の金丸鉄《まがね》は、藩校「学習館」でフランス語を学んでいます。二人とも武士だから藩校にも入っているけれども、私塾にも入っていた。ということは、藩校と私塾を、たぶん都合によって行ったり来たりしながら学んでいたんでしょう。杵築藩には藩校のほかに、なんと一五もの私塾がありましたからね。その一つが、九州でもっとも早くできた三浦梅園の梅園塾(豊後国東)です。ほかにも幕末維新の国学者の物集高世《もずめたかよ》の物集塾もあった。

地方の藩にはこのように非常に多くの私塾があって、そこで学んだ人々が新しい時代を拓くべく、政治結社や学習結社を次々とつくっていたようなんです。もっと知られるべきことですよね。

松岡　さきほど熊本の時習館が先駆的で、そこから横井小楠や徳富蘇峰らの幕末・明治の活動家や著述家が登場してきたという話をしましたが、あの時期、もっといろいろなことが熊本に起こっていましたよね。

ちょっとその話をしておくと、一つは宮崎三兄弟の動きです。民蔵《たみぞう》・彌蔵《やぞう》・寅蔵《とらぞう》です。寅蔵がのちに孫文を扶《たす》けた『三十三年の夢』の宮崎滔天《とうてん》ですね。滔天は蘇峰がつくった大江義塾で学ぶんですね。もう一つは、小楠が実学党という運動を起こし、そこに蘇峰親子や横井時教《ときのり》が出てきて、やがて熊本洋学校をつくる運動が起こっていたことですね。この洋学校はジェーンズ先生が教えた熊本バンド(花岡山バンド)になるもので、明治の海老名《えびな》弾正《だんじょう》、霊南坂教会の小崎弘道《こざきひろみち》などの代表的なキリスト者たちをつくっていく。弾正は横井小楠の長女と結婚してますね。その熊本バンドを京都にもってきたのが新島襄の同志社です。

もっと複雑ないろいろの動きがあるのですが、ともかくそういった結社や私塾からその後の近代日本が生まれていった。自由民権運動も憲法草案も生まれていった。しかも、あんなになくたっていいだろうと思うくらいたくさんの結社がつくられていった。大日本帝国憲法の草案については、最終的には横須賀の夏島にあった伊藤博文の別荘でつくられた夏島案が基本になりましたが、それ以外にも案はいっぱい出てきますよね。

田中 千葉卓三郎の五日市憲法や交詢社《こうじゅんしゃ》憲法、植木枝盛《うえきえもり》の憲法案など、私擬憲法案が主要なものでも一六ぐらい、総数は六〇ぐらいあったとされています。

自由民権の結社については、色川大吉が『自由民権』(岩波新書)という本で詳細に書いていますね。「さまざまな性質をはらんだ新しい何か」とか、「さまざまな機能を内在(あるいは潜在)させていた総合的な組織」とか、「〝学ぶ〟〝助ける〟〝稼ぐ〟〝戦う〟〝楽しむ〟〝開く〟ことによって、人間の全体性の実現をめざす新しい結社」と表現しています。その数は、運動が活発だったとわかっている二〇県だけでも二〇〇〇社を越えると述べている。その性格を、「純然たる学習結社」「純然たる政治結社」「学習結社と政治結社の両方の性格を兼ね備えた結社」「民衆生活一般に関する結社」と分類していますね。これは、あきらかに江戸時代の民衆の行動様式です。

「座」と「講」と「連」と「社」

松岡　江戸の「連」がどんなふうに変容して明治以降の結社になっていったのか、そのあたりをもっとくわしく聞いてみたいと思っていました。「連」についても、初期、中期、晩期というような変化やそれぞれの特徴があったのかどうか。そこはどうですか。

田中　おおもとのところから言いますと、まず平安時代から和歌の「座《ざ》」がありましたね。和歌は一人でつくるものではなくて、「座」のなかでつくられていた。それがあるから中世になって連歌の座が生まれました。

一方、村のなかでは「講《こう》」が出てきます。仏教の僧侶たちが布教のために村々に「講」をつくった。だから「講」の最初の目的は布教です。ただしその当時の村は「惣《そう》」と呼ばれる強い自治力をもった集団で、武力も独自にもっていた。惣村、惣町、惣中、惣衆など、「惣」という名称で自治をあらわしていた。同職ギルドも「惣」を名乗りました。こうして、現実生活の「惣」のなかに、布教のための「講」がつくられていくんですが、さらに鎮守の社にはもともとと、長老者たちの「宮座《みやざ》」がありました。

これらが江戸時代になると、まずは「惣」のなかで武力を担っていた若者たちが「若衆組」を作ります。バランス上、そこに「娘組」もでき、共同労働のための「結《ゆい》」も結成されます。寺子屋がふえてくると、卒業生たちが「筆子中」を組織し、そこが今度は俳諧の「座」の核になります。

ところが、そういった変化のなかで「講」が変質してくるんですね。仏教だけではなくなって、さまざまな目的でつくられるようになる。そこがすごく大きかったと思うんです。念仏講は念仏をするだけでなく、料理をつくって集まって話をして、善光寺参りをする。伊勢講ができれば伊勢参りをする。ほかにも庚申講《こうしんこう》、地蔵講、頼母子講《たのもしこう》、無尽講《むじんこう》など、一つの村に複数の「講」があって、さらには「結」があって、複数の「組」がある。

するとどうなるかというと、一人の人が複数のグループに所属しているということになる。これと同じことが、都市の人口が多くなったときに、都市のなかでも起こっていったと思われるのです。都市にもあらゆる「講」が出てきたと同時に、ここに「座」の代わりとしての「連」が出てくる。と言っても、俳諧はずっと「座」と呼ばれますし、漢詩をつくる時は「社」という名前で、博物学その他のモノの持ち寄りやイベントは「会」という名であらわされることが多いのですが、そのなかで江戸の「連」が立ち上がっていくんですね。当初の「連」は狂歌連が代表的ですが、これらをすべてまとめて私は「連」と呼んでいます。でも実際には「会」とか「社」という名がついていることもあるわけです。

松岡　俳諧の座なんて、全国いたるところにあったしね。芭蕉がめぐり歩くことができるくらいあった。

田中　そういう状態でしたから、何かをやろうというときに、まず結社をつくるということが当然になっていた。私塾で会読の訓練を受けた人たちが、明治時代になってからいろんな結社をつくったということには、そういう背景があったと思います。

松岡　いまの感覚で「コミュニティ」とか「コモンズ」と呼んでいるものとは、「連」は違うんですか。いちがいに同じとは言えない何かがある？

田中　「社」とか「会」とか「連」としか言いようがないものですね。

松岡　ヨーロッパでは似たような集まりとして、クラブとかサロンがやはり近世以降にものすごい数が生まれました。イギリスではコーヒーハウスが流行して、男たちの談論や政策論議の場になっていった。フランスではポンパドール夫人のようなブルジョワ夫人たちが文化社交サロンを営んで、そこにヴォルテールやルソーやドルバックらの啓蒙思想家や音楽家たちが集って交流した。でも日本の結社は、そういうものとはぜんぜん違いますよねえ。

田中　「連」や「社」には啓蒙という意図はないし、主人も女主人もいない。なぜならヨーロッパのように貴族階級のパトロンがサロンをつくっているわけではなく、基本的には個々の人たちの意思で結成されるからです。ケースバイケースですが、お金もだいたい持ち寄りです。

松岡　持ち寄りか。そこがいい。リーダーはいる？

田中　リーダーらしきものはいます。それは俳諧の「座」を仕切っているような人ですね。たまにパトロンがつくこともある。たとえば、何かを企図して版元が支援する場合もある。旗本がけっこう入り込んでいますから、旗本が場を提供したり、お金を出したりしている場合もある。おそらく下級武士が、自分たちにはお金がないから、余裕のある旗本を引っ張り込むんじゃないかと、私は想像しているんです。

そうした「連」でいちばん活躍していたのは、そこでちょっとしたアルバイトもしたい下級武士たちなんですね。そういう人たちはとても優秀なんですが、活躍の場がない。たとえば、『詩経』を全部覚えている大田南畝みたいな下級武士たちです。

もちろん旗本たちも、お金を出すだけではなく、自分も創造の場にかかわりたいから参加する。ですから、お金を「出す人」と「やる人」に分かれたりはしない。みんなが「やる人」なんです。浮世絵をカラー化した技術集団の「絵暦《えごよみ》の交換会」には、旗本の大久保忠舒《ただのぶ》が入っていています。鈴木春信の初期の多色刷り浮世絵に巨川という号が入っているんですが、これは忠舒の号です。忠舒がパトロネージしていたという証拠ですね。

松岡　なるほど。それが「連」と呼ばれるようになったのは、それ以前からあった連歌の「連」が自立していったと見ていいのかな。

田中　俳諧連句と連歌の「連」が自立していって、無数の「何々連」に展開したと考えていいと思います。ただし、さっきも言いましたが、その呼び名には実際には「座」も「社」もある。ちなみに、狂歌は「座」という言い方はしないで、「連」と言ってました。だからそのメンバーは連中《れんじゅう》になる。詩の場合には「社」になるとか、芸術や技能の場合には「会」になるとか、何となく区別があるんですね。でも実質はべつだん変わらない。

松岡　「連」は、アドホックにいくらでもつくれるんですか。

田中　つくれます。すぐ解散もできます。

松岡　だから、阿波踊りの「連」だけで一〇〇も二〇〇も出てきたりするわけね。

田中　「連」のイメージはまさにそれなので、気楽につくって気楽になくすことができる。決まった場所があるわけでもないので、やはりクラブやサロンとは違ってくるんです。必ずここでやりますということじゃなくて、次はここの料理屋、次はあそこの家、というふうに動いていく。ですからインターネット時代には、場所の設定の必要がないぶん、オンラインの連はいくらでもつくれます。

ドイツで「連」の講演をしたことがあるんですね。私が「煎茶と連」という話をして、ライプツィヒ大学教授のシテフィ・リヒターがベルリンのサロンの話をしました。ベルリンはサロンの中心の一つでしたが、その特徴はラーヘル・ファルンハーゲン・フォン・エンゼ、ヘンリエッテ・ヘルツなど、ユダヤ系ドイツ人の女性がサロンを開いていたことです。そこには差別を超えて文化の中心になろうとする企図が見える。サロンはウンター・デン・リンデンなど、ベルリンでもっとも美しい場所にあったそうで、場所がかなり大事な要素だったようですね。文化的「高級感」を価値にしたのでしょう。でも江戸の「連」は、場所とも建物とも女主人とも高級感とも無縁なんです。「何をするか」だけが重要でした。

松岡　徳川二五〇年のなかで「連」は何か変化していったんですか。

田中　盛んになるのが一七六〇年代からです。

松岡　宝暦、明和あたりからね。

田中　そうです。それは俳諧が変質していくことと関係があるのではないかと思うんです。つまり俳諧がとても盛んな頃は、俳諧の「座」が全国にできて、芭蕉とその弟子たちがそこをめぐって活躍していた。でも俳諧のそもそもの俳諧らしさは、新鮮さであったり、笑いであったり、新しい境地であったりするわけです。芭蕉がつくりあげた「風雅」という境地も、その当時は非常に新しかった。ところが同じことを繰り返していると、新しさが感じられなくなる。そこで、それを新しいものにしていくんですが、このときに俳諧を雑俳《ざっぱい》にするのか狂歌にするのか、その両方の選択肢があったんですね。そもそも俳諧がどうして狂歌になりたいのかと思いますが(笑)、「俳諧」というのはもとは「滑稽」の意味ですから、そういう点では正確な変身をしていった。

つまり江戸時代の中頃には、俳諧も和歌もどちらも飽きられた。どうも活気がない、笑いがない、だから変化をしたい。では何によって活気をもたらすかというときに、「見立て」「やつし」などのパロディや洒落や地口《じぐち》のもたらす笑いに着眼した。パロディの仕組みをつくってしまうと無限にできますからね。狂歌というのは、もともと和歌をパロディにするところから生まれたものです。その感覚はとても俳諧的なんですね。だから、ある意味では和歌と俳諧が合体したかたちで狂歌になっていると言ってもいいかもしれない。

ただしパロディにも質というものがあって、すごいパロディをつくる人もいれば、そうでない人もいる。ただのダジャレになってしまう人もいる。すごいパロディをつくる人たちの狂歌があらわれると、切磋琢磨する狂歌連になっていく。狂歌連になって狂名を持つ人たちは、ほかの才能も持っている人たちが多いので、漢詩を滑稽化した狂詩の本を刊行したり、そういう結社をつくったりする人も出てくる。

一方で、口頭での笑いを求める人は、「咄《はなし》の会」をつくる。「咄の会」は「会」という字を使っています。これは落語になっていく。漢詩、狂詩の場合には「社」ですね。そうやって枝分かれをしていきます。枝分かれをすると「連」がなくなるのかというと、「連」は「連」でずっと続いていく。雑俳をつくる人たちは川柳の連を組んで、水茶屋を拠点にして一般公募をする。水茶屋というのは喫茶店ですから、この点はまさにロンドンにできたコーヒーハウスっぽいですね。この動きが大坂で起こります。一般公募する場合には水茶屋に投稿するわけです。そこが投稿場所として決められている。でもそこで会をやっているわけではない。つまりヴァーチャルなSNSです。

貴族も武士も町人も歌に遊ぶ

松岡　「連」の特徴は、その数の多さやアドホックな感覚とともに、もう一つ、一人がいくつもの「連」に所属できたことでしたね。それにあわせて一人がいくつもの「号」、ハンドルネームを持った。大田南畝が四方赤良《よものあから》になったり蜀山人《しょくさんじん》になったりする。それから、誰もが本業ではないことに本気で打ち込める。これがユニークです。

田中　日本の場合、ガバナンスを担う人々も文芸に打ち込んでいたということがおもしろいですよね。平安時代でいうと貴族たちはみんな和歌に打ち込んでいたし、中世でも新しくガバナンスを担うようになった武士たちが連歌をやりますね。江戸の武士たちもいろんな「連」に入り込んでいた。歴史的に、日本では政治を担っている人たちはみんな詩歌にかかわってきた。どうしてなのかしら。

松岡　本業に熱心じゃなかった歴史だったりして(笑)。王朝時代はなにしろ勅撰《ちょくせん》で天皇の名のもとに和歌集をつくっていたし、中世には二条良基《にじょうよしもと》のような関白クラスが『菟玖波集《つくばしゅう》』をつくったりもする。江戸時代には天皇から旗本・下級武士までが詩歌をつくっていた。この裾野はやはり「連」的なるものとともに広がっていったんでしょうね。そういうものが、幕末をへて明治になると、今度は多様な結社を生むエネルギーになるんでしょう。

こういう傾向がどこから出てきたかいうと、ぼくはやっぱり小さな列島で縄文と弥生とか、公家と武家とか、天皇と将軍とか、「みやび」と「ひなび」とか、「あはれ」と「あっぱれ」とか、けっこう多くのデュアリティ(双対性)がずうっと交互に継続していたということが大きかったんじゃないかと思う。そのため、これらのデュアリティの「あいだ」が少しずつ意識され、隙間があいていった。

それは『日本問答』でも話しましたが、たとえば家屋構造の「内」と「外」のあいだにある軒下や縁側のような領域としてあらわれていく。また建築構造の「てりむくり」として、ファッションの「片身替《かたみがわ》り」や茶の湯の「濃茶」と「薄茶」として、また価値観としての「付かず離れず」とか「痛し痒《かゆ》し」とか「泣き笑い」とか、「往来」「去来」といったリバースなものに対する包括的な見方として、だんだん定着していったんでしょう。そして、そういう「あいだ」の現象や変化にさまざまなフィルタリングが起こって、独特のジャパン・フィルターが意図されるようになったと思いますね。

そのフィルタリングによって独特に意図されたスタイルが和歌から連歌へ、連歌から連句や俳諧へ、また和歌から狂歌へ、俳句から川柳へと変化していった。もともとこのことは、万葉時代に枕詞や係り結びをつくりだしたことにも由来しているでしょうし、日本神話が伊勢型と出雲型のデュアリティをもっていたこととも関係していると思いますね。

田中 なるほど、ジャパン・フィルターね。

松岡 このところ本條秀太郎さんと全国各地の三味線音楽の変遷を追っているのですが。豊後節や常磐津が長唄、清元、新内、富本、地歌というふうに分かれていく微妙な変化を見ていくと、よくわかることなんです。大きく見ればこれらは邦楽であって「語りもの」と「歌もの」で、総じては江戸の俗曲なんですが、いったん変化するとすぐに流派ができて、定着していく。お師匠さんも出てくる。それにつれて三味線の弾き方も変化する。そのうえで、明治の小唄のようなとても短いフォームやスタイルが自立していくんですね。

いまの若い人たちには常磐津と清元と長唄と小唄の区別なんてつかないでしょうけれど、当時はちゃんと区別されている。いまのポップスのファンがフォークとロックとジャズとヒップホップをまちがえないのと同じですよ。ブルースとカントリーがすぐ区別つくのと同じ。それと同様のことが、江戸の音曲文化のなかでごくごく短い期間にみごとに分化していったんですね。しかも、どんな分化があったのか、どんなフィルタリングが施されたのか、芸能者たちにも贔屓《ひいき》たちにも、画然とわかった。これがジャパン・フィルターです。

田中 よくわかります。まさにその分化のサイズで「連」もつくられていったんです。もともと俳諧が貞徳《ていとく》の貞門から芭蕉の蕉門に分かれていったのも、師宣《もろのぶ》の浮世絵から歌川派や鳥居派や春信や歌麿や、国貞や国芳らの豊国門下が登場していったのも、そういう細やかな変化のフィルターやスピードをもっていたからです。

松岡　きっと古今から新古今が出てきたのも、有心《うしん》と無心《むしん》が分かれていったのも、そういうものだったと思いますよ。

田中　江戸文化ほど稠密《ちゅうみつ》で高速ではなかったかもしれないけれど、ずうっと日本文化の表現史に流れていたことだったんでしょうね。

松岡　漢字が万葉仮名になり、その仮名が平仮名と片仮名に分かれ、さらに漢風と国風がデュアリティを保ちながら分かれていった流れとも対応しているんじゃないかと感じますね。そこに日本人はいろいろな流派の分化のメド(目処)をつくってきた。モードやスタイルの変化に非常に敏感だった。そこにたとえば○○式とか、××風とか、流とかと付けてきた。エコールの呼び名もいろいろあった。和様・唐様の「様」もそうですね。

田中　微妙な違いを味わってきた。

松岡　それが「なり」とか「ふり」になった。

田中　そうそう、そこをキャッチアップするのが得意だったかもしれない。

松岡　ぼくは、そのようにモードやスタイルの変化に着目するのが得意なところが、「座」や

「連」や「社」を次々につくれた要因だと思う。「組」とか「連中」とか「社中」もそういうものですよね。ちなみに坂本龍馬の亀山社中なんかはまさに貿易結社と言っていいと思うけど、近代以降の「会社」というものは、いまの「連」や「結社」とはどう関係するんですか。

田中　日本の会社のもとは「家」になるんです。

松岡　そうか、商家が会社のおおもとか。

田中　それが暖簾《のれんわ》分けをすると系列にはなるけれども、家が基本になっています。武家や公家が「家」を基本としたように、商家も「家」が基本です。ですから大きく分けると、人が所属する単位として、家が基本になっているものと基本が家ではないもの、この二つがあったと考えていいと思います。連や私塾のように結社的なものの基本は、家ではない。むしろ意識的に家の外につくられます。

松岡　江戸の私塾も、やはり「連」とか「結社」と見ていいの？

田中　私塾は結社といえるでしょうね。それからもう一つ「家塾」というのがあって、林家《はやしけ》がそもそも家塾だったのが昌平黌《しょうへいこう》になるんですね。学問の家として責任をもって教えていますというところが家塾です。ただし、私塾になると結社だと思っていい。ある個人が塾を開きますと言えば、それで私塾になっちゃう。

松岡　となると、太宰春台《だざいしゅんだい》の紫芝園《ししえん》や石門の梅岩塾なんかも、勝手な「連」や結社に近いと考えていいんですか。

田中　完全に結社です。さきほどの話にあった熊本の時習館のなかで実学党が生まれてしまうというのは、藩校のなかから結社が出てくるという例です。そうやって藩校をスピンアウトしていく。たとえば「私はこの藩校のやり方が嫌いです」という人たちが自分たちで学習会を開けば、それがもう新たな結社になっちゃう。いまだって、学校のなかにいくらでも結社をつくろうと思えばできるんですよ。誰もつくっていないだけで。

松岡　政治結社については、盛んになったのは明治以降だよね。江戸時代には政治結社はあまりつくられていない気がする。

田中　幕府が目を光らせてますから、あからさまにはつくれなかったでしょうね。ただ、私は「連」を見ていると、本当に狂歌だけつくっていたのかなと、ふと思うことはある。

松岡　裏で何かしてた？

田中　「連」が裏の動きとつながる可能性はあったと思う。派閥の情報収集や工作をおこなう人が、「連」のなかに混じっていたんじゃないかと思うようなことがありますね。

松岡　時代劇だと、突然忍びの者とかが出てきたり、お庭番が暗躍したりするけど、ああいう動向は実際にもあったの？

田中 あったんじゃないかなと思っているんです。ドラマの『必殺仕置人』が一九七〇年代に出てきますよね。私はあれを見たとき、これはきっと本当だろうなと思った。ああいう二重三重の役目をもって市中に潜んでいた人がいたと思う。

松岡 芭蕉も日本中を旅行しながら、何かインテリジェンス活動をしていたとかよく言われますね。芭蕉が忍びの者だったとか、俳諧結社は実は隠密集団だったというのは考えすぎだと思うけど。ただ俳諧を詠みあっているだけではないかもしれない、陽明学でいう「知行合一」をやっていた可能性はある。そういったものが、明治以降の政治結社に流れ込んでいったという面もあったでしょうね。

もう一つ、ぼくが注目しておきたいのは株仲間です。これも日本独自の組織感覚、市場感覚があるでしょう。

田中 株仲間は、商いの権利という意味での株の所有者たちの組織ですね。業種ごとに商いの規模が異なるので、株の数の制限があって、規模が無限に大きくはなったりしないようになっている。株仲間の人数もだいたい決まっていて、新しい人がそうやたらには入ってこられない。版元(出版社)なども株仲間によって組織されていました。版元は交代が激しくて、どこかが潰れれば、すぐに他の人が株を買って営業に入っていきます。

松岡　なぜ水野忠邦は天保の改革で株仲間を禁止したんですか。

田中　物価の高騰を抑えて、流通の促進をするためだったと言われています。株仲間は上限が決まっていますから、どうしても独占的になる。水野は物価高騰の原因がこの独占、とくに菱《ひ》垣廻船《がきかいせん》の積問屋仲間の流通独占にあると考えたんですね。だから株仲間を解散して自由にすれば値段が下がるだろうと予測した。でも実際には、ルールが突然撤廃されたために混乱が起こり、さらに物価が高騰してしまった。あわてて禁止令を解きますが、株数の制限を取り払ったので、今度は株仲間数が急増しました。

実は株仲間が幕府と常に対立していたかといえば、そうでもないんです。株仲間のなかで質屋、古道具屋、古着屋、販元あたりは幕府が握っているんですね。なぜかというと、犯罪組織の情報を得るためなんですね。だから、幕府の手代《てだい》たちがしょっちゅうそういうところに出入りして情報収集していた。

松岡　やはりそこでも「必殺仕置人」たちが暗躍していたのか(笑)。

経済の基準も一つじゃない

松岡　江戸の基準の多様性が流動性を生んだという話に戻りますが、そもそも江戸時代は、「東国の金遣い、西国の銀遣い」というように、決済手段が東と西で違っていましたね。あれはどうしてなんですか。

田中　中世以来の慣習をそのまま保ったと言われています。金と銀と銅の基準が「両」と「匁《もんめ》」と「文《もん》」というようにすべて違っていて、それらを量りながら交換するという大変なことを年中やっていました。江戸時代になると、銅の銭とその銭さし(百文)や金の大判小判だけでなく、銀の秤量貨幣《しょうりょうかへい》、つまり一定の重さで鋳造したものが出てきます。そうなると、いちいち量りながら両替しなくとも交換しやすい。交換できるんだから、統一しなくてもそのままでやっていけた、ということだと思います。

松岡　もう一つうかがいたいのは、一方で「石高《こくだか》」という基準を残したのはどうしてですか。ヨーロッパの場合、貨幣が流通してからは決済も帳簿もぜんぶお金を単位としましたよね。なぜ日本はお米を単位にしたのか。

田中　人間が生きていくためには、お金を食べるわけにはいかないから、やっぱり貨幣のその向こう側には必ず食べ物、つまり米があるということははずせなかったのでしょうね。

経済の基準をどちらにするかということについては、どちらにしたほうが安定的かという話なので、たとえば米一石に対して金いくらと決めてしまうとしますね。けれどもそうすると、天候の具合によっては一石の価値が上がったり下がったりする。最初から一石一両と決めてしまうと、実際のお米の価値に比べて金の価値が上下する。それだったら、実際に人間が生きていくものとしての米で換算したほうが安定的だという考え方は、何となくわかる。貨幣は食べられないけれど、お米は食べられるからです。

松岡　でもふつうなら金本位制か銀本位制になるところが、米本位制というのは、ちょっと不思議な感じがする。

田中　もちろん米本位制は国内経済だからなりたつ。貿易になったら、それはできません。

松岡　中国から生糸を仕入れて米で払うわけにいかない。東インド会社にお米を払ったってしょうがない。

田中　東インド会社には銅で払っています。国内経済も、流動化が激しくなると、米俵で払うというわけにはいかなくなって、換金して持ち歩くとか、年貢をお金で払うというかたちになっていきます。武士たちの給料も「石高」とはいえ米俵がくるわけではなくて、石高換算してお金で払ってもらう。

松岡　小判が俵の文様であるというのは非常に象徴的ですね。藩札はどのぐらい出ていたんですか。これも世界的に見てとても不思議なものです。

田中　いわゆる地域通貨ですよね。明治に入った直後の調査によると、約八〇パーセントの藩が発行していたようです。『藩札図録』が出ていて、それを見ると、ほとんどが幕府の発行する金、銀、銭の貨幣との兌換《だかん》に使われるものでしたが、米札、豆札、煎茶札、ロクロ札、昆布札、塩味噌切手、木綿融通札などの紙幣も見えます。藩が生産物を独占的に買い取る専売制と連動していたのでしょうね。いずれにしても、商人が介在して信用を高めていたわけですから、ちょっと怖いですよね。

松岡　地方別のビットコインみたいなものかな。

田中　いつ価値が変わってしまうかわからないものですね。でも藩としては、藩札で財政を支えていたようです。歴史としては一六六一（寛文元）年に福井藩が最初に出して普及し始めたんですが、一七〇七（宝永四）年に幕府が金銀銭貨幣を普及させるために藩札を禁止して、一七三〇（享保一五）年にふたたび発行が認可されています。『藩札図録』の解題を書いた作道洋太郎によると、この変化の背景には、幕府による、藩の金づまり状態緩和の意図があった。
一方、藩にとっては、正貨の不足を補って通貨の増大を図る政策だったようです。でもそうすると、正貨が不足したときは兌換できなくなりますね。そういう例も少なくなかったようですが、藩は次第に兌換金を準備するようになって普及した。その多くがなぜか大黒様を印刷しています。凝ったデザインのものも、けっこうあります。おそらく贋札作りが容易ではないようにしたんでしょうね。

松岡　規格や基準を統一したほうがだんぜん便利だと思うのに、なかなかそうしないというのは、とても不思議ですね。でも考えてみれば、この二一世紀になっても、いまだに畳のサイズが京間と江戸間で違ったままになっているわけだから、おかしくないのかもしれない。だからといってべつに支障があるわけでもない。東国と西国や諸藩の規格が違ったままでも平気というのは、この畳の違いみたいな感覚だったのでしょう。

田中　とくに建物には流動性はないですし、その土地に建てるものですからね。それに建物はどちらかというと継承していくという考え方だった。たとえばある建物が火事で全焼してしまったとすると、そのあとに何を建てるかといえば、同じようなものを建てるわけです。だからどんなに代替わりして建て直しのチャンスがあっても、同じような建物をまたつくる。

松岡　ひたすら同形反復する。それが地域ごとの規格の違いとして残されていく。

土地の権利と暦の権利

田中　建物の同形反復については、日本家屋の性質にも理由があるでしょうね。洋風の家のように、リビングとかダイニングとかいうように用途によってデザインを変えたりしない。畳の間がいくつかあって、そこをどう使うかは自分たちが自由に変えていけるのですから、建物じたいはずっと同じようなものでも不便を感じない。ただし、防火設備はものすごく発展します。火を防ぐための土蔵や地下の穴蔵の数が増えるとか、そういう変化は起こっていく。

松岡　江戸は大火を何度も経験するうちに、復興しやすいようペラペラの家をわざとつくっていた。火事が起こると、纏《まとい》をもった火消し衆がやってきて、類焼を防ぐために家々をどんどん壊していく。だから最初から壊しやすいような家にしておきましたね。再生利用型発想です。ああいう大火のあとの復興予算はどこから出たんですか。

田中　火事の規模によっては、かなりの復興予算が幕府から出たり、藩からも出たりした。そのせいか、火事で焼け出されて困ったというような話があまり伝わっていないんですね。そもそも町民の多くは自分の家を持っているわけじゃない。立て直すのは大家さんですし、建て直しされれば、また同じところに住める。

松岡　みんな借家に住んでいたんですか。

田中　だいたい借家です。所有についての考え方がいまとは違うので、所有権の主張というのはどこまでできたんだろうかと思うくらい緩かったと思います。だから使用権ということでしょうね。借地権とか借家権。

松岡　『東京の地霊』(ちくま学芸文庫)を書いた建築家の鈴木博之さんが、不動産という考え方が生まれたのは明治からだと言ってましたが、そうなんですか。

田中　そうです。「不動産」は民法が定義しているもので、江戸時代には民法がない以上、不動産私有という概念もないわけです。それに江戸時代は田畑永代売買禁止令が敷かれていました。江戸は天領なので基本的にすべて徳川家の土地ですが、だからといってそれを他の藩に売ってお金にできるわけでもありません。同じように大名領はその大名家の領地であって、その土地で生産されたものから年貢も取れるわけですが、幕府から転封《てんぽう》させられることもある。ですので、大名個人の意思で土地を売り買いできるわけではありません。一方、土地の質入れという裏技もあって、農民や商人は質地を質流しすることで、移動しました。この場合も所有権があるからというよりも、使用権の質入れですよね。

松岡　カール・ポランニー型の経済人類学の見方では、土地を所有しない経済というのはすばらしい、土地の不動産価格をつけてから世界の経済はおかしくなった、資本主義が強くなりすぎたというふうに言っています。そういう土地所有に頼らない経済社会を江戸がつくっていたということは、世界的にももう少し評価されてもいいでしょう。

田中　残念ながら、古い時代のヨーロッパと同じ封建的土地所有制度だったと思われている。

松岡　土地の私有はないけれども、地主はいたんですね。

田中　地主はいますが、土地の所有権はないので、やっぱり売り買いはできない。ですから管理人のような存在ですね。ちなみに、町には「町年寄」と「町名主」と「大家」がいて、この人たちが行政を統括する管理者になります。村には「庄屋」(名主、肝煎《きもいり》)、「組頭」(年寄)、「百姓代」という村方三役がいて、村役人であって管理者をつとめます。山林は共有の入会地《いりあいち》になっている場合が多い。

松岡　土地持ちという意味での地主が生まれたのは、やはり明治近代以降ですか。

田中　一八七三(明治六)年の地租改正からです。土地の永代売買禁止を解禁して、私的土地所有権を確認し、地券を交付し、所有地に租税を課すようにした、という順番です。明治政府にとっては、この税金が重要な意味をもちました。私が生まれ育った横浜の家は借地に立っていて、今でも母は借地料を支払っています。誰に払っているかというと、江戸時代の程ヶ谷宿の本陣だった家に支払っている。その家は土地に隣接しているわけではなく、保土ヶ谷からも近くはないので、地租改正でそうとう広大な土地を所有したんだと思います。

松岡　西武鉄道の堤康次郎や東急電鉄の五島慶太や、あるいは阪急電鉄の小林一三みたいな、ああいう鉄道王や不動産王は、地租改正のもたらした土地私有に依拠して土地を取得して、レールを敷いて鉄道王国を築いていったんでしたね。

田中　鉄道が敷かれていくときに、住宅地と大学がつくられました。関西大学に行ったときにわかったのは、電鉄と住宅と大学とのかかわりです。そこで「都市と大学」というテーマでシンポジウムを開催することにしたんです。もう一つ、大きかったのが暦です。

松岡　かつては暦の権利が神社や出版の権利と一緒だったわけでしょう。ぼくはそれを知ったとき、ものすごく不思議な感じがした。

田中　伊勢暦は伊勢神宮が印刷して頒布しました。三島暦は三嶋大社の下社家である河合家が古くから印刷頒布していましたね。江戸時代は「暦問屋」ができてその組合に属する問屋でしか、印刷刊行できなかったんです。でも作暦は、渋川春海が貞享暦《じょうきょうれき》をつくって、一六八九（元禄二)年に江戸に天文台を設置して、以降、天文方で管理するようになりました。

松岡　暦の権利をとるということは業者にとっては大きな利権なんでしょうが、そもそも日本人は暦というものに異常な関心というか、愛着をもっていたように思いますね。それはたとえば、季節によって時刻の変わる不定時法のようなものを、ずっと採用しつづけたことにもあらわれている。ヨーロッパから入ってきた時計をわざわざ不定時法に合わせて改良して、複雑な動きをする独特なすごい時計をつくるわけですからね。

田中　暦のような実用的なものをとことん遊んでしまうほど、関心が高かったんでしょう。絵暦《えごよみ》というものがあって、一年の大の月(三〇日まである月)、小の月(二九日まである月)を、干支《えと》の動物を使って文字ではなく絵によって表現する暦です。最初は個々人が好きで作って、それを他の人と交換して楽しんでいました。そのうちに複数の人と交換するために、印刷をするようになるんですね。いまで言うと、自分の家のプリンターで印刷する年賀状のようなものです。先ほどもふれた絵暦の交換会が「絵暦の会」となり、やがては絵師と刷りと彫りの職人を巻き込んで多色刷り浮世絵を完成させるわけです。江戸時代のイノベーションでは、やっぱりつねに「遊び」がきわめて重要な要素だった。

松岡　おそらく自由で多様な遊びを容認するというやり方が、江戸の産業インフラなんですよ。

しかもむりやりに規格や標準を決めない、それぞれの習慣、コンベンションを生かしたインフラだった。

華は表に、蘭は裏に

松岡 古来、日本は中華秩序のなかに入ってきました。冊封《さくほう》は受けなかったけれど、倭の五王のように称号をもらったり、遣唐使を送ったりしていた。これを中華の「華」とみなすとすると、日本はずうっとこの「華」を立ててきたわけです。刃向かうようなことはしていない。そのなかで日本は「和」を重んじてもきた。大極殿は漢風のチャイニーズの「華」の建築物にし、紫宸殿《ししんでん》や清涼殿は檜皮葺《ひわだぶ》き高床式の木造建築にしました。貴族の日記は漢文で書き、女房たちは仮名で綴った。

そこへ江戸時代に、もう一つ加わります。それがオランダをはじめとする外国の軸で、これをまとめて「蘭」とみなすとすると、江戸時代の社会には「華」と「和」と「蘭」が並立していたんですね。

田中 『日本問答』でも話したように、日本文化ではずっと「華」の構成と「和」の構成とが入り交じったりつながったりしていたわけです。江戸時代になると、そこにヨーロッパ文化が大量に闖入《ちんにゅう》してきて、モノのほうから世界観を変えていきます。それを「蘭」と呼んだ。

松岡　「華」すなわち「漢」は常にオフィシャルなものとして扱われて、「和」はカジュアルなものとして扱われていた。その関係で言うと「蘭」はどういう位置づけですか。

田中　江戸時代でも、やっぱり中国的なものは権威に利用されていました。わかりやすいのが、江戸城の構造です。将軍宣下などの儀式で大名たちが将軍に謁見《えっけん》する大広間があって、一般の大名たちはそこまで入れるんですが、この大広間の先に「松之廊下」があって、廊下から見える松の障壁画の内側に部屋がある。その部屋に、徳川御三家の部屋と加賀前田家および福井松平家の座敷がありました。おおよそこの五家だけが入れる特別な部屋ですね。

さらに松之廊下を渡ると白書院《しろしょいん》があって、白書院には中国の帝鑑図《ていかんず》(模範となるべき唐の帝王の図)を描いた襖《ふすま》がしつらえられている。ですから、ここは中国様式の「華」のしつらいになっているわけです。ちなみに「書院」という名前がついているということは学問所なんですが、実際は学問所として使っているわけではなく、比較的重要な式日の時に、徳川御三家、加賀前田家、福井松平家の諸侯の対面に使われるんです。

で、中国式の白書院のあとに「竹之廊下」というのがあって、そこを通って黒書院《くろしょいん》に入るんですが、今度はここには山水画が描いてある。これも書院なんですが、よりプライベートな空間になっていて、和風のしつらいになる。

整理しますと、まず空間を一般の広間と権威ある学問所という区別をする。さらに奥、中奥、大奥というふうに入って行くにつれて、中国からしだいに日本になっていく。こういうふうに、「華」というのは、いつも表に使われ、「和」は奥に使われるものでした。では「蘭」はどこに使われるのかといえば、まさに裏に使われます。「蘭」はグローバルスタンダードであるという感覚ではないんですね。

松岡 裏ねえ。いまは江戸城を例にした空間的な構造の話でしたが、実際には「蘭」は建物にはなっていないですよね。

田中 なっていないです。「蘭」はもっぱら蘭画と蘭学です。それを統合したのが『解体新書』です。「華」の学を超えるために必要な部分だけ「蘭」を使う。解剖学やレンズ、眼鏡や望遠鏡のようなツールのほうから「蘭」が入っていく。

松岡 江戸の天文学もまずツールから始まった。

田中 測量術もそうですね。測量のためには万歩計がまず必要だった。「蘭」というのはそういう道具なんですよね。表に出す権威は「華」で飾りますが、裏で使う道具は「蘭」というふうに、使い分けがかなり明確にされていた。

松岡　当時、アジアにおける「蘭」、すなわちオランダの拠点はあったんですか。

田中　オランダのアジアにおける拠点というのはインドとインドネシアで、とくにジャカルタ、つまりバタビアが中心ですよね。それ以外に東インド会社は約二〇カ所の支店を持っていた。日本の出島は最小の支店です。けれども日本はそこから入ってくるものを非常に重要なものとして受けとめた。日本への「蘭」の影響力はすごく大きかった。

松岡　「オランダ風説書《ふうせつがき》」みたいなものはアジア中に出まわっていたんですか。

田中　出ていたはずです。ただ、それを受けた側が情報を受けとめる態勢や姿勢を持っているかどうかが問題で、たぶん日本ほどちゃんと受けとめていた例は稀だと思う。なにしろ日本人は「オランダ風説書」によって世界の情勢を理解して、ナポレオンが何をしているかということまで把握していたわけですから。

松岡　なぜ日本では洋学といえば蘭学になってしまったんですか。その前にはポルトガルの医学なんかも入ってきていたんでしょう。

田中　たしかに、医学はポルトガルから最初に入っているんですが、おそらくポルトガル医学には解剖学がなかったんだと思う。つまり中国の医学とたいして違わないような薬草医学だったんじゃないかと、私は想像しています。と言うのも、カトリックの僧侶たちが修道院のなかでやっていた医療は薬草医学ですからね。

松岡　修道院が植物園を管理していたからね。だからワインも修道院でつくられた。

田中　でもオランダ医学は、そういった植物的な医療とはまったく違う技術をもっていたんです。当時のアムステルダムの技術力の高さを考えればわかりやすいですね。アムステルダムにはガリレオ・ガリレイの依頼を受けたレンズ職人たちがいて、科学技術や光学技術の活用はそうとう進んでいた。アムステルダムにはカトリックに拒否されたような人たちがやってきますから、カトリックが排除した技術や文化、ある意味では先端的な技術が集積されていくわけです。そういったものが、直接江戸に入ってくる。それは江戸の初期にカトリックがもたらしたようなものとは違うんです。こういうふうに、輸入する文物だけをみても、安土桃山から江戸の初期までと、江戸時代体制が整った一六四〇年頃以降の江戸とは、まったく異なる時代なんですね。

松岡　ぼくは貴田庄さんの『レンブラントと和紙』（八坂書房）という本を「千夜千冊」に取り上げたんですが、レンブラントは日本の和紙をたくさん購入して版画をつくっているんですよ。刷りぐあいが抜群だったようです。そうやって考えてみると、オランダが日本に文物をもたらしたたけでなく、オランダの側も江戸からいろいろなものをもらっている。

田中　アムステルダム市長が着物を着ていたりする。

松岡　東インド会社の存在が、やはり大きかったでしょう。

田中　もちろんそうですね。オランダ東インド会社の船によって、東西のモノと人が行き来していた。

松岡　当初はイギリスの東インド会社もね。

田中　オランダより前に来ています。ただイギリス東インド会社が持って来るものは、日本の需要とマッチングしないんです。たとえば、イギリス東インド会社はウールを持って来るんですが、イギリスより気候が暖かくて木綿が普及し始めていた日本では、後に述べるようにウールが売れなかった。ウールが残したものは緋毛氈《ひもうせん》だけでした。そのあとにオランダ東インド会社が来て、イギリス東インド会社と商品で競争する。その結果、イギリス東インド会社は負けて撤退する。

松岡　伊万里の柿右衛門がヨーロッパに認められて、ヨーロッパ磁器の模範になったりしたのも、オランダ東インド会社のおかげだよね。

田中　オランダ東インド会社が持って行ったものがヨーロッパに広がっていくんですが、それを真似てドイツのマイセンで柿右衛門がつくられるようになって、それがチェルシーに入ってイギリスでも柿右衛門がつくられるようになります。ロンドンのテームズ河畔のチェルシー窯で日本とそっくりの柿右衛門がつくられていた。

日本の買い物フィルター

松岡　一方で、中国の文物や物品も日本にずっと入っていますよね。江戸時代にはそういった貿易船の出入りと商品の選別の管理は誰がしていたんですか。やはり幕閣と長崎奉行ですか。

田中　長崎に入ってくる船の管理は、もちろん長崎奉行があいだに入っているんですが、積み荷を買うか買わないかは商人たちが判断しました。それによって日本国内に広がっていくかどうかが決まった。とりわけ日本市場では中国の生糸《きいと》の需要が高かったんですね。日本にとって真っ白な生糸はハイテク商品で、長いこと日本でつくれなかったんです。ですから生糸は絶えず輸入しています。そのぶん絹織物の輸入量はどんどん減っていく。織物や刺繍の技術が日本でかなり発展したので、織物自体は要らなくなる。それでも白い生糸を生み出すことだけはできなかったので、生糸は入れつづけるんです。

松岡 生糸の輸入については、糸割符《いとわっぷ》制が適用されて、商人たちが権利を持っていたはずですよね。

田中 もともとポルトガル船が運んでくる中国生糸の取引ルールが糸割符だったんですが、オランダ船が運んでくるようになってからも適用されます。糸割符とは、生糸を輸入する特定の商人に幕府が与えた特権です。一六〇四(慶長九)年に堺、京都、長崎の商人に与えられ、その後は江戸、大坂の商人にも与えられました。

松岡 ポルトガル船もオランダ船も、実際のところは中国の商品を日本に運ぶということが大きな商いになっていた。

田中 ポルトガル船が運んでくるものはほとんどが中国とアジアのもので、オランダ船が運んでくるものは八〇パーセントが中国のものですね。残りがインド、東南アジア諸国で、たしかにヨーロッパ製品は、ほんの少しです。ポルトガル船もオランダ東インド会社も、いわば宅配便会社みたいなものです。というのも、ヨーロッパは「ものづくり」ができないからです。アジア各国を回っていろいろなものを購入して、売れそうなものを積んで日本に入ってくる。中国のものは運んでくれれば売れるというのがわかっているからです。

でも、だんだんその比率が落ちてくる。日本が必要としなくなるからです。そうするとオランダ側としては、他の商品を売らなくてはならない。そこでインドの木綿を積んで持ってくる。これは日本にとって新しいものだったので、よく売れる。アムステルダムのものも高値で売れるから、もちろん持ってくる。アムステルダムからは、おもにレンズ製品と博物学書がやってきました。

松岡　ジャワ更紗《さらさ》なども、そうやって入ってきた。

田中　ジャワがオランダ東インド会社のアジアの拠点ですから、もちろんジャワ更紗も持ってくる。でも江戸時代では、インド更紗とくらべると品質はかなり劣っていたと思います。当時はインドも中国と並んでたいへんな高度技術国家だったんですね。輸出商品をタイ向け、日本向けというように区別してつくっていました。たいへん人気があった。ただし、江戸時代の日本人は大量には買わないんです。買ったものを真似てつくる職人がいて、あっというまに国産化してしまうんです。縞(島)木綿、彦根更紗、鍋島更紗などは、その当時、日本人がインドのものを真似てつくったものです。

松岡　そこはとても大事なところだよね。日本人は南蛮渡りや島渡りの布に憧れましたからね。呉服屋のわが家でもしょっちゅう「桟留《さんとめ》」の話が出ていましたね。もともと渡りものの縞模様です。他方では柳田國男が『木綿以前の事』でも書いたように、日本は木綿の生産を始めて、木綿製品を国産化してから産業的にも衣料的にも大きな変化を起こした。また、町人たちに縞が流行し、千筋や万筋や子持ち筋などの緻密な縞模様で職人芸も発揮された。一方では「粋なもの」に、他方では「暮らしの力」になったわけです。

田中　岡倉天心も書いていましたが、日本人は海外から入ってくるものを消化して日本化していくんですね。

松岡　それがジャパン・フィルターです。

田中　そうですね、それは中国からのものだけではなく、ヨーロッパのものについてもやっている。たとえばレンズが入ってくると、たちまち日本産のレンズをつくって、ガラス製品が入ってくると和ガラスをつくる。和ガラスってすごいですよ。

松岡　時計が入ってくると、不定時法で動く時計につくり変えちゃう。

田中　和時計は、江戸時代の前のフランシスコ・ザビエルの時代に入ってきたものを、江戸時代の職人が進化させていったものです。時計と鉄砲は江戸時代以前に入ってきたものを改造した。そのほかの商品はほとんど江戸時代に入ってきたものですが、それらをことごとく改造していった。

松岡　技能もあったし、意匠《いしょう》替えもうまかった。ちょっとしたところに漆と蒔絵《まきえ》を付けたりして、見違えるものにした。ところで、船で運ばれてくるものを、日本に必要かどうかを選別していたのは商人ですか。

田中　まず大名たちです。和時計は大名家で最初に使われます。インド木綿の国産化も同様です。次に商人です。売れるとなったら職人に依頼して自分たちでつくってしまう。

松岡　入れたものをすぐに工夫するし、向こうから来たものを一方的に受け入れるわけでもなかった。何でも欲しがっているわけでもない。

田中　それが、イギリス東インド会社が来られなくなった理由ですね。ウールを届けても、日本で羊を飼って国産化しようとはしなかった。羊が入らなかったというのは、かなり大きいと思います。平賀源内だけは、羊をオランダ東インド会社から雄雌一頭ずつ買い入れてウールを国産化しようとしたんですが、イギリス人に言わせるとそれはすごく変なことで、一頭ずつだと羊は育たないそうです。群で育てるから飼育できる。でも群ごと入れるわけにいかないから、結局、ウールは国産化できなかった。

松岡　明治以降もあまりウールを入れてないですよね。横浜にシルクセンターみたいなものができていくけれども、ウールセンターはないものね。なぜウールが好かれなかったのかな。

田中　そもそも必要がないですよね。麻から木綿になったときに十分に温かいと感じたはずですし、木綿と絹をくらべれば、絹は織り方によってはさらに温かい。それ以上の温かさは必要がない気候でしょう。真冬でも綿入れをつくればしのげる。それにウールを国産化するには、羊を育てなければならないけれども、それがうまくいかなかった。もしかしたらそういう文化が好まれなかったのかもしれない。

松岡　後にあんなに牛を増やしたのにね(笑)。いまは豚も鶏も増やしている。

秋田蘭画のリアリズム

松岡　話を戻すと、中国的な「華」は表に出す文明としてあって、「蘭」は技術的に職人たちが受け継ぐ裏の文化として受け入れた。もともと重源《ちょうげん》の頃から「華」、すなわち「漢」と「和」は使い分けをされていましたね。必ず和漢がデュアルに使われて、寺院の建築様式などでも、ずっと「華」が玄関で「和」が奥に使われていた。これっていったい何なのか。そうすることによって、どういう価値観を育んでいたと言えるのかな。

田中　武家の場合には、「華」を用いることで権威が守られるという、けっこう重要な意味があったと思う。

松岡　なるほど、城の表側の襖絵には中国の風景や賢者が描かれていた。

田中　けれども学問としての「華」はあっても、学問としての「蘭」というのはないのです。「蘭」として採り入れられたのは外科医たちの知識だった。つまり手術をする人たちとか麻酔医とかですね。外科医というのは、あの時代は学者ではなく職人なんです。同じような区別が絵師のなかにもあるはずで、狩野派のように「華」を正当に採り入れて日本化した絵師たちと、秋田の小田野直武《おだのなおたけ》や佐竹曙山《さたけしょざん》みたいに蘭画を描いている人たちの絵は違う。蘭画が流行したのは田沼時代なんですが、藩の大名同士で先進的な贈答品として流通した。とくに薩摩藩とかいくつかの先進的なところで歓迎されていました。でも決して権威の象徴としては受け取られてはいない。

松岡　ということは、ヨーロッパ絵画のもつリアリズムとか、中国絵画のもつリアリズムは、まったく異なるものに見えていたということだろうね。

田中　中国のリアリズムから先に話しますと、清の時代のリアリズムというのは、写真に近いリアリズムでした。それは清宮廷にいた宣教師のカスティリオーネとか、ヨーロッパの画家たちがもたらしたものだったんですね。これが中国のモダニズムです。中国皇帝がヨーロッパ絵画を受け入れてモダニズムが成立する。そして日本がそれを受け入れる。

松岡　沈南蘋《しんなんぴん》がそうでしたね。長崎にやってきて日本に写生画を伝えた。

田中　南蘋派を通して、中国リアリズムが日本のなかに入ってくる。次にアムステルダム系のリアリズムが入ってくる。そうすると両方のリアリズムが重なるかたちになるんですが、そこにちょっと時間差がある。ですから、たとえば日本人の宋紫石《そうしせき》は沈南蘋派の画家として平賀源内の命を受けてリアリズム絵画でスケッチする。いまでいえば写真の代わりです。物品をそのまま描いてほしいと言われて、そのまま描くわけです。そのあとで今度はアムステルダム絵画の影響を受けた小田野直武が出てくる。そうすると、見たものをそのまま記録するだけでなく、絵画としてはヨーロッパ絵画を描くというふうになる。一方で小田野直武は『解体新書』の挿し絵も描いています。つまりリアリズムの『解体新書』を描きながら、絵画としてはオランダ絵画と中国絵画と日本絵画を合体した、まったく新しい絵画世界をつくってしまう。それが「秋田蘭画」です。

これは実はすごいことをやっているんです。江戸時代初期のカトリック絵画は、ヨーロッパの宗教画の写しですが、秋田蘭画は独自に中国と日本とヨーロッパを統合したんです。秋田蘭画は江戸時代の絵画のなかでも画期的なものなんですよ。

松岡　おもしろいですね。さらに松前藩の蠣崎波響《かきざきはきょう》までいくと、もっとユニークだよね(図版)。

蠣崎波響の「御味方蝦夷之図」より，イコトイ（左）とションコ（右）（函館市中央図書館所蔵）

田中　秋田蘭画が出発点になって、さらに司馬江漢が銅版画の技術を習得し、蠣崎波響のような絵師も出現し、近代絵画につながる。

松岡　江戸のリアリズムには複数の系統があったわけだ。

田中　そうです。とくに、アムステルダム絵画系のリアリズムが途中で入ってくるおもしろさがある。では、浮世絵はリアリズムではないのかというとそんなことはない。たとえば、喜多川歌麿が最初に刊行したのは『画本虫撰』です。美人画を描く前に描いたもので、ものすごくリアルな植物画や昆虫図です。それはオランダ絵画の影響を受けていない。でもそれができた。つまり日本的なリアリズムはあったということになる。

松岡　室町末期の雪舟《せっしゅう》ですら、「天橋立図」のようなリアルな絵を描いた。リアルであるという意味で「真景図」というふうに呼ばれた。とはいえ、日本にはそれほどリアルなものをおもしろがる価値観はなかったように思うんです。結局、ヨーロッパ型のリアリズムは日本に定着しなかったと言ってもいいんじゃないか。宋紫石とか小田野直武たちはごく例外的に出てきたものだったんじゃないか。

田中　たとえば、清朝の皇帝像はものすごくリアルですよね。陰影法も使っているし、かなり写真に近い。そのように写真に近いものをリアリズムというふうに考えるとすると、アジアのリアリズムは清朝にあったと言ってもいいと思いますね。

松岡　現在のわれわれがもってしまっているリアリズムの見方では、江戸に届かない。

田中　私たちのなかのリアリズム概念が邪魔をしているのかもしれませんね。たとえば先ほど挙げた『画本虫撰』と同じく歌麿の『百千鳥狂歌合』『潮干のつと』あたりを見ると、ものすごいリアリズムなんですよ。『画本虫撰』が草花と虫類、「百千鳥」が鳥、「潮干」が貝を描いている。この三作は狂歌絵本なので狂歌と一緒に編集しています。しかもこれらは、歌麿が独自に描いている。詳細に観察して描いている。この延長上に美人画がある。

だからあらためて大別すると、中国から入ってくる清朝のリアリズムと、オランダから入ってくるアムステルダムのリアリズムと、江戸時代の絵師たちが開発した日本のリアリズムと、三通りあったということになる。小田野直武が、その三つを総合するわけですね。

松岡　高木春山みたいな博物画の人たちもいる。

田中　本草報告書に添付するための博物図ですね。藩の産物の報告書に、実際に観察して描いた絵を付けたものです。まさに写真の役割をした。本草画というのは、観察しながら描いている本草画と、ヨーロッパの博物画を模写して描いている本草画の二通りあります。

松岡　運慶や慶派のリアリズムとか、鎌倉リアリズムとか言うけれども、ああいうものとまた違う。

田中　まったく違いますね。しかも全世界で同時に起こっていて、それがアムステルダムに集中していた。ということは、リアリズムもカトリックではできなかったということです。ガリレオの活躍や解剖学の発展のなかで生まれた。『ターヘル・アナトミア』(解体新書)もそこで成立するわけです。それをまた援用する絵画が出てくるという流れになっている。

それとは別に、ヨーロッパのリアリズムが中国に入ったときに生まれたカスティリオーネ系のリアリズムがある。私は『江戸百夢』(朝日新聞社)のなかでカスティリオーネの「百馬図」を取り上げました。あれはたいへんなリアリズムで、馬を一〇〇体描いているんです。いろいろな模様の馬が、いろいろな格好をしているのを一〇〇体そろえた。カスティリオーネはイエズス会の宣教師なんですが、清朝で宮廷画家としても活躍していたんですね。それを清の宮廷画家たちが受け取って、自分たちの技術にする。そのなかの沈南蘋が日本に来ると、それが日本のリアリズムになっていく。ただし日本ではあまり動物を描かないから、植物とか鳥類、ようするに伝統的な花鳥図を踏襲しつつ、それをリアリズム化していく。そういう流れができる。

浮世絵はどこから生まれたか

松岡 となると、浮世絵のような形式はどうして生まれたんですか。浮世絵はそれまでの大和絵とはまったく違うものでしょう。

田中 それが謎なんです。

松岡 岩佐又兵衛のような風俗画でもない。

田中 浮世絵という概念でいえば、浮世の絵、すなわち現実社会を描こうというものですね。そういうものは、屏風から始まる大和絵の系譜のなかにも、都市図や人物図としてはすでにありましたよね。

松岡 『洛中洛外図』とかもそうでしょう。

田中　『洛中洛外図』は、まさに一種の浮世絵です。山水画とは違うという意味で、まさに「浮世」の絵。

松岡　でも『洛中洛外図』は、北宋の『清明上河図』のような都市図とも違いますよね。

田中　いくぶんかは『洛中洛外図』は『清明上河図』的なものとして描かれたんですが、あのなかから人物をクローズアップして取り出していくと浮世絵になるんですね。だから最初は、立ち姿歩き姿の美人画、寛永美人画のようなものになるわけです。

松岡　遊女を描いた「松浦屛風」がまさにそれですね。

田中　当時の舞踊図なども、背景がないけれども立ち姿で描いています。

松岡　あれが浮世絵になっていくのか。

田中　あれも浮世絵です。絵巻とか屛風から始まって、冊子本になって、挿し絵になっていって、一枚絵になっていく。そういうメディアの変遷をずっと浮世絵がたどっていくんですね。その途中で起こったのが風景画への変換です。アムステルダム絵画の風景画を受け入れたことによって、秋田蘭画のような風景画の発生が起こる。

松岡　浮世絵という概念だけじゃ足りないね。もっと大きいキーワードが必要だね。

田中　いや、もっと細かい必要がある。まず美人画がある。この「美人画」という言い方は変だと思うんですが、ようするに人物画です。次に一七三〇年代（享保後期〜元文）に奥村政信が描いているのが遠近法の劇場図です。あれは美人画でも芝居絵でもなく、観客を描いています。遠近法はヨーロッパから中国を経由して日本に入ってきて定着するんですが、そのときには遠近法風景画じゃなくて、遠近法の劇場図と遠近法の遊郭図になるんです。どういうわけか遊郭と劇場を遠近法で描いた。だから、テーマとしてはこれも浮世絵になる。

松岡　どうも江戸を見るには、メディアの変遷のほうからぜんぶをもう一度見直す必要がありそうですね。「浮世」の感覚そのものも、十二段浄瑠璃から始まった舞台や芝居の変遷と、仮名草子とか奈良絵本からきているもの、さらに黄表紙だとか読本までいっちゃったもの、というようにいろいろあるわけでしょう。

田中　文学の成り立ちだけでも「語り」からくるものと、文章からくるものとがある、西鶴系は「語り」じゃなくて「はなし」というジャンルに由来する。「語り」と「はなし」は違う。「語り」は曲節があるけれども、「はなし」は曲がないから。「語り」と「はなし」と文章と、三つの系譜が入ってきて、江戸文芸にそれぞれなっていくんです。

松岡　そこに邦楽、とくに三味線音楽の変遷も重なっていく。絵師や版元といった職能も出てくるし、蔦重《つたじゅう》（蔦屋重三郎）のようなプロデューサーも出てくる。そういったもののメディアの移り変わりの総体を見ないと、浮世絵がどうやって生まれたのかはわからないね。

田中　「浮世絵」という名称で大括りしすぎているから、余計にわからなくなるんだと思いますね。もうちょっと分類を細かくしたほうがわかりやすいと思います。だいたい三分類ぐらいはできるように思います。人物画と空間画——遊郭とか町とか劇場内部——と、それから風景画。風景画というのは空間画より広大な風景なんですが、ようするに広い範囲の風景と都市の図。だいたいこの三つぐらいなんですよ。

松岡　名所絵もようするに風景画。

田中　このなかで、建物の内部を主目的に描く絵というのは、あんまりヨーロッパの絵画にないんですよね。

松岡　ヨーロッパは建物の内部の壁に描いたものが、窓枠のトロンプ・ルイユ(だまし絵)になり、やがてタブローとして独立して絵画になっていったので、室内だけを描くというジャンルが成立しにくかったんだと思います。それに対して、浮世絵はもともとメディアですよね。

田中　たとえばベラスケスの「ラス・メニーナス」や、フェルメールの絵画などには室内が描かれているし、他にも室内を描いている絵はあるんですが、そこには必ず主役としての人物が入っています。室内が主ではなく人物画であって、そこに背景としての室内や調度類がある。

江戸時代の室内画、遠近法で描かれた芝居小屋の絵とか遊郭の絵には、主役がいないんです。たくさんの人が描かれていて、しかも一人ひとりが違っている。それがおもしろい。

松岡　それはやはり場面型なんですよ。『日本問答』でも少し話しましたが、日本は場面主義だとぼくは思っているんです。

田中　人物にクローズアップするのと、建物のなかの共同体的な描き方と、それから全体としての風景画と、三種類ぐらいに分かれるのを、みんな「浮世絵」と呼んでしまっている。あともう一つは花鳥図ですね。花鳥図も歌麿が描けば浮世絵になっちゃうんですが、実は違う。花鳥図というジャンルがある。

松岡　ぼくがずっと不思議だと思っているのは、歌麿の大首絵《おおくびえ》はどうして出てきたのか。『洛中洛外図』から人物の立ち姿が取り出されて、美人画や人物画になっていった。そこまではいとして、あそこまでバストショットで人物の首から上だけをクローズアップするような絵を描けたのはなぜなんだろう。あれは画期的ですよね。しかも突然ああいうものが出てきた。

田中　私はあれこそ西洋画の影響だと思っている。

松岡　あ、そうか。肖像画の影響？

田中　そうです。まず平賀源内が、銅版画の肖像画を模写した。そのあとに大首絵が起こるわけです。だから当然、西洋銅版画のバストショットの絵というのを見ているはずです。歌麿が見ていなくても蔦重は見ていたはずです。

松岡　そうか。やっぱり蔦重はすごかった。そういうディレクションをしていた可能性が確かにありますね。

田中　ですから、浮世絵を見るときは作家主義で見ないほうがいい。その裏には必ずディレクターがいる。版元は単なる商売人ではなく、ディレクターです。あるいは、その役割をはたした「連」があるんです。一人ひとりに注目しすぎて作家主義に陥ると、文化のネットワークがわからなくなるんです。

3

サムライ問答

イギリスの写真家ベアトが撮影した，薩摩武士たちの写真(1863 年．長崎大学附属図書館「幕末・明治期日本古写真コレクション」．長崎大学附属図書館所蔵)

内村、新渡戸、天心が書かなかったこと

田中　明治時代に内村鑑三、新渡戸《にとべ》稲造、岡倉天心がたてつづけに英語で書いた本を海外で出版しました。内村の『代表的日本人』一八九四(明治二七)年、新渡戸の『武士道』一九〇〇(明治三三)年、天心の『茶の本』一九〇六(明治三九)年ですね。これらは日本の歴史上初めて外国語(英語)で日本のことを書いた本ということになります。それまでは日本人が、たとえば中国語で日本のことを書くというようなことはまったくなかった。ですからこれは画期的なことでした。

ただ私はこの三人が、いったい日本の歴史文化から何を拾って書いたのかということがとても気にかかっているんです。もちろん三人に共通しているものと共通していないものとがあるんですが、共通しているものが何だったかといえば、一つはっきりしているのは武士階級がつくってきた価値観なんですね。内村は高崎藩、新渡戸は盛岡藩、天心は福井藩の下級武士の家の出身です。だから彼らは、日本や日本人のことを書くときに、武士階級のことを前提にする

しかなかった。

松岡　うん、士族だね。

田中　そもそも明治政府の成り立ちそのものが、下級武士たちがつくった社会観にもとづいていた。そこに生きる者からすれば、武士階級の価値観以外に立脚すべきものはなかったのでしょう。でも、それによって落ちていったものがたくさんあったはずです。

松岡　たとえば？　公家の文化とか農民文化とか？

田中　公家文化や農民文化はもちろんですが、町人たちがつくってきた文化もです。たとえば三味線などのような、それこそ遊芸のことはまったく触れていない。『茶の本』はかなり文化のことを書いたけれども、茶の湯そのものが武家の文化であることを前提にして、「落ち着き」「目立たなさ」「やわらかさ」「清浄無垢」「清潔」といったキーワードで書かれた。それと矛盾するような「いい加減さ」だとか、遊びだとか自堕落だとか、失敗だとか闇だとか、そういうものは全部落とした。もちろん、不平等条約を結ばされた日本が、世界のなかで認めてもらうためにはどうしたらいいかという動機で書かれたわけですから、そのようにした理由はわかる。

松岡　世界に見せたい日本像や日本人像のことだけを書いた。

田中　もっと言えば、欧米の価値観に認めてもらうために書いた。決して嘘をついているわけではないけれど、相手に認めてもらいたいがために、見せてもいいと思える側面だけを表に出す。個人でもよくあることですよね。ところが、いったんそういうものが書かれると、今度は日本人がそれをもとに日本人像をつくっていくということが始まった。この本では、明治を振り返ることで、その向こう側にある江戸を取り出すという方法をしばしばとってきましたが、この三人が何を書いて何を書かなかったかということを見つめ直すということも、大きなヒントになるように思うんです。

松岡　なるほど、そういうことね。内村、新渡戸、天心が何を書かなかったのかという、いまの田中さんの指摘はおもしろいね。たしかに神々の問題とか、天皇とか、神仏習合とかいうような、日本人のもつ世界観やその特徴については三人ともほとんど入れなかった。また一揆とか反逆とか貧困とかにもふれていない。もっとも武家政権の問題やそれが明治維新で引っくり返ったという話も書いていないよね。それから田中さんが言ったように、町人の創意工夫やコミュニケーション力のことも語っていない。経済のこともね。

田中　松岡さんは「千夜千冊」ではこの三人とも取り上げていますが、なかでも内村鑑三のことについて、好意的に、また情熱的に書いていらっしゃるように思うんですが、それはどうしてなんですか。

松岡　ぼくが内村について注目していることは、一つは、キリスト教信者となってアマースト大学やハートフォード神学校に留学したとき、アメリカのキリスト教的なボランティア精神に失望したということです。アメリカ社会はいまでもそうなんですが、自分のキャリアシートの冒頭にどんなボランティア活動をしたかということを並べ立てて書くような社会功利的な面があって、内村は当時のそういうアメリカ型キリスト教のあり方に強い疑問を抱いたわけですね。それで無教会主義を選択した。そこは評価したい。

二つ目は、ジーザス(Jesus)とジャパン(Japan)という「二つのJ」を両方とも手放さなかったことです。そうして、アメリカのプロテスタンティズムではなく、ジャパンの「J」を入れた日本的キリスト教をつくろうとした。これは明治の初期キリスト者だった海老名弾正《えびなだんじょう》や植村正久や新島襄とも違うし、プロテスタントの救世軍の山室軍平《やまむろぐんぺい》や熊本バンドの小崎弘道《こざきひろみち》とも違う。非常に新しい試みだったと思います。

三つ目は、日本は大国をめざすべきではない、小さいままのほうがいい、ボーダーランド・ステートになるべきだと説いたところです。ボーダーランド・ステートというのは「境界国家」ですね。日本は東と西のあいだにあって、インターフェースとしての機能をはたすべきだということです。これは日清・日露で国威を上げ、領土を増やそうとしていた時期としては画期的です。たんなる反戦ではなかった。
それとあと一つ、四つ目には内村は晩年になるにつれて、棄民《きみん》や流民や難民のような、見捨てられた人々のことをずっと気にしていた。国から捨てられた者や哀しみを持った者こそが、国を扶《たす》けることができるのだとさえ言っている。まとめて「棄民の思想」とも言うべきもので、これは野口雨情《うじょう》や竹久夢二、また有島武郎、長与善郎《よしろう》、中里介山、芥川龍之介、正宗白鳥らに強い影響をもたらしましたね。だいたい以上のようなところが、ぼくが内村について関心をもっているところですね。
田中　私が内村のことを知って非常に驚いたのは、キリスト教国というのは当然みんながキリスト教的に生きているんだろうと思っていたのに、アメリカに行ってみたらまったく違っていた、むしろ日本人たちのほうがはるかにキリスト教的に見えたという、あの逆転の見方です。宗教と、その国に暮らしている人の「ずれ」を目撃してしまった。のみならず、日本人がそれまで培ってきた倫理観やあり方のほうがキリスト教にマッチしているとさえ考えた。この見方が新しいですね。
松岡　『代表的日本人』はそれを全面化していますね。つまり、日本人は西洋のキリスト者だけからキリスト教精神を学んだのではない。中江藤樹《なかえとうじゅ》とか二宮尊徳とか上杉鷹山《ようざん》や西郷隆盛や日蓮こそが、私たちにとってのバプテスマのヨハネであると書いている。まさに日本的な共同体のなかで成し遂げた、失敗も成功も含めた彼らの生きざまが、真のキリスト者の行動思想に匹敵するものだったと言う。これは内村の確信だったでしょうね。

田中　この内村の見方にふれたとき、私は、日本人は宗教をどういうふうにとらえてきたのかということをいろいろ考えこんでしまうんですね。内村の『余《よ》は如何にして基督《キリスト》信徒となりし乎《か》』を読んでいると、いまでもよくあること、クリスチャンの学校にいるとありがちなことがいっぱい書かれている。これは私自身の経験なんですが、兄が先に洗礼を受け、私も洗礼を目的にして公教要理を学校と教会で学び、洗礼の手前まで行きながら、でも「本当にこれは信仰なのか、それとも知的好奇心なのか」と自分に問うて、後者だと思ったのでやめてしまったんです。でも私とは違って、家族との関係やいろいろな偶然が重なって、そのまま洗礼を受けて信者になる人も大勢いる。多くの場合は、そこで信仰上のジャッジが終わるんですね。ひょっとすると、あとは何も考えなくなっているのかもしれない。

内村は自分がしてしまった行動、つまり受洗したということをなんとか必然化していこうとした。しかもそれを徹底していく。こういう内村のような宗教への向き合い方は、江戸時代までの日本人の信仰生活にはもともとなかったのではないかと思うんです。

松岡　それは「自己」が対応したものだからです。内村はほぼ生涯にわたって『聖書之研究』という冊子を刊行しつづけるんですが、そこではロマ書（ローマ人への手紙）の解読がかなり深められています。福音と信仰と贖罪《しょくざい》についての研究ですね。そこで内村はキリスト教を確信するのはダイナマイトを浴びるようなものだとしている。自分が吹き飛んでしまうかもしれないという立場に立つんですね。

これは日本の信仰者として初めて強く「自己」を持ち出しているということです。そして、パウロの役割にいろいろ言及して、信仰したり伝道したりするということは他者を受け入れることだという見方も打ち出した。新約聖書というのはさまざまな手紙の束をパウロらが編集したもので、いまで言えば各自のブログをダイナミックに編集したようなものなんだけれど、パウロはそれをやってのけた。内村もそのようなミッションを自覚したんだと思う。

だからこそ藤樹や尊徳といった日本人を信仰モデルに読み替えることができたんじゃないかと思います。中江藤樹が近江聖人として近江の町を一歩も出ずに、独自の陽明学まで組み立てて人々に人倫を説いたということを強調したのも、そういう見方があったからだったと思う。これは内村が再発見した江戸文化論で、日本文化論だったとも言えるのではないですか。

田中　たしかに内村は、中江藤樹が学校を知識の売り場とは決して考えなかった、真の人間になるためのものと考えていた、というようなことを書いていますね。藤樹だけではなく、江戸時代の人々にとっての学校とはまさにその通りのものだったと思います。それを内村は発見しているわけです。こういう真の人間になるための学びのありようは、本来キリスト教のなかにあるものと同じではないかと内村は考えたんでしょうね。そう考えることで内村は、日本人がキリスト教に出会うという偶然を必然にまで高めようとしていた。こういう態度は、それまでの日本人の宗教観とか信仰観のなかには、あまり見出すことができないものです。

松岡　内村には「日本人こそがキリスト教にふさわしかった」と言いかねないところがある。

近代日本人の宗教観

田中　たとえば仏教の場合、僧侶になるわけではない一般の信者や檀家は、浄土真宗の人間として生き抜こうなどと思わないし、そのことを必然化したいとも思わないですよね。それなのに、なぜ内村はそこまでのことをしようとしたのか。これはまったく新しい宗教観なのか、それとも欧米のある種の宗教権威主義を受けてしまったということなのか。

松岡　むしろ権威主義とは別なものをつくりたかったんじゃないのかな。

田中　宗教というものをそこまで大切に考えたんだとしても、それが明治時代に突然に出てきたのはなぜなんだろう。しかもキリスト教の日本化の可能性に向かっていった。そこがどうしてもわからないんです。

松岡　一つは徳川社会の宗教政策が解かれて、キリスト教が解禁されたからですね。これはやっぱり大きい。でも当時は、内村だけでなく、近代仏教の革新に向かった浄土真宗の清沢満之《きよざわまんし》や求道会館の近角常観《ちかずみじょうかん》、政教分離を主張した島地黙雷《しまじもくらい》なども、それぞれが自分で貫く宗教性を発揚《はつよう》しようとしました。それがやがて西田幾多郎や鈴木大拙などが登場する基盤になった。

こうした動向は江戸時代の宗教者とは違うかもしれません。でもそれは寺請《てらうけ》制度やキリシタン禁止の社会と、文明開化・欧化政策の明治社会との違いでもあって、当然ですよ。『代表的日本人』『武士道』『茶の本』の三冊がたてつづけに刊行されたのも、ちょうど日清戦争と日露戦争という二つの対外戦争と同時代の出版物だということもあるし、英語で書かれていたというのも、はからずも「私」という主語を必要としたということもある。そういうなかで、内村は「グローバルに語れる日本」というものを、キリスト者として模索したかったんじゃないかと思う。そこに「二つのJ」をどちらも手放したくないというような強い意思があらわれることにもなった。

田中　ということは、仏教とか神道では日本をどうもうまく語れなかったということにもなりますか。

松岡　はい。たしかに内村は、日本人が「カミ」や「ホトケ」と思ってきたものにはあえてふれず、それをキリスト者に切り替えることによって語ろうとしましたね。天心も道教や『茶経』を使いながら茶の精神を語ったけれど、ほとんど「カミ」や「ホトケ」は持ち出さなかった。新渡戸も武士道の精神だけを持ち出して、神道や仏教にはほとんどふれていない。日本を本当にグローバルに普遍的に語ろうとしたときに、当時もまだ「カミ」や「ホトケ」からではやっぱり語れなかったんでしょうね。

近代仏教の可能性に強い関心をもった清沢満之や近角常観や西田幾多郎や宇井《うい》伯寿《はくじゅ》も、そうでした。清沢満之は仏教のど真ん中にいたにもかかわらず、「二項同体」や「ミニマム・ポシビリティ」を語って、宗教精神全般のあり方を語っています。西田も禅の思想をつかっていますが、「無の場所」というような抽象的な概念のほうに向かう。どうも、日本の「カミ」や「ホトケ」はグローバルにはなりにくいんでしょう。宇井伯寿はインド哲学にまで戻ってますね。総じて明治の宗教者が日本人の世界観や信仰を語るには、何か別なものに置き換えないと言語化できないと感じていたんじゃないかな。

田中　普遍的な語り方の構築には、それが必要だった？

松岡　そうでしょう。（本居）宣長は「からごころ」（中国の思想や文化）を排するというような徹底した方法によって古事記を解読し、国学を充実させたけれども、明治社会のなかですでに文明開化してしまった日本を世界に向けて語るには、おそらく「からごころ」や「洋才」（欧米の哲学や技術）を排しては無理だったんだと思う。だから、もう一つ上の何かオーバーマインドのようなもの、バートランド・ラッセルの言う二階論理じゃないけれども、そういう一階上げたメンタル・ロジックを持ち出さざるをえないのでしょうね。でも、これがもしいまだにそうだとしたら、日本はもっといろいろなものを持ちだしていかないとだめですね。

田中　本来は、日本がそれまで持ってきたもの自体で語るべきなんだけれど、それでは通用しないという現実がある。そういうときに、いったい何を持ち出せばいいのかという問題ね。

松岡　ぼくは、いまの日本は、内村、新渡戸、天心たちでは語れなかったことも、すべてを持ち出したほうがいいと思います。「カミ」や「ホトケ」も、空海の『十住心論』も親鸞の「悪」も、白隠《はくいん》の禅も富永仲基《とみながなかもと》の「加上《かじょう》」理論も三浦梅園の「反観合一《はんかんごういつ》」の条理学」も、全部持ち出したほうがいい。それはさすがに日清・日露戦争の時代の国際情勢のなかではできなかったことかもしれないし、そんなことを思いつけなかったのだろうと思う。しかも当時は神仏分離と廃仏毀釈も起こっていて、仏教はまず当初の市民権を回復するところからの再挑戦でしたからね。ただ、内村や新渡戸や天心があの時代に、ああいうことをやった勇気、英文で世界に対して堂々と訴えたということにはもっと学んだほうがいいし、そこに込められた方法にも注目したほうがいいと思います。だって、そのあと日本人の誰もやっていない挑戦でしたからね。

田中　そうですね。それも稀有のことでした。

西郷隆盛をどう評価するか

田中　ただ、私が内村鑑三の書いたことで考えこんでしまうのは、西郷隆盛についての評価なんです。内村は『代表的日本人』で、西郷についてこう書いています。「無礼だけではまだ戦争に突入できません。高官からなる少数の使節を半島の宮廷に派遣し、無礼に対する責任を追及するがよい、それでもまだ横柄《おうへい》な態度をつづけて、新しい使節に対して侮辱を加えたり、身体を傷つけたりしたと仮定せよ、そのときこそ朝鮮に軍隊を派遣する合図とみなし、「天」の許すかぎり征服せよ。その任にあたる使者には、大きな責任と極度の危険がともなうので、西郷自身が使者の役に任命されることを希望したのでありました。征服者が、自分の国民に征服を可能にするため、まず自分自身の命を投げ出そうとしているのであります！　このような征服のやり方はこれまでの歴史にはみられません」。

このあとに、朝鮮使節の問題が閣議で論じられるときには「西郷は生き生きしていました」という記述が続きます。私はこの西郷の姿は、たんなるヒロイズムとしか見えません。責任を追及しに行くと言いながら解決を少しも望んでおらず、征服することを前提にして「他民族の征服のために」命を投げ出すことに興奮しているように見えます。まるでアメリカのB級アクション映画の価値観ですよね。

この西郷評価は日本人としてどう受けとめればいいのか。内村はなぜそこに加担したのか。いままで見てきたような、江戸から明治へと受け渡された価値観に照らして、どう位置付ければいいのか。これは、日清・日露戦争をどう評価するかという問題とも関係してくると思うんですが、なんといっても西郷のことを評価するには「征韓論」というたいへん根深い難問と向き合わないといけないでしょう。

松岡　いやぁ、いちばん難しいところへ行っちゃった(笑)。

田中　内村の書き方によると、朝鮮国は無礼である、無礼な態度をとったから放任できないというふうに西郷が言った、となっている。けれども無礼だけではまだ戦争に突入できないともあるわけですよ。この考え方はいったい何なのか。ほんとうは戦争に突入したいという前提があるのかと思ってしまうのだけど、そこは書いていない。

松岡　明治国家のストラテジーとしては、秀吉同様に朝鮮半島を征服したかったんだと思いますよ。

田中　でも本来のことをいえば、当時の日本は中国と真正面から向き合うべきなのに、なぜ対象が朝鮮半島に向かうのか。もちろん、日本をある方向に位置付けたり拡大したり、民意を統一したりするためには有効だったかもしれないけれども、そういった論法はそうやって攻められるほうの立場にはまったく立っていません。

松岡　当時、中国や朝鮮と向き合う、ないしは連動するという考え方をとったのは、大アジア主義者のほうですね。福沢諭吉の時期は「脱亜入欧」です。そのあとの金玉均《キムオクキュン》の亡命以降、これを擁護する宮崎三兄弟や頭山満《とうやまみつる》や内田良平や武田範之《たけだはんし》たちが登場して、中国革命を準備する孫文や黄興《こうこう》たちと向き合うわけでしょう。東亜同文書院時代です。この時期には権藤成卿《ごんどうせいきょう》のように康有為《こうゆうい》の「大同」の思想に応じようとする考えも出てくる。「自治思想」も出た。あるいはそのあとの柳宗悦《むねよし》のように、あらためて朝鮮文化を評価する動きも出てきました。朝鮮の陶磁器や工芸を研究した浅川伯教《のりたか》、巧《たくみ》兄弟とかね。

田中　でも朝鮮半島の人から見ると、「美だけか」みたいなことになる。そこだけ評価して、あとは見て見ぬふりなのかとなる。

松岡　実際にも柳の民芸運動にはそういう批判も出ました。ただ、そのへんは英仏間や独仏間でも戦争は戦争、文化や美は別のものというふうになってきたわけだから、あの時期の日本と朝鮮のあいだで等分の評価が広く交換されるということは、難しい。それより日韓併合の勢力が強かったというほうが問題でしょう。

田中　そうだとしても話を少し戻しますが、こういう問題をキリスト教徒としてならどう考えるだろうかということが残ると思うんです。内村はそこはどうだったのか。

松岡　あれっ、がんばるなあ（笑）。

田中　ここはね（笑）。おそらくキリスト教徒にも二種類いますね。たとえばラス・カサスみたいに新大陸でのスペイン人たちの残虐性を告発した人もいれば、ラス・カサスが目撃したような相手の立場を考えないキリスト教徒たちもいる。私が思うに、日本は朝鮮半島というものを、この後者のキリスト教徒と同様に、常に自分たちのために利用するところとしてのみ論じてきたのではないかと感じるんです。利用される側から見ると、むろんとんでもない話です。この朝鮮の問題においては、いったい誰が日本のラス・カサスたりえたのだろうかと思わずにいられない。

松岡　うーん、そうか。

田中　うん、そう。

松岡　ぼくは、西郷隆盛や征韓論の背景を語るには、三つほどの見方で検討するべきだろうと思うんです。一つには黒船以降の日本が列強とのあいだで結ばされた不平等条約を撤回させるために、明治政府が列強と伍するという方針を選んだこと、そのため領土や植民地を拡張しようとしたこと、このことが大きく関与しています。ただその方針で、岩倉具視《ともみ》や大久保利通と西郷たちとのあいだで食い違いがあった。征韓論はこの違いからも生じましたね。

二つ目は天皇のことです。国体の問題あるいは「天皇の軍隊」の問題というふうに言ってもいいのだけれど、五箇条の御誓文から一八七三(明治六)年の政変まで、おそらく玉体《ぎょくたい》をどうするかということが確立していなかったんだろうと思うんだよね。西郷は幕末の幕府制圧の時期から(戊辰戦争の時期から)軍隊を任されていたけれど、精神的なことはともかく、士族の擁護を含んだ組織づくりにはなんら組み上げられなかったわけですね。

もともと「玉《ぎょく》をとる」ということはすでに坂本龍馬や桂小五郎(木戸孝允)が手紙で交わしていた合意事項ですが、とった玉を立てて近代国家をつくる手筈は次世代に任されていました。

とくにサムライが廃止されて士族として残った連中をどうするか。これが決まっていない。まあ、せいぜい薩摩や長州の兵力を核にしてなんとかしようということです。それで西郷にお鉢がまわってきたんだけれど、西郷はのちの鹿児島下野《げや》のときの「私学校」設立の例でわかるように、公的な組織観を行使するタイプじゃない。そこで大村益次郎がその組み立てをして、薩摩・長州だけではない国民皆兵型の軍隊をプランして徴兵制度に向かい、そのあとを山県有朋が引き受けます。しかもその軍備の初期の形態は、西郷を討つための西南の役でまとまっていくというスケジュールになってしまったわけです。

そうなると、大日本帝国憲法をつくり、帝国議会を運営する段階の明治政府での「天皇の軍隊」は、かなり未熟なままだったということになります。そこで軍人勅諭《ちょくゆ》や教育勅語でイデオロギー的な強化に走った。これがのちのちまであとを引く。内村はこういうイデオロギー統制には反発していたでしょう。不敬罪に問われたりもした。このへんは加藤陽子さんの『天皇と軍隊の近代史』(勁草書房)なども追っかけていますね。

だから日清・日露で朝鮮半島を戦場にしていったことですべての問題が露呈する。ここで反戦や非戦を唱えたのは「萬朝報《よろずちょうほう》」「平民新聞」とかごく一部だった。内村も記者として非戦を主張したけれど、そのあとの社会主義の台頭とは分かれていった。

田中　そうすると、征韓論のところでは問題が顕在できなかったということですね。
松岡　まだ右も左も見えていないでしょう。
田中　うーん、日清・日露のあとは大逆事件ですからね。アジア主義、社会主義、キリスト教が併走していた。これは江戸時代には考えられない混在ね。
松岡　そうですね。徳富蘇峰《とくとみそほう》や志賀重昂《しがしげたか》の国粋主義も、それからもちろん産業革命に加担する近代産業主義も混在していた。

「湯武放伐」をめぐって

松岡　それで、もう一つの見方があって、それが三番目に検討するべきことだろうと思うのだけれど、明治になって日本における「湯武放伐《とうぶほうばつ》」論はどうなったのかということです。
田中　そこまで行きますか。
松岡　うん、そこまで行ったほうがわかりやすいかもしれません。つまり「孟子の受容」をどう見てきたかということ。このことは『日本問答』でも少し話題になりましたね。
少し繰り返しになりますが、読者のために説明しておくと、古代中国は、王朝交替は交替のたびに覇者の名前が替わるんだという「易姓革命」論が前提になっているのだけれど、その交替には平和的な「禅譲《ぜんじょう》」と武力による「放伐《ほうばつ》」とがあるわけです。その放伐の先例として「湯武放伐」がある。夏王朝の末期に湯王《とうおう》が暴君の桀王《けつおう》を討って殷王朝を開いたこと、周の建国のときに武王が憤りをもって暴君の紂王《ちゅうおう》を討ち、天下の民を安らかにしたという故事にもとづいて、これらは当面の王が仁に背き義に逆らったから次王に討たれたのであって、それが易姓が替わる王道革命だというものです。『孟子』の「梁恵王」に出てくる。

しかし、日本にはなぜかこの孟子の教えが伝わってきていないとされてきたんですね。なぜなのか。そこで上田秋成が『雨月物語』の「白峯」でこんな話を書いた。崇徳院《すとくいん》の菩提を弔うために白峯を訪れた西行が、成仏できずに怨霊となった崇徳院とのあいだで論争をする。崇徳院は易姓革命、つまり武力をもって王朝交替を起こして、革命をめざしたかったのにそれがはたせなかったと言う。これに対して西行は、易姓革命を唱えた『孟子』の真意が日本に伝わらなかったのは神々の意思なのだと諭して歌を詠み、祈って終わりますよね。つまり日本には易姓革命が認められていないんだということです。

この物語に象徴されるように、孟子の湯武放伐が日本には可能かどうかということは、日本人にはずっとひっかかっていたわけです。ダメな天皇やデキの悪い将軍を討ってもいいのかどうか、みんな迷っていた。それが明治になって天皇と内閣というふうになっても、続きました。そのため、やっぱり天皇に対しても内閣に対してもクーデターは起こせない。となると、日本は国内においては放伐ができないので、それを外部化して、朝鮮や中国が「無礼」なので討つというほうに向かってしまった、というところがあると思うんですね。それが結局は日中戦争や太平洋戦争にまで向かっていったのだと思います。途中で、二・二六事件のように青年将校が「湯武を討つ」という事態も起こったけれど、これは天皇の名において鎮圧されたわけです。

田中　なるほどね。たしかに昭和の宗教者は、国政や軍事について発言していない。それはそれとして検討すべきことですね。

松岡　国家神道は継続したままですが、仏教者も逡巡《しゅんじゅん》していましたね。このあたりのことは、最近になって大谷栄一さんの『近代仏教という視座──戦争・アジア・社会主義』（ぺりかん社）や小川原正道さんの『日本の戦争と宗教　1899─1945』（講談社選書メチエ）などがまとめていますね。もともとは七〇年代すぐの市川白弦の『仏教者の戦争責任』（春秋社）が火を付けていた問題です。

田中　北一輝や石原莞爾が日蓮主義に傾いたのも大きかった。

松岡　もとは田中智学《ちがく》です。

田中　話を戻して、日本では孟子思想の一部があえて伏せられてきたという伝承のことですが、あれは妙なものですね。孔子の『論語』が「仁」を説いて中庸を生きることと、上に阿《おもね》らず下を蔑まないようにと説いたのに対して、『孟子』は上の者(君)が「仁」をもつなら、下の者(臣)は「義」で報いるべきだと説いたわけですよね。そこで「仁義」が大事にされた。この孔子と孟子の両方の〝孔孟〟で民が治まり、君が仁政を実施できる。古代儒学はそうなっていたのですが、奇妙なことにこのうち孟子の王道論が徳川中期まで入ってこなかったというふうになっている。そのことにまつわる話をはっきり書いたのが、先ほどの秋成の『雨月物語』です。

しかし、ほんとうに孟子の「湯武放伐」のことが意図的に伏せられていたのかどうか、実ははっきりしません。少なくとも松陰のころはだいたい知っていたはずです。とはいえ日本人は、天皇家に対する放伐だけは絶対に受け入れられなかったという立場はずっと続いていたんだと思う。近代になっても、そのことだけはなんとしても避けたかった。

松岡　ありうるとすれば、将軍家の放伐だった。幕末の討幕運動はまさにそれだったかもしれません。けれども結局、大政奉還によって放伐は起こらないで済んでしまった。

田中　将軍に対して湯武放伐ができなかったという心残りがあった?

松岡　あったでしょうね。最後の将軍である徳川慶喜は討たれることもなく、駿府《すんぷ》に移って絵を描いたり写真を撮ったりして余生を過ごした。結局、日本人は天皇を討てないし、将軍も討てなかった。藩主だってほとんど殺されたような例はなかったんじゃないの。

田中　逆に、たとえ藩主がひどくても、藩主を諌《いさ》めるために自分が死んだりする。諌死《かんし》する。

松岡　唯一、その解釈だけが突破していた。吉田松陰の『講孟余話』では、君主を諌めて三度受け入れられないようなら、あえて放伐を辞さないと説いた。

田中　それにしても、内でできない放伐を、外に持ち出すというのは、はた迷惑ですよ。

松岡　だから松本健一のような歴史家は、近代日本の失敗としてそこを衝《つ》く。ぼくは大隈重信が中国に対して対華二十一カ条のような屈辱的なものを突き付けたということも、とんでもない間違いだったと思っている。あとは石原莞爾《かんじ》や関東軍がやった謀略ですね。張作霖《ちょうさくりん》を爆死させて満州事変にいたる道をまんまと拓いた。無礼なことを相手にさせたふりをして、戦争を始めてしまった。

この呪縛はいまだに解けていないと思う。だって、太平洋戦争後は東京裁判で戦犯だけが罰せられて、あとは天皇の人間宣言でしょう。日本人がその呪縛を解く機会をもたないままになっている。だから、韓国や中国から何か言われるとすぐに「無礼だ」と思ってしまうような心理が、いまの日本人にもあると思う。

田中　いままで言われていた戦前・戦中の責任の取り方が曖昧だったとか、天皇が責任を取っていないからとか言うだけでは片付けられない、もっと根深い問題がいまもあると思います。

松岡　加藤典洋や白井聡が、敗戦論とか戦後論をずっとやっているでしょう。でもぼくは、日本の永続敗戦はもっと前からだと思ってるんですよ。そのあたりを解くには、白村江の戦い(六六三年)あたりからもういっぺんやり直さないとだめだろうとも思っている。もっと言うと、物部とか蘇我のあたりから、日本の精神の仇討ちというのか、何かが封印されてきたのではないか。

田中　となると、そこはやっぱり日本の根幹にかかわる。日本の存在理由そのものにもかかわってくる。

松岡　ぼくは「稜威《いつ》」というコンセプトに、それが出ていると思っているんです。本来は日本人の霊性を語るおおもとのコンセプトなのに、それを「御稜威《みいつ》」として、天皇《すめらみこと》の神々しさをつくってしまったせいで、誰も触れない、近寄れないものにしてしまったんですね。畏れ多いものとして、アンタッチャブル状態(聖域)のようなものをつくった。けれども、それは誰もちゃんとつくり上げたものではない。岩倉具視はそのことに気がついたから、大政奉還の仕組みができたんだと思う。

田中　そこは、そうでしょうね。

中国・朝鮮・琉球・日本の関係

松岡　『日本問答』でも話しましたが、そもそも天皇のなりたちからして、とても不思議なものがある。神武天皇の系譜、つまりイワレヒコの系譜というものをあとからつくって、日本にいた氏族すべてを戦わずして服属させてしまったわけですからね。磐井《いわい》の乱とかあったとしても、そういうことにしてしまった。そのために、新嘗祭とか大嘗祭では、卜定《ぼくじょう》によって悠紀《ゆき》の国や主基《すき》の国が選ばれ、そこから人々や神饌を奉らせる。そうやって天皇の即位儀礼に参加させる。さらには、折口信夫の芸能論がそこを解いていったんですが、服属させられた「まつろわぬ者たち」を慰撫《いぶ》するための芸能をつくって、それをずっと演じつづける。こういうふうにしていったので、天皇家というものに対して、はっきりした敗者や敵《かたき》のような存在、恨みを晴らしたいと思っているような存在がいない。これは世界的にもかなり珍しい状態ではないですか。

建築家の磯崎新は「始原のもどき」というふうに見立てて伊勢神宮のことを解いていますが、その見方にあやかっていえば、天皇家や日本の成り立ちにおいては、「隠された罪」というものがどうもよく見えないんですね。何もかもがもどきになっている。シミュラークルになっていて、何が本当なのかがわからない。だから伊勢神宮がそのなかに「空無《くうむ》」を白木でつくってそれをときどき遷《うつ》していくように、日本の天皇も玉体というものを、代々遷していく。それ以外に、代替わりをしていく方法がない。

田中　私たちは昭和から平成、平成から令和という代替わりを経験したわけですが、天皇の代替わりはそれ自体では何ら変化をもたらさないと実感しています。天皇の引退など、天皇自身の身の処し方は変化していますが、その変化は日本人の生き方の変化に沿ったもので、天皇の側から変化を起こしているわけではない。放伐であれば大きな変化が起こりますが、そうではなくて放伐が起こらない安定的な仕組みとしての「象徴」という生き方をさらに練り上げ、「日本人の良識」を代表するようになったわけです。幕府も現代の政治システムも、それをなぞっているように思える。日本人全体はそれによって、憎むべき対象というものがもてなくなったわけです。平和でたいへん結構だけれど、でもそれが対外的なところで噴出してしまう。そうだとしたら、今後も征韓論は何度でも起こってしまうということになる。

松岡　その裏返しで、憎むべきマッカーサーを尊敬しちゃうというようなことも、何度でも起こるでしょうね。だからぼくは最初から、日本は敵か味方かといった二項対立には入らないようにして、内村のいうボーダーランド・ステートに居つづけるべきである、もっと言えば、エディティング・ステート、すなわち「編集の国」でありつづけるべきだと思っているんです。東西文化のあいだで、インターフェースとしてしか成立しない日本であってもいいんじゃないかと思う。

田中　でも、ガバナンスを対立路線に持って行く人はこれからも出てくると思う。意識統一のために、本来もつ必要のない憎しみをあえてつくるというようなガバナンスです。

松岡　まったく無意味だと思いますが、いるでしょうね。

田中　さきほど言われた秋成は、「収める」という言葉を頻繁に使っています。たとえば『春雨物語』のなかで「心納〔収〕むれば誰も仏心なり。放てば妖魔」と言うわけですね。おそらく江戸時代のガバナンスは「放つ」ことと「収める」こと、つねにこの二つの軸で物事を考えていたはずなんです。「収める」ために憎しみが必要だなんていう発想はどこにもなかったと思います。それがなぜ、幕末維新以後、急激に憎しみの対象がはっきりと選ばれていったのか。

幕末維新のときの戦いの基本になっているのは、下級武士たちに鬱積《うっせき》しているものなんですよね。武士という立場をもっていながら、禄をもらっていながら、日本がここまで追い詰められるまで自分たちは何もできなかった。自分たちはまったく政治に参加できなかった。それは自分たちのせいではない、幕府の仕組みがこうなっていたからだ、というような、そういう心理はあったと思います。だから、いまこそは政治に入っていかなければならないと考えた。そのエネルギーはものすごく強かったと思う。そのエネルギーをもっと焚きつけるために、憎しみを煽るということもあったんでしょうね。そこまではわかるんですが、でもやはり、これを中国や朝鮮に向けたのは、どうしてもわからない。というよりも、納得できない。

松岡　やっぱりそこか。これは難問だよ。

田中　もう一つありうると思うのは、岡倉天心が書いている西洋人の評価の問題ですね。江戸時代、つまり日本が平和な文芸にふけっていたときには野蛮国だと言って、満州の戦場で殺戮をし始めてから文明国と呼んでいるという。こういう外側の評価軸を知ってしまったということも大きいでしょうね。

松岡　となると、やっぱり不平等条約、それと三国干渉が日本にとって軛《くびき》になっていったのでしょうね。この二つの出来事によって「列強はそう見るのか」というふうに身に沁みたんだと思う。だったらなんとかして、文明国としての日本の矜持《きょうじ》を見せないといけない。

加えて地政学的なこともあったと思う。とくにロシアの南下をものすごく警戒していた。シベリア鉄道がこっちまで来て旅順が不凍港になってロシアが来たらやばいという、そういう判断があった。だから、朝鮮半島を征圧したいという動機は本来なかったと思う。でも、こういうことをせざるをえなくなっているということは、やっぱり日本は列強の価値観に追い込まれた結果だとしか言いようがない。結局、列強の方法や植民地主義というものを下手に学んで、同じことをやってしまっただけで終わってしまった。しかも失敗を重ねていった。

田中　本当は、植民地主義を見ながら「あの方法じゃない」というふうに思ってもいいわけですよ。そう思わなかったということが大きな問題です。自分たちにはああいうことはできないというふうに思ってしまえばやらないで済んだかもしれないのに。植民地主義とは異なる「五族協和」というのを真剣に考える道もあったかもしれないのに。

松岡　ほんとうの共存共栄をめざす大東亜共栄圏がありうるとしても、もっと前から始まっていないと無理だったでしょうね。

田中　EU的な方法でヨーロッパに対峙して「五族協和」を訴えていくというやり方なら、あったはずですよね。でも、それだけのリーダーシップはもてなかった。

松岡　当時の大隈重信では無理だったと思う。

田中　そういう意味では、秀吉の侵略とまったく同じ構図です。朝鮮半島がほしいわけではないけれども、ここを手に入れておかないと大陸には行けないし、大陸から来られたときに困るという発想です。その結果、秀吉の大陸侵攻の失敗が、明治になってまた征韓論というかたちで繰り返されてしまった。秀吉の起こした戦争の後処理のために江戸が組み立てられていったのに、明治になるとそのことがすっぽりと抜けてしまっている状態なんです。

松岡　朝鮮を蔑視したがる精神性は、日本人のなかでいつごろから始まっていたんだろう。

田中　蔑視をし始めたのは、あきらかに明治以降ですね。江戸時代、朝鮮通信使が来ていたときは、詩の交換を求めて江戸の文人たちが殺到するというようなこともあったくらいです。ただ、一度殺人事件が起こるんですね。一七六四(宝暦一四)年の通信使来日の際のことです。大坂で対馬藩の通詞鈴木伝蔵が通信使の崔天宗を槍で刺殺しています。

松岡　朝鮮通信使のふるまいが、日本人とのあいだで文化摩擦を引き起こした、とかいう説もあるようです。江戸時代が進むにつれて、対馬の宗氏のコントロールがきかなくなっていたということも大きかったかもしれない

田中　幕藩体制が弱くなってくれば、当然対馬藩も弱くなってくるわけです。そのうち経済的な理由もあって通信使もやめることになってしまう。これに比べて、薩摩藩はやっぱり立場が

違いますし、ずっと力を保ちつづける。沖縄（琉球）も掌握しつづける。そのまま、明治になって西郷の時代に入っていくわけでしょう。

こうやってみていくと、西郷の征韓論の背景には、琉球問題があったんじゃないか。薩摩による琉球支配が影響したんじゃないかと思われてくる。

松岡　うん、あったかもしれない。薩摩藩の人間にとっては、琉球という外国を支配しつづけるという経験をすでに積んできている。

田中　薩摩藩は石高を自分のところに勝手に数え込んで、完全な琉球支配をしていた。そのかたちに則っていえば、藩が外国を支配してもいいんだというリクツになりますからね。

松岡　むしろそれが当たり前で、搾取したってそんなにひどいこととも思っていなかったかもしれない。

田中　それにくらべて対馬のほうでは、征韓論なんて考えもしない。むしろ朝鮮のことは自分たちの同胞みたいな感覚がある。

松岡　琉球の尚氏だって、中国から冊封《さくほう》を受けていたもの同士として、朝鮮を見ていたでしょう。決して蔑視していないですよね。同じ立場なんだから。ということは、江戸問答を深めるには、どうも薩摩藩というものをやり直さなきゃいけないということなんですね。

田中　明治以降の日本のなかで膨らんでいく植民地主義の根底には、薩摩藩の植民地主義があったかもしれませんね。

松岡　日本は琉球や朝鮮といった自分たちよりも小さい国を支配することで、大国の中国というものからどうも目を背けているような印象がある。あるいは、中国に対する何か強烈な劣等意識とか劣等感が実はあって、それを克服するために朝鮮半島に手を出してしまったんじゃないかという気もする。

田中　大陸に対する劣等意識というのはずっとあると思います。中国は大きすぎて手が出せないとか、皇帝がいるから脅威を感じるとかね。それはあったでしょうね。

松岡　中国にはかなわないとしても、日本の文化力と朝鮮半島の文化力を比較すると、どれくらいの感じだったんですか。

田中　四書五経の基準でいえば、もちろん圧倒的に朝鮮半島のほうが高いですね。学者のレベルもそうだし、新しい実学者もどんどん輩出していました。

松岡　だとすれば、日本が明治になって一等国をめざさなければとなったときに、朝鮮のことを日本以下の二等国だとか三等国だというふうにみなす謂《いわ》れはない。

田中　もちろんそうです。ただし、明治になって基準が変わってしまったわけです。つまり、四書五経の基準ではなくなったとたんに逆転するわけです。日本のほうが先に欧米化している、先に進んでいるという感覚をもってしまう。そこから見れば朝鮮のことを遅れているとみなして、侮蔑できることになる。といってもほんのわずかな遅れなんですが、それだけのことで朝鮮半島にも中国にも優越感をもつ。中国に対してはアヘン戦争からそういった見方が始まりますね。こうして、侮蔑できる立場の逆転が起こるわけですね。そのときに、それ以前からもっていた劣等感というのはかなり影響していたでしょうね。「逆転してやるぞ」みたいな意識はあったと思います。

武士道という理想像

田中　次に、新渡戸稲造についても見ていきたいんですが、まず『武士道』が書かれた背景はおさえておきたい。

松岡　内村と同じ札幌農学校の二期生だよね。「アクチーブ」というあだ名をつけられたような目立った青年だったみたい。もともとは盛岡藩士のそれなりに裕福な家に育っていて、郷土愛も強いですね。お父さんは開拓の努力もしている。でも稲造は国際世界に憧れももっていて、藩校作人館で勉強して、かかりつけのお医者さんから英語を知ると、東京に行ってすぐ東京英語学校に入り、一八八四(明治一七)年には「太平洋の架け橋になりたい」と言って私費でジョンズ・ホプキンス大学に留学する。内村と似て、アメリカナイズされたキリスト教に疑問をもってクエーカー派の集会に通ったりしています。

そこでメアリー・エルキントンと見初めあって、のちに奥さんにした。その奥さんの助力もあって『武士道』を英文で書くのは、札幌農学校の先生をしているときに体を壊してカリフォルニアで療養しているときでしょう。日清戦争のあとの一九〇〇(明治三三)年ですね。

田中 なぜ国際社会に向けて「武士道」を取り上げたかですね。

松岡 本人の説明では、ベルギー人の法学者に「日本人は倫理をどのように学んでいるのか。信仰から会得していないとすると、まずいんじゃないか」と言われて、武士道から倫理を得たという説明をすることになったという経緯になっている。

田中 けれども新渡戸が描いた「武」は現実の武士とは違いますよね。現実の武士たちが「武士はこうあらねばならない」と思っていたもの、理想としての武士像だけを見ていたように思う。世界に誇ることができて、英語にしたときにも効果的で、現実にあったとみなされるようなものを抽出してみたら、「武」になったということなのでしょう。

たとえば、大坂冬の陣（実際は夏の陣）の際に、家康の息子で一三歳であった頼宣が後陣に置かれ、活躍できないまま城が落ちたとき、烈《はげ》しく泣いたエピソードが紹介されています。結論として「名誉と名声が得られるならば、生命そのものさえも廉価《れんか》と考えられた」と、テーマは「忠義」に移ります。忠義を表現する際に事例として出されるのは、浄瑠璃『菅原伝授手習鑑』でもっとも人気のある「寺子屋」です。菅原道真の息子が殺されようとしているとき、もと家臣の武部源蔵が自分の息子を身代わりに差し出すという話ですが、しかしこれは人形浄瑠璃の話であって武士の忠義の現実ではありません。頼宣の例も武部源蔵の例も「おはなし」以上のものではない。仏教、儒教、『平家物語』その他の語り物、人形浄瑠璃、物語類など、江戸時代の庶民が影響を受けたさまざまな価値観や道徳が語られていて、日本人がそれを美徳とし、実行したいと思っていたのは確かかもしれませんが、実行できるような環境ではなく、日本人がそういう日常を生きていたと考えるのは困難です。ヨーロッパの騎士道も同じようなことでしょうけれど。

松岡　新渡戸が描いた武士道は『ラストサムライ』の映画に描かれたような武士だよね。渡辺謙が演じて、トム・クルーズが憧れるような（笑）。それでも新渡戸は札幌農学校に行って、卒業後は北海道庁に入って農業政策のことをやっていたので、農民の生活は知っていたようです。

それから「郷土会」というものをつくって、柳田國男や尾佐竹猛《おさたけたけき》といった人たちを集めて各地の郷土文化の研究調査をしていた。日本の国土に潜んでいる各地の郷土というものが活性化しないと、日本はうまくいかないということはわかっていたと思う。

田中　地域への責任感こそは、武士がそもそも担うものだった。そういう意味での武士の倫理観を新渡戸はちゃんと継承していたのかもしれません。江戸時代の武士は、それぞれの藩の産業を活性化させるための指導者だったわけだから、その心意気というのは持ち続けていたでしょう。

松岡　新渡戸について注目しておきたいのは、「武士道にはキリスト教のよさに匹敵するものがあるが、「愛」が欠けている」と言ったことかな。これは新渡戸らしい告白ですよね。

田中　そのうえで儒教の本質を衝いている言葉だと思いますが、愛が欠ける場合には「孝」が必要だとも言っている。

松岡　そうそう。「愛」から「孝」に切り替えている。

田中　その「孝」を自分に命ずるためには「義理」の権威が必要で、そのために知性と理性を動かして「義《ただ》しく行為する必要を知らしめねばならない」と書いています。知性が愛の行動を助けるんだと言う。儒教というのはそういう知性なんですよね。

松岡　日本には愛の哲学はなかったのかな。

田中　「仁」の哲学はありますよね。ただ「仁」というのは、「仁義礼智信」の五常全部がセットになっていて初めて成立するものです。となると、やっぱりそれは、武士道そのものというより、四書五経ですよね。ちなみに仏教では「慈」になる。「愛」は偏った「慈」なので、仏教では評価が低い。

松岡　そうだね。

田中　日本の知性のバックボーンになるものが、長らく四書五経であったのは確かです。ただし四書五経を学ぶのは武士だけとはかぎらない。にもかかわらず、新渡戸はそれを武士のみに特化して「武士道」というふうに言い換えているようなところがある。なぜそうしたのかと考えてみると、たしかに四書五経の話だけでは、日本というよりも中国の話にしかならない。それに本来、武士道のなかには仏教も流れ込んでいるし、神道的なものもある。そういったことを全部説明していかないといけなくなる。そこで、それをひっくるめて外国向けに「武士道」のことにしてしまうのが一番てっとり早い。こういう判断があったのかなと思います。

松岡　外国人ウケもする。

田中　ですから新渡戸の描く武士道には、ある種のフィクションがある。江戸時代を知っている人は、ここに描かれているのは武士の実際の姿じゃないということはすぐわかったと思います。でもこれはあくまで精神論なんだというふうにとらえれば、たしかに江戸時代の武士たちだってこういうことを理想にはしていた。その点では、事実であるとも言える。

ただし新渡戸においてもやはり気になるのは、やっぱり「朝鮮および満洲」が出てきて、「朝鮮および満洲において戦勝したるものは、我々の手を導き我々の心臓に搏《う》ちつつある我らが父祖の威霊である」と書いていることです。

松岡　新渡戸にして、朝鮮蔑視の偏見から免れえなかった。

田中　「これらの霊、我が武勇なる祖先の魂は死せず、見る目有る者には明らかに見える」。第一七章です。戦意発揚のためにも使えそうな言葉です。

松岡　神風日本とあんまり変わらない言い方だよね。

田中　「人の中にある戦いの本能は普遍的かつ自然的であり、また高尚なる感情や男らしき徳性を生むもの」と書き、しかしその下により神聖なる本能が潜んでいて、それが「愛」だと主張しています。その愛にもとづく平和を語りながら、一方で日本の戦争の勝利は武士道の精神がもたらしたものだ、と書きます。武士道は消えつつあるとしつつ、「徳としては生きている」のであり「その力は地上より滅びないであろう」と結論します。さまざまな矛盾を引き受けて、その全体をキリスト教や西欧哲学、イスラム教と比較しようとした壮大な実験であったと考えると、まさに明治日本の縮図です。

松岡　時代を戻して、では徳川時代の実際の武士道論はどうだったのかというと、これは武田家の家訓だった『甲陽軍鑑』や宮本武蔵の『五輪書』、あるいは山本常朝の『葉隠《はがくれ》』や山鹿素行《やまがそこう》の職分論になる。武士道というより「士道」ですね。

田中　もともとは鎌倉武士以来の「御恩」と「奉公」の関係意識です。そこに「一所懸命」が加わり、そこへ儒教的なものがくっついていった。

松岡　そこですね。実は中国の儒教的な関係意識というのは双務的《そうむてき》なんだよね。「禅譲」と「放伐」と言っても、両方とも君主と臣下の関係は双務的な契約関係なんです。孔子はそこまで言わなかったけれど、孟子はそこを見ていた。それが前漢の董仲舒《とうちゅうじょ》になって天人相関説になり、公羊学《くようがく》になり、後漢の鄭玄《じょうげん》で「寛治《かんち》」になり、「仁・清・廉」に進んで、それが儒学・儒教として日本に入ってきたわけです。おそらく日本のサムライにはこのあたりが投影されているんだと思う。

田中　そうですね、郷挙里選《きょうきょりせん》（漢の官吏任用法。地方官や地方の有力者が、一定の基準に沿って推薦する方法）の基準がサムライのあり方に投影した可能性があります。

岡倉天心がなしえた日本論

田中　ここまで見てきた内村と新渡戸の二冊に比べれば、岡倉天心の『茶の本』は言葉づかいの一つひとつまで、繊細ですね。

松岡　繊細かつ大胆。

田中　天心は新渡戸の武士道論議にもクギを刺している。「近ごろ武士道――わが兵士に喜び勇んで身を捨てさせる死の術――について盛んに論評されてきた」というふうに。武士的な価値観を批判しているんですね。つまり、武士道といっても死の術についてばかり関心が寄せられていて、茶道は生の術であるのに、こちらには関心が向いていないと言っている。「血なまぐさい戦争の名誉によらなければならないとするならば、むしろいつまでも野蛮国に甘んじよう」と。ここまで言うのは『茶の本』だけですね。

松岡　切れ味のいいカルチュラル・レトリックをもっているよね。欧米を批判している切り口で、東洋型の文明論としてもちゃんと立脚している。実は天心は書もおもしろい。かなり律義に捩《ねじ》れているんです(笑)。

田中　捩れている？

松岡　うん、紡錘《ぼうすい》の筆が紙に当たりながら捩れていく。しっかり運筆されているんだけれど、素直ではない。湯川（秀樹）さんの書に似ているかな。

田中　へえ、そうですか。

松岡　二人とも東洋へのまなざしが深いことと関係があるかもしれません。天心は『東洋の理想』という本も英語であらわしていますし、実際にも天心はインドまで行ってタゴールと交流もしたし、辮髪《べんぱつ》にして中国にも入っているので、日本人がそれまでもちえなかった東洋観を初めてもつことができたように思います。石川丈山《いしかわじょうざん》にしても頼山陽にしても、徳川思想は漢文・漢詩どまりでしょう。

田中　世界観として東洋を見るものは江戸時代には少ない。

松岡　山鹿素行が『中朝事実』で日本を「中華文明の土」と見たり、佐藤信淵《のぶひろ》が日本を「亜細亜大州」というふうに言ったりしたことはあったけれど、おおむね江戸時代の国土感覚は狭いですね。だいたいは、いわゆる時務論です。ロシアの南下を警告した工藤平助とか本多利明みたいに、地政学的にカムチャツカまで視野に入れて東洋を見る人はいたにはいたけれど、思想としてはうまく持ち出せなかったものね。すでに儒学があるから、それ以上のものを日本から持ち出しうると思っていなかったんでしょうね。

田中　江戸時代の思想では、日本は中国と同じだと思っているから。西洋というものを意識する明治にならないと、東洋を意識することはちょっと無理だったんですね。だから私がとくに注目したいのは、天心が「日本人はくり返し寄せてくる外来思潮に洗われながら、つねに自己に忠実でありえた」（『日本の目覚め』）と書いているところです。真の進歩をつくるのは外的知識の蓄積よりはむしろ内なる自我の顕現だと言っている。これは日本論としては一貫させなければならない、とても大事な点ですよね。こういう視点は江戸時代は少ない。

松岡　せいぜい佐久間象山の「東洋道徳・西洋技術」かな。

田中　そうやって見ていくと、明治になってから書かれた日本論として、一番大事にしなければならないのは『茶の本』や『東洋の理想』なのかもしれません。そのあとに出た日本論としては九鬼周造の『「いき」の構造』もありますが、日本文明論として価値観をちゃんと主張して、日本の文化論を展開することができたのは、『茶の本』だけかもしれない。

松岡　徳富蘇峰とか三宅雪嶺とか陸羯南《くがかつなん》とかは、みんなナショナリスティックでしたからね。

田中　あとは大東合邦論のようにアジア主義に傾いた。だから日韓併合も一挙に進捗してしまった。

松岡　あるいは吉田東伍《とうご》や喜田貞吉の日鮮同祖論とか。天心はそういうものにはハマらなかった。

田中　どうしてかしら。

松岡　そうねえ、明治の洋画導入のなかにあって、やっぱり日本画の本質を考えたのが大きいんじゃないですか。フェノロサからの刺激もあったけれど、実際の画人たちと徹底的に切磋琢磨しましたからね。最初は狩野芳崖《かのうほうがい》、そのあとは横山大観や菱田春草《ひしだしゅんそう》たちを実際に指導しつつ、「国画《こくが》」というそれまでにない日本のアート、日本画の技能をつくろうとした。それが大きいんじゃないか。しかも、その志半ばでスキャンダルに巻き込まれて、東京美術学校の校長の座を追われてなお、五浦《いづら》に画室をつくってがんばりました。そのスキャンダルというのも、文部官僚で男爵の九鬼隆一の奥さん、つまり九鬼周造のお母さんとのスキャンダルだったわけですね。こういった経験をへて、天心はそうとう痛みを抱えていた。それも大きい。そのあとですよ、『茶の本』を書いたのは。

田中　やっぱりお茶に着目したのが大きいわね。

松岡　中国のお茶が、(村田)珠光や利休や(小堀)遠州によって侘び茶まで来てたからね。そういう侘び茶の文化と細部を見ることで、内村や新渡戸に欠けていた視点や論点が見えたんでしょうね。そのような茶の湯の持っている小ささの美学、一碗のなかにも宇宙が入るというような思想は、そもそもは天心が日本画や日本美術を学んだことで摑《つか》んだのだと思う。だから天心が語りたかった東洋は、決してのちの五族協和的な大東亜共栄圏的なものではない。にもかかわらず、天心の『東洋の理想』に掲げられた「エイジア・イズ・ワン」(アジアは一つ)という言葉もずいぶん誤解されてしまいましたね。

田中 大アジア主義と見られてしまった。

松岡 欧米列強か、さもなくば大亜細亜。こういう二択だけでは片寄りすぎです。これでは日本を入れようとすると、第三極としての日本主義になってしまう。内藤湖南《ないとうこなん》くらいでいてほしかった。

田中 そうですね、内藤湖南以降は学問をやる人たちから何かがすっぽり抜け落ちてしまいましたね。

松岡 そう、何かが抜けた。いちばん大きく抜け落ちたのが、やはり江戸思想だったんじゃないですか。よく言えば江戸をすっとばして『徒然草』とか『方丈記』とか中世に戻っちゃう。あるいは『源氏』や『万葉』だけを日本と見てしまった。江戸文化の方法に関心をもつ連中が出てきても、ずっと好事家っぽい扱いになってしまう。いったん江戸論に戻るべきだったんじゃないのかな。たとえば淡島寒月や幸田露伴は江戸に戻りましたよね。石川淳も戻った。

田中 よほど欧米文化の刺激が強くて、その前の日本が霞んでしまったのでしょうか。一挙に武士をやめ、チョンマゲをザンギリにして、刀を放棄したわけですからね。

リアル武士は政策論者

松岡 ここまで、明治の内村鑑三、新渡戸稲造、岡倉天心の書いた三冊の英語の本を入り口に、江戸と明治の隔たり具合や継承具合を見ていくような話がいろいろ展開しました。そのなかで、新渡戸稲造の『武士道』がヴァーチャルな武士を描いていたという話がなかなかおもしろかったので、もう少しつないでおきたい。というのも、『日本問答』では天皇や公家のことを詳しく話しながら、武士についてはあまり扱えなかったので。

田中 そういうことから言うと、江戸時代にサムライ論があったかどうかということを、ぜひ検討してみたい。

松岡 武士道を説いた本なら、大道寺友山もいるし、『葉隠』の山本常朝もいる。武士道とは言わなかったけれど、「士道」や「兵法」というのはずっとありました。武蔵の『五輪書』や柳生宗矩《やぎゅうむねのり》の兵法書のような武術論もある。野口武彦さんが『江戸の兵学思想』(中公文庫)のなかで紹介しているように、そういった本はけっこうありましたが、しかしそれらは新渡戸稲造が「武士道」と呼んだものとは明らかに違ったものでした。

田中　すでに話したように、明治日本というのは、能力を発揮できない藩士たちの苛立ちが創り上げたものです。武士が禄《ろく》をもらいながらも国の政治に参加していないという意識や苛立ちが募っていた。経済的な逼迫によって藩政改革がなかなかできないこと、国全体を覆《おお》う幕府の堅固な体制、とくに参勤交代が徳川家以外にとっては無意味で無駄であることなど、さまざまなことが藩士たちの問題意識のなかで明確になっていたわけです。横井小楠《よこいしょうなん》のように参勤交代に異を唱える人はいても、幕藩体制そのものに対して批判する通路はなかった。こういう状況下に置かれていた武士たちの日常と新渡戸の「武士道」のヴィジョンというものは、どうにも合わないんです。

松岡　武士たちも、理想と現実のギャップを感じていたでしょうね

田中　藩のレベルなら、藩主押し込めという制度があって、もし藩主が無能なら交代もさせることができたけど、やっぱり下級武士の日常とはあまり関係がない制度になってしまっている。そういう状況で、藩校のなかでいろいろな動きが出てくる。学びのなかで自分たちが議論する

ことによって、政治に関与できるような政策をつくろうというふうになってくる。つまり「武に生きる」のが必ずしも武士の生き方ではなく、幕藩体制のなかに位置付けられている人間として、政治に役立つ人間になろうとするんですね。そのためには、いまのような学び方ではだめだ、もっと多くを学んで政策提言をすべきだというふうに考える。

私は、そういった政策論議をしていることが本来の武士のあり方だったろうと思うんです。というのも、江戸時代になってからは幕藩体制によって武士がガバナンスの中心になったわけです。もちろん砲術もやるし剣術もやるし、一応「武」の準備はしている。けれども、重点はそこにあるわけではなかった。むしろガバナンスを担う人間として何を考えていくかを、多くの人たちが、優秀な人であればあるほど意識していたはずです。実際にも、藩政改革も藩の経済政策も農業改革も、すべて藩士がやりとげた。そういうありようと、何かのときに腹を切るというような武士道は、どうにも地平が違うんですよね。

松岡　おそらく、近代化によって武家社会が官僚社会になり、さらに軍人に切り替わったりしたときに、「おまえ、腹切れ」とか「詰め腹切らせるぞ」という言葉で、象徴的な面だけの武士道化が進んでしまったのかもしれない。

田中　喩えとしての武士道ね。

松岡　喩えだけれども、実際に尻尾切りもするし、乃木希典《のぎまれすけ》みたいに日露戦争でのミスを詫びながら「追い腹」を切って殉死しちゃう人も出てくる。だいたい天皇のために腹を切って死ぬということが武士道としても異様ですし、どうも近代日本の組織と個人の責任のありようも含めて、そうとう混乱していたように思いますね。

田中さんがおっしゃった、政策議論のほうがむしろ武士にとってベーシックな活動だったという話は、なるほどそうだったろうと思います。たとえば、熊沢蕃山《くまざわばんざん》です。蕃山は備前の岡山藩の池田光政のお小姓として出仕して、島原の乱に出陣することを申し出て思いとどまらされ、いったん池田家を離れるんだけれど、近江八幡の小川村に行って、中江藤樹に陽明学を学びますよね。それでまた岡山藩に戻って、まだ林家の儒学が君臨しているような時代に、陽明学者として岡山の藩政改革に乗り出した。ぼくは『大学或問《だいがくわくもん》』を読んでみましたが、一から十まで経世済民《けいせいさいみん》の本ですよ。のちに勝海舟が「儒服を着た英雄」と称えた。

田中　蕃山には吉田松陰、藤田東湖、山田方谷《ほうこく》も影響をうけてますね。

松岡　私塾の「花畠教場」を「岡山藩藩学」に仕立て直したのは蕃山でしょう。農民救済措置、治水治山の方途、土砂災害対策も立てている。『大学或問』はとても実践的で、新田開発の問題、参勤交代の問題にはけっこう批判的な意見を述べている。そういう幕政に関する批判もしたから、林羅山や保科正之らに睨まれて、蟄居させられ、岡山藩にもいられなくなるんだけれど、京都で塾を開いたり、豊後《ぶんご》岡の中川久清の招聘で竹田へ招かれて土木指導をしたりしています。当時は土木は「水土」と言っていて、江戸の水土思想は最初は蕃山がつくったはずです。

田中　蕃山は各地にも行っている。吉野とか大和郡山とか下総《しもうさ》の古河とか。

松岡　こういう蕃山のような経世済民にかかわった武士はかなりいたはずです。藩政改革は武士がアジェンダをつくったわけですからね。

田中　横井小楠も福井にいったん移動していますが、藩士としての籍は熊本に残っているんですね。だから問題が起こったときに、熊本藩が藩籍を剝奪するんです。ということは、拠点を置いたままよその藩に移動して、そこの藩政改革コンサルタントをやることができたということですね。平賀源内のように日本中を動くために脱藩してしまうというケースと、脱藩しないで別のところに行くというケースとがあったようですが。いずれにしても政治に思想を通すためにどうするか考えて行動する、というのが武士の真っ当なあり方だとされていたはずです。

このように、サムライを論ずるときに、幕藩体制とは何か、藩とは何かということを踏まえておかないと、サムライとか武士を現実から遊離したかたちでイメージだけでとらえてしまうと、おかしなことになってしまう。イメージでとらえられたサムライ論というのは、やっぱり変だと思うんです。

松岡　そもそも大坂夏の陣で豊臣が亡んで、戦のない元和偃武《げんなえんぶ》の時代が始まったときから、戦闘集団としての武士は必要なくなっていて、徳川幕府の誕生は戦国時代を本気で終わらせたいという大名たちの意図があったわけでしょう。では、戦闘をしない武士が何をしたかといえば、社会をつくったわけです。

田中　私は戦国時代を本当に終わらせたのは参勤交代制度だと思っています。参勤交代がないと内戦状態は終わらなかったと思う。それくらい、参勤交代制度という仕組みの発明はすごかった。

秀吉が朝鮮半島に出兵したことも、結局、内戦状態のなかでどうやって生き抜いていけばいいのかということが前提になっていたんですね。つまり、海外進出をしないと、国内の領地をもうこれ以上与えられないという発想になっていた。そうすると拡大して領地を増やすしかありえない。でもそうやって無理な出兵をした秀吉は失敗し、日本にはそこまで拡大する力がないということがわかってきた。となると、内戦をどうしても終わらせなければ安定した産業国家はできない。終わらせるにはどうしたらいいかというと、参勤交代しかないという結論になるわけですね。

松岡　幕府と諸藩という関係をはっきりさせただけではなく、参勤交代をさせることによって経済力を浪費させる。しかもそれによって江戸が経済センター化して、街道筋もどんどん潤って、ものすごい経済活性化につながった。たいした制度ですよね。

田中　参勤交代は、見立て「朝貢システム」なんです。中国の皇帝は朝貢システムで権力を維持しながら、版図《はんと》を三段階ぐらいに広げているんです。中国国内の地方、遠くのモンゴルなど異民族が住んでいるところ。その向こう側の朝鮮、琉球、マラッカなど外国の冊封国です。さらにその向こうには、版図には入らない日本やその他の諸外国がある。そういうシステムをつくると、侵略戦争は不要になる。経済関係だけで支配できるので、朝貢システムは非常によく機能した。アジアが大きな戦争をしないですんだ一つのやり方だったんですね。徳川家はそのことを知っていますから、このシステムを真似たんだと思います。ただし江戸のあれほどの活性化については、想定外だったと思います。

松岡　想定外だった？

田中　繁栄は結果として起こっちゃったことです。

松岡　なるほど。ドバイをつくろうというような計画ではなかったんだね。

田中　そういう発想はないし、そもそも商人を富まそうという考えはなかった。参勤交代システムは、藩に対して朝貢を求めているだけです。朝貢してくれないと困るので、最初は人質政策をとっています。そのうち有名無実になって、単なる分散居住という感覚になる。

藩のほうから見ると参勤交代によって膨大なお金を使うことになります。年貢で藩を裕福にしようと思っているのに、そのかなりの部分が参勤交代で出て行ってしまう。最初はしようがないと思っていても、しだいにこれは困ったことだと思うようになる。だから熊沢蕃山は参勤交代に反対するし、安藤昌益などはサムライ無用論を言い出すんですね。

幕藩体制の仕組みと矛盾

田中 藩の体制をつくっておくために、サムライは農村に住まずに都市に集住します。農業をしない、つまり消費するだけの人たちです。こんな消費するだけの人たちがいていいんだろうか、すべての人が生産者になるべきだというのが安藤昌益です。「サムライ」って何なのかという疑問がサムライたちのなかから出てくるわけですね。

松岡 消費するだけの都市は治世しにくい。その総本山である幕府には、旗本や御家人といったお抱え衆もいた。徳川幕府は人件費をちょっとかけすぎたんですか。

田中　人数が多すぎるんです。旗本は一八世紀中に五〇〇〇人強、御家人は二万人弱いました。戦いが起こった有事にどのくらい兵力が必要かを考えて、抱えるからです。直参《じきさん》総人数に陪臣数を加算すれば、いわゆる「旗本八万騎」という数になる。

松岡　一都市が八万人の傭兵を抱えているようなものだ。

田中　江戸には家老・用人・給人、近習・中小姓、徒士《かち》・足軽・中間《ちゅうげん》などがいて、知行所には代官、徒士・足軽・中間などがいました。江戸の徒士組は牛込あたりに集住しています。江戸文化の中心人物ともいえる大田南畝《おおたなんぽ》は徒士組でした。そういう人たちを抱えているということは、実際には戦争は起こらないのに、末端の兵士たちにまで給料を払いつづけていることになる。結果的には江戸文化はその余剰力で生まれたわけですが、つまりは江戸詰めの藩士を含めて、サムライはみんな「待機状態」と言っていいでしょうね。

ちなみに、現在の国会議員は七〇〇人強ですが、防衛省の事務官、書記官、自衛官の総定数まで含めると約二七万人で、それらを含む国家公務員の総数は約五八万人です。人口で割って比較してみると、江戸時代は一四万五〇〇〇人ぐらいいてもよいことになるので、そうやってみると、幕府家臣の八万人は決して多くないと言えるかもしれない。

松岡　そうか、そんなもんなんだ。幕府は諸藩に対してけっこう人事介入もしていますよね。

配置転換もしょっちゅうやる。会津にいた藩主が四国に行ったり、福井に行ったり、いろいろ司が変わったりもする。なぜ幕府があんなに藩の人事を動かすんですか。

田中　やはり支配力を強めようとしていたのでしょう。内閣人事局みたいに。口を出す必要がないのに口を出すための機関をつくっておいて、「いつでもやるぞ」と圧力を感じさせる。そういう方策です。ただし、領民のほうがそれに反対するということはあります。うちの殿様がよそに行っては困るとかいうふうに。

松岡　それが結局、幕末になって会津藩主が京都守護職に回されていくことによって新撰組を配下に置くことになり、その後の戊辰《ぼしん》戦争、奥羽越列藩同盟、会津総攻撃といった悲劇にまでいくわけでしょう。だいたいあのタイミングで、御所を守るなんて絶妙な仕事ですよ。それを会津の殿様が幕府の命を受けて京都に行くわけですからね。

田中　あのときは幕府はそうとう困っていたはずなので、慎重に人を選んでいますね。会津藩主の松平容保《かたもり》は当時まだ二〇代ですが、そうとうな人物です。過激浪士がどんな行動をしても「言路洞開《げんろどうかい》」と言って、意見を聞くことで活路を見出そうとした。

それとは別に、藩のなかが割れている事例もあったと思う。平賀源内の事件では、秋田藩の派閥争いを感じます。事件というのは、一七七九(安永八)年に平賀源内が人を殺傷して逮捕された事件です。相手は秋田屋久五郎という米屋と、勘定奉行松本伊豆守十郎兵衛の用人です。源内は判決も出ないままに約一カ月後、小伝馬町の牢で死にました。理由は諸説ありますが、証拠も文献もなく、闇に葬られます。さらなる謎は、殺傷事件の直前、秋田藩士の小田野直武に蟄居命令が出て、江戸から急遽、秋田に返され、源内が牢死した五カ月後に角館《かくのだて》で亡くなったことです。どうも田沼意次政権をめぐって、秋田藩が割れていたのではないか、と私は考えています。田沼との関係を密にするために小田野直武は江戸に行かされた可能性があり、しかし田沼と源内が共有していた方針に対立する派閥があったのでしょう。

松岡　秋田はそこそこ資源が豊かだったからね。

田中　山も海も田畑もね。それに秋田藩というのはオランダ東インド会社との決済に使う銅山をかかえているので、かなり複雑な事情があったんです。そのため幕府の老中である田沼意次とつながろうとする派と、守旧派というのか、藩のなかを安定させようとする派とに分かれていた。

そういう二つの派に割れているというようなことは、どこの藩でもあっただろうと想像できます。幕府は常にその情報を収集していたのでしょう。田沼意次は幕府主導の開国に動き始め、幕藩体制のなかでは支持されそうもないような人ですが、そういう人が老中になっているわけですね。そして結局失脚させられる。そのあとは、開国ということが現実問題として念頭に置かれるようになったはずで、それに対してどう動くかということを、藩のほうでも常にどこかで考えているし、そういう動きに大きな藩は関与もしていたでしょう。

松岡　TPPをやるかやらないかみたいなことを、藩のほうもしょっちゅう考えているということですね。

田中　松平定信は開国しない派ですが、北海道調査を継続させる。外が動き始めているわけですから、何もしないわけにはいかなかった。そのように、日本の外からいろいろなものが向かって来る。ロシア船が来て、イギリス船が来る。そういうところに、薩摩藩のようなところは、深く関与したがる。ようするに知識と経済力と政策能力がある藩ですね。

江戸時代体制になってから一五〇年ぐらいたつと、藩校もでき、教育にも力を入れるようになった。子どもの頃から朱子学の教育を受けている人たちが大人になっていく。こういう人たちが外の状態を見ながら、このままでいいんだろうかと思い始める。もちろん参勤交代も含めて幕藩体制にも疑問を抱く。武士は何のためにいるのかということも考え始める。そういう藩士たちは幕末になって急に出てきたわけではなく、おそらく江戸中期には育ってきていたと思います。

平賀源内には幕府に対してどうこうしたいという政治的なものはないんだけれども、自分の才能で国を動かせると考えて藩を飛び出してしまう。ああいう藩士たちが出てくるということは、何かがすでに起き始めているんですよ。

松岡　越前とか水戸とかも早くそういうことに気がつくし、薩摩はかなり前から気がついていたでしょうね。藩政改革は幕政改革につながるべきだというような発想が、宝暦、天明のころには出始めていたでしょうね。

田中　それには、中国のグローバルスタンダードだけでは無理だという感覚もどこかから出てきていたと思います。

武士と農民と被差別民

松岡　各藩は、ずっと競い合っていたんですか。

田中　競い合ってますね。ただ不思議なこともあって、たとえば農産物の種を移動させてはいけないとか言っているけれども、現実には移動させている。農書が刊行されて広く読まれているから、産業秘密なんてないような状態になっているんです。情報交換も江戸に行けばできてしまうから、競い合っていると言っても企業秘密なしの状態で競い合っている。ほかの藩がやっていることを見習おうともするし、他藩からコンサルにも来てもらう。見習おうとしても、それぞれ風も土も違うから、そう簡単にはいかないということもあったのでしょう。

松岡 藩という単位は武家社会における地方自治の単位だったわけですが、われわれが今日、会社とかコミュニティとか家族とか言っているものとは別のものですよね。

田中 藩というのは、自治権を持ち、藩札発行権も持ち、人事権も持ち、経済は独立していますから、やっぱり一種の自治体です。ただし、現在の地方自治体のように国からの交付金のようなものは受けられませんので、自分で何とかするしかない。何とかできなくなったときには、お取りつぶしがやってくる。

松岡 各藩のなかの民たちの現実がどうだったかということも見ておきたいんですが、田中さんは白土三平の『カムイ伝』を大学の講義に使われましたよね。それを『カムイ伝講義』(小学館)という本にもまとめておられる。なかなかおもしろかった。『カムイ伝』は日置藩という仮の藩を舞台にした物語ですが、藩の内情をかなり浮き彫りにしつつ、農業の新しい道具類の発明や、新しい生産物の開発など、当時の技術革命についてもそうとう微細に、かつ批判的に描いていますよね。

田中　『カムイ伝』(正伝)には主人公が三人いて、これが非常に象徴的なんです。武士と農民と被差別民なんですね。商人はめったに出てこない。

松岡　そうでしたっけ。変な人が出てきたような気がするけれども。

田中　商人は、変なふうにしか出てこない(笑)。

松岡　時代ドラマによくある廻船問屋みたいな悪徳商人ね。

田中　そうです。商人は、だいたい悪人として出てくる。武士と農民と被差別民が日本をつくっているんだという日本観が白土さんのなかにあったんでしょうね。それはマルクス主義的であると同時に、きわめて儒教的な発想だと思います。私自身はそれについては少し疑問に思うんですが、江戸時代の初期は確かにそういう面があった。

『カムイ伝』は江戸の初期から熊沢蕃山が出てくる一六〇〇年代なかばまでの時代を描いた物語なんですが、そのころはまだ、商人のことは存在していても存在していないふりをするという状態がシステムとして成り立っていた。でも、現実には商人がいないと動かない社会にすでになっていたわけです。そんななかでとても大事だったのは農業改革です。だから、正助という一人の青年のところに日本の農業改革のすべてが集まってくるかのように描かれる。実際にはもっといろいろな人がいたはずで、それを一人の人物に象徴させて描いたわけですが、そういう農業改革の時代なのだということははっきりと描かれています。

「農業」といっても、いわゆる士農工商の農業だけではなくて、漁業、林業、狩猟などすべて出てきます。とくに漁業の範囲がそうとう広い。これは白土さん自身、たいへん興味をもっていたようです。「漁業というものは一攫千金を狙うものだ」というふうに描かれている。実際、漁業のなかでのいろいろな創意工夫が日本の経済を動かしていました。たとえば九十九里浜の鰯漁《いわしりょう》が出てきますし、鰯漁が綿花栽培とつながっていくということも、鰯を肥料にするために干鰯《ほしか》に仕上げる方法も描かれます。綿花の栽培がどのように営まれていたのかがよくわかる。そのほかにも、新しい産業を興していくとはどういうことか、唐箕《とうみ》という米の脱穀機の発明や、麦や米の千歯こきの発明、里山のキノコの収穫など、ありとあらゆることが出てくる。

松岡　藩のなかの自治経済のあり方が『カムイ伝』にすべて出ている。大規模な森林の伐採と、その結果として起こった洪水のことなども出てきます。

田中　当時の産業の基本はすべて押さえているというぐらい出てますね。マタギが出てくるので山の生活もわかる。非常にきめこまかく産業構造を見ていて、それが藩による年貢徴収とどうつながっていくかも描かれる。たとえば、村名主(庄屋)という存在がいて、彼らはつねに藩と農民のあいだに立っている。藩や天領が過剰な年貢を押し付けてきたときには、この村名主

白土三平『カムイ伝 ⑨銀札くずれの巻』より（Ⓒ白土三平，岡本鉄二／小学館）

が自分たちの責任で、それこそ腹を切ってもいいくらいのつもりで、下に白装束を着て交渉に出かけていくわけです。こういった自治の仕組みも非常によく描かれている。

松岡　『カムイ伝』がマルクス主義的価値観で描かれているという話ですが、なるほど言われてみれば、年貢を吸い上げるだけのサムライたちの存在が問題提起されているようにも読めますね。実際には武士と農民たちは、どういう関係にあったんですか。

田中　武士というのは、村の自治にはかかわらない人たちです。藩士というのは藩の役人であって村の役人ではないし、城下に暮らしている。そこから藩士が村にわざわざ出かけていくということはほとんどない。村は村で自立してやっていました。武士が村に行くとしたら、視察や改良工事や技術指導のときくらいです。

ちなみに『カムイ伝』では三人の主人公の一人は武士の草加竜之進ですから、村の話とは別に武家社会の物語も語られています。竜之進は家をつぶされて被差別社会に暮らし、農家の手伝いもするようになって、「百姓が作り武士がうばう……。武士はいったいなんのためにあるのだ…」という疑問をもつようになるわけですね(前頁図版)。

明末清初と徳川幕府

松岡　日置藩のような事情が全国各地に大なり小なりあっただろうと思いますが、共通しているのは「海禁」(鎖国)とキリシタン禁制のせいで、ほとんど海外との交流がないということです。ときどき房総や越後に漂流外国人が流されてくるという程度ですか。地方の藩士たちは、当時の世界情勢のことなどは、どれくらいわかっていたんでしょうか。

田中　ヨーロッパの動きはけっこう見えてきていたと思います。とくに北ヨーロッパの動きもイギリスの影も見えていた。なぜかというと、日本にやってくるオランダ東インド会社の船にはオランダ人だけが乗っているわけじゃないんです。ドイツ人が乗ったり、イギリス人が乗ったりしているわけですね。そういうところから、ヨーロッパの動きというのが情報として入ってきている。実際にも文物がそうとう入ってきています。博物書なども、アムステルダムで刊行された書物が中心になって入ってきています。それから、ヨーロッパ情勢を綴った「オランダ風説書《ふうせつがき》」が入ってきますよね。そこから、ナポレオンの動きなども、あとからですが、知っていましたし、当然フランス革命も知っていた。

松岡　諸藩にいる藩士たちも、そういうものを学習していたんですか。

田中　地方の藩の藩士でも江戸に遊学しますし、江戸や大坂の幕臣やその周辺の藩士が長崎に遊学するという流動化も起こってくる。学ぶことの流動化によって、知識もそうとう入っていたでしょうね。

松岡　おまけに、それまでグローバルスタンダードだと見えていた明王朝が倒れて清王朝に変わる。中国が漢民族の国ではなくノンチャイニーズ、つまり満州民族の国に変わってしまう。そのせいで、漢民族の最高の知識人である朱舜水《しゅしゅんすい》のような人も、日本に流れてくる。

田中　朱舜水は、一六四四年に明が崩壊して、日本に援護を求めながら、明朝復興を鄭成功らと画策していたのだけれど叶わず、日本に亡命しました。

松岡　何度か来ようとして、六〇歳くらいになっていたでしょう。でも安東省菴《せいあん》のように、柳川藩から長崎に遊学した気骨の人物が朱舜水に師事したのが日本にとっては大きかった。その英明な歴史観の噂を聞いて、水戸の徳川光圀《みつくに》もぜひ学びたいと思って彰考館《しょうこうかん》に招くことになって、それから八〇歳くらいまで日本の歴史観づくりに示唆を与えつづけた。『朱舜水先生文集』って二八巻もある。

田中　一六五九(万治二)年には帰化しています。『大日本史』は朱舜水の影響が大きいですね。

松岡　賓師《ひんし》として迎えられた。ラーメンを最初に日本人に食べさせたのも朱舜水だったらしい(笑)。それはともかく、前期水戸学の安積澹泊《あさかたんぱく》や、栗山潜鋒《せんぽう》、三宅観瀾《みやけかんらん》あたりが、みんな朱舜水の王朝史観をヒントにしたということが大きい。彰考館は日本の歴史が南朝と北朝に割れたところをどう説明すべきか迷っていましたからね。光圀は水戸黄門などとして戯画化されているけれど、日本という国のレジティマシー(正統性)をどう見るかということを真剣に考えていた。そこは漢民族の王朝としての明室をなんとか再興しようとしていた朱舜水の見方が、おおいに参考になったはずです。

田中　近松の『国性爺合戦《こくせんやかっせん》』も、そのことを背景にした作品でした。

松岡　あれもまたすばらしいね。歌舞伎化された芝居もいいけれど人形浄瑠璃はもっといい。よくぞ鄭成功《ていせいこう》をモデルに作品を書いたと思う。歌舞伎ファンには和藤内《わとうない》として知られる。

田中　いまは歌舞伎でも文楽でも二段目と三段目がよく上演されますが、あれは通し狂言じゃなきゃ全貌が伝わらない。

松岡　二段目の杵勝（二世杵屋勝三郎）の「千里が竹」を聴かせたいのと、三段目の「紅流し」で泣かせたいんで、そこばっかりやる（笑）。ぼくは最初に歌右衛門（六世）の「紅流し」を観ましたが、やっぱりうつときた（笑）。でもそれだけではもったいない。近松の東アジアをまたぐ構想に痺《しび》れるべきです。

田中　そう、そこです。江戸日本は東アジアをどう考えていたか、そこが大事なんです。とくに明から清に変わっていく動向をどう見ていたか。

松岡　明末清初。大事だね。

田中　そこを少しまとめると、明朝が滅んだのが一六四四年ですね。これは正保元年で、将軍は家光の後半です。それで鄭成功は台湾へ、朱舜水は日本へ脱出した。しかしその前の一六一六年にすでに満州女真族のヌルハチ（太祖）が明から独立して後金をつくり、一六三六年にその後金のホンタイジ（太宗）が国号を「清」にしていた。このときホンタイジは李氏朝鮮を服属させますが、明の王室はまだ継続している。

この一六一六（元和二）年から一六三六（寛永一三）年をへて一六四四（正保元）年におよぶ期間と

いうのは、将軍でいえば秀忠から家光の時代で、武家諸法度や公家諸法度が発令されて徳川政権の基盤が確立し、二度にわたる海禁令（鎖国令）が出されて、東アジアからの自立をかため、ヨーロッパとの関係をいよいよ整理しようとしている時期です。一六三七（寛永一四）年に島原の乱が起きてキリシタンの波及に警戒し、ポルトガル人の居住と来航を禁止して、オランダの商館を平戸や出島に移している。

そういう時期に中国のほうでは、農民反乱運動のリーダーだった李自成《りじせい》の勢力が増してきて、北京に進軍するという事態が起こります。これで情勢がかなりややこしくなった。明室の残党、清の台頭、そこに李自成。さらに呉三桂《ごさんけい》という明軍のリーダーが清と組むということも起こった。

結局、北京に入って明を滅ぼしたのは李自成になるのですが、でもすぐに清に滅ぼされます。こうした複雑な動向のなか、朱舜水が日本に落ちのびてきて、近松が平戸で明室の将軍だった鄭芝龍《ていしりゅう》と日本人女性とのあいだに生まれた鄭成功＝和藤内を主人公に仕立てた戯曲を書くわけです。

松岡　秀吉は明に対抗しようとして大失敗し、家光は明の滅亡と清の確立を見て、東アジア対策を変えたということです。

田中　大きな指針変更だった。

松岡　後金や清の登場、つまり満州族の登場をどう見るかというのは、ちょっと難しかったろうね。康熙帝《こうきてい》の即位が一六六一年で、家綱の寛文元年だから、日本はそろそろ山鹿素行の『聖教要録』が編纂され、金平《きんぴら》浄瑠璃の流行とか、まさに光圀の『大日本史』の編纂が始まったころで、いろいろヒントがほしかったでしょう。だから朱舜水も招いた。

田中　ただ満州民族には漢民族への基本的な敬意はあったので、清になっても明の知識や技術は受け継ぐんですね。だから清王朝時代になっても、日本への影響は継続的なもので、そういう意味ではそんなに清を恐れる必要はないということも徐々にはわかってきているはずです。中国船もけっこう出入りしています。

松岡　なるほど、そういう東アジアの安定的な環境のなかで、家綱が亡くなり、綱吉時代になるんだけど、ここで元禄文化も花開いた。

田中　日本は国内に目を向けたんですね。

松岡　清も雍正帝《ようせいてい》から乾隆帝《けんりゅうてい》へというふうに、大きく政治文化を安定させますからね。そんななか、日本の各藩の知識人たる藩士たちも新しい知に目覚めていく。これはやっぱり武士道が理想とする武士の姿というよりも、もっと新しい日本人の登場といってもいいような人たちですね。ぼくは綱吉が亡くなって家宣《いえのぶ》の側用人の間部詮房《まなべあきふさ》が登用した新井白石あたりで、かなり新しい知識人のモデルが萌芽したように思うんです。

田中　新井白石は新知識人の代表的な人物ですね。歴史観もあるし、海外の事情にも明るく、積極的に外国人から聞こうとする。自伝の『折たく柴の記』も本当に名著です。ただの記録なのに、知的な文章です。

松岡　日本人はもっと新井白石を自慢したほうがいい。正徳の治の施策もさることながら、モンテーニュやヴィーコに匹敵する知性がすばらしい。青年期は中江藤樹を読んでますね。でも一介の旗本だったんだよね。

田中　無役の旗本でした。もともとは上総の藩主の土屋利直に仕えて、そのあと大老の堀田正俊に仕えたんだけど、正俊が暗殺されますよね。このときから浪人をしていろいろ学問に打ち込んだようですね。そのあと木下順庵の門に入った。

松岡　それがよかった。順庵の門には雨森芳洲《あめのもりほうしゅう》、室鳩巣《むろきゅうそう》、祇園南海《ぎおんなんかい》など、ずらり逸材が揃っていたからね。若い時代はいろいろ不運もあったけど、だんだん実質を稔らせていった。大器晩成型ですね。

田中　白石は一七〇三(元禄一六)年の元禄地震を体験しているでしょう。それも大きかったと思う。元禄地震というのは関東大震災と同じ「相模トラフ巨大地震」で、一七〇七(宝永四)年、富士山も噴火しました。その記録が書かれている。ああいう有事の際に何を最初にするのかというと、家族を外に避難させて安否を確認してから、自分を雇っている主家にまず駆けつけるということをする。そこに至る道で見たこと聞いたことを記録する。そういう行動を見ていると、当時の武士たちが何を優先していたか、とてもよくわかる。今は会社に駆け付けたりはしないと思います。

松岡　「御用」とは何かを見極めていた。

田中　そうね、本末《ほんまつ》を心得る。

サムライの気持ち

松岡　さて、そうした歴史の動向が如実にあったにもかかわらず、われわれは「サムライとは何か」ということについて、あまり適確な回答を持たないままきたわけです。明治の近代化のときに、「雄藩《ゆうはん》」とは言うものの実情は薩長土肥みたいな外様の下級藩士が官僚になっていった。だからやっぱりサムライとは何かということが明らかにならないままだった。そこで新渡戸や内村は、そういうものを国際的基準に通用するかたちでとり出して見せようとしたんでしょうね。サムライとは何かの答えがなかったというのは、この「江戸問答」の対談の骨格になる話題ですね。

田中 結局、サムライという人たちは、ひょっとすると「自分はなぜここにいるのかがわからないと」いう、その感覚をかかえたまま生きていた人たちと言えるんじゃないかしら。

松岡 ほう。だとしたら、かなり変な国だね(笑)。

田中 たとえば、生産はしなくても出仕をしているから給料はもらえる。でも、このお給料は親がもらっていたものを自分ももらっているだけだし、それをまた自分の息子に渡していくだけ。自分が何の役に立っているのかというと、政治に参加させてもらえないし、生活は苦しいし、にもかかわらず体面をちゃんと保てと言われる。これでは自分は何のためにここにいるのかと思わずにいられないですよ。抽象的な「サムライって何?」という疑問ではなく、実は「私って何?」みたいなことをかかえていたのではないか。

松岡 なるほど、そういう感じなんだ。それって日本のビジネスマンが「私って何?」と思っているのにほぼ近いね。近代以降の個人主義からきているような疑問とは同じであるはずがないのに、幕藩体制はそういうものを醸し出してしまっていたということなのかな。

田中　たしかにいまのビジネスマンの悩みとよく似ているかもしれない。

松岡　その一方で、儒教的な倫理とか行儀とか禁欲とか、それから戦いの時の勇気とかは持ち続けないといけない。自己の存在が不明なままなのに、そこに武士道というキラキラした理想を載せ続けないといけない。そういうあり方も、どこかいまのビジネスマンぽい。

田中　めざすべきものはあっても、本当に自分は何かをめざしていいんだろうか、それは大切なのだろうか、そこもよくわからないわけですね。

松岡　山本周五郎や藤沢周平が描く時代小説のサムライに近いね。周五郎の実家は武田の遺臣だったし。伊達騒動の原田甲斐《かい》を描いた『樅《もみ》ノ木は残った』や由井正雪《ゆいしょうせつ》の顚末を描いた『正雪記』なども、まったく英雄的ではなく、淡々たる日々の重圧を描いている。『ながい坂』も一藩の一人の武士の話だけれど、どこか案じているものが伝わってきましたね。藤沢のものでは、映画になった『たそがれ清兵衛』『蟬しぐれ』『武士の一分』(原作タイトル『盲目剣谺返し』)もそういうサムライたちばかりです。何に報われるか、なかなかはっきりしない話です。

そういう話をふまえると、『葉隠』の読み方も変わりそうな気がする。『葉隠』といえば、「武士道とは死ぬことと見つけたり」とか「忍ぶ恋」のところばかりが注目されているけれど、読みようによっては、ひたすら身を奉り置いて、藩主に恋をするように思慕しろ、すべてを捧げろと言っているようにも受け取れる。これはひょっとして、ちょうどいまのようなことが顕在化し始めた時代に、著者である鍋島藩士の山本常朝が、自分の実存にいろいろ悩んだ末に、いわば存在学として書き残そうとしたのかなという気がしてくる。しかも、常朝は藩主の御側《おそば》役《やく》をずっと勤めていた人でしょう。

田中　武士の心得として、驚くべきことに衆道《しゅどう》(男色)のことも懇切丁寧に説いています。「情《なさけ》は一生一人のもの也」というふうに。つまり浮気をするような輩は「武士の恥」なのです。「念友のなき前髪は縁夫をもたぬ女にひとし」という西鶴の言葉を引用しながら、「念友は五年程試して志を見届け」るべきで、「命を擲《なげう》って五年はまれば、叶わぬということなし」と書く。前髪は元服前の一六歳より若い少年のことで、その時期に男の恋人がいないのは、結婚できない女と同じくらいみじめ、ということです。五年付き合ってようやく一生の恋人になれるということですね。これって結婚より絆が深く、別の恋人ができたらたいへんで、別れることができない、かなり不自由な関係です。「忠」に似ている。

松岡　そうそう。だから「忍ぶ恋」は決して観念の恋ではない。ここにはどうも、サムライ・ジャパンそのもの、「ますらおぶり」の虚実皮膜というものも感じるね。でもこういうものが、明治以降はどこかで天皇制と結びついてしまうわけでしょう。「奉り置きたるこの身」を天皇に向けてしまって、天皇に対する思慕にすり替えられていってしまった。

田中　本来は主君に対して抱くべきは、「忠」のはずですよね。「忠」というのは儒教のなかの観念の一つですから、それはそれとしてあってしかるべきだと思いますが、「忠」は恋のことではないし、まして衆道やエロスとは結び付かない。それをそうやって置き換えてしまうというやり方は、あきらかに思考を抜き去る、そのことを考えさせないということでしょうね。

松岡　日本の男たちの「ますらおぶり」の実情がそうとうひどいものに思えてきた（笑）。

田中　「武士道」や『葉隠』を持ち上げすぎると、日本の男性論がちっとも深まらないということですよ。

松岡　だからといって、ヨーロッパのダンディズムとか軍人論とかのすべてがすぐれているわけでも、深いわけでもないんだけど、日本は「武士道」に代わるものをずっとつくれないままきてしまったのが、ちょっと情けないね。むしろ何かあるといまだに武士道やサムライ・ジャパンを礼賛したがる。これは男性としてちょっと申し訳ない感じがしてきますね。日本の「ますらお」の官能性もせいぜいそこどまりなのかと思うと、残念だしね（笑）。

田中　武士のなかで「忠」と「恋」やエロスが一緒になってしまい、それが権力構造にも組み込まれ、対等ではない上下関係のなかで保たれていく。権力関係を維持するために、エロスが使われた。そういうものがいまの日本のどこかにも潜んでいるかもしれない。

松岡　企業社会にはだいぶん薄れてきたような気もするけれど、スポーツ界や芸道ではどうだろうね。

4

いき問答

イッセイミヤケの「HARU」シリーズは，江戸の春画のユーモアとエロスを現代のモードにしてみせた（HOMME PLISSÉ ISSEY MIYAKE “Haru Series”, 2015. Photo: Charles Negre）

日本人のエロス

松岡　武士道のあやしさを話しているうちに、いささか別のあやしい話になっていったんだけど(笑)、この「江戸問答」ではエロスの話を少し深めておくことも必要だよねと、事前の打ち合わせでは出ていましたね。いままであまりにもそういう議論がされてこなかったから。田中さんは江戸春画の本も書いてこられた。

田中　エロスのことは、日本の根幹に近付くには欠かせません。私はずっとそう思ってきた。

松岡　どこから話せばいいかな。アメノウズメのような神話レベルの話もあれば、王朝の「色好み」だって大事な日本的なエロスです。折口信夫はそこがわからないと「もののあはれ」はわからないと言った。「色好み」と「もののあはれ」はデュアルだと言うわけだけれど、その通りだと思う。

田中　そう、デュアルです。表裏一体になっている。そうした貴族的なエロティシズムを、しかも紫式部のような女性が表現したというところが、ちょっと海外の例とは異なるところです。

松岡　『源氏』は一一世紀のものだけれど、ヨーロッパ文芸で『ロランの歌』や『トリスタンとイゾルデ』や『アベラールとエロイーズ』などができあがるのはそのあとのことだし、しかも一人の女性が書いたなどということは前代未聞です。ただヨーロッパにはギリシア・ローマの神話的エロスが溢《あふ》れていたので、ずうっとヴィーナス信仰やエロス信仰やアフロディテ信仰が波打っていた。

田中　それも一言でいってしまえば、男性の知性や欲望が描いた美意識や女性像ですね。

松岡　しかもあらわされてきたもの、主張されてきたものは、だいたいは豊満なエロスだよね。アガペーとエロスが競ってもいた。一方、日本のエロスはどうだったかというと、平均像がありません。開けっぴろげか、秘めていくか、その両端が目立っている。ごくごくおおざっぱにいえば、縄文や神話は開けっぴろげで、『源氏』に代表される公家貴族文化は秘め事を好みます。

しかし、ここで大きな変化が起こる。末法観の拡大、武家の抬頭、連歌の流行、禅林の出現などが重なってきて、新しい価値観が求められてくるんですね。次の中世の日本的なエロスには、たとえば連歌師の心敬《しんけい》の「氷ばかり艶《えん》なるものはなし」というような凍てついた感覚や、世阿弥の「蘭《た》けたるもの」という極まった美意識が出現しました。また白拍子に代表されるような「男振り」もありました。これらも重要です。
田中 総じては無常観につらなるものですね。そのへんもヨーロッパには少ないでしょう。
松岡 ペシミズムとエロスが結び付くのは、あまりないね。ショーペンハウエルのミットライト・ペシミズムはドイツ観念論が出てきてからだからね。中世やルネサンスには、そういうものはない。美意識もエロスもヨーロッパでは肯定の哲学ですよ。日本のような「引き算」や「少なめ」からは出てこない。
田中 中国も執拗で豊饒です。それも艶笑譚が多い。それが結局は『金瓶梅《きんぺいばい》』などにまとまるんですが、あれは明代ですから。
松岡 中世・戦国時代がすぎて近世に入ると、江戸文化の色っぽいものといえば、やっぱり浮世絵とか春画ということになります。もうひとつは『稚児草子《ちごぞうし》』などから始まる衆道《しゅどう》、すなわち男色です。
田中 私が江戸の春画を見ていて非常に驚くのは、うしろ暗さがまったくないことです。
松岡 うしろ暗さも「うしろめたさ」も、ないねえ。
田中 それってエロスなのかなと思ってしまうくらいに開けっぴろげなんですよね。たとえば歌麿が春画を描いているもののなかに、山東京伝が性交をしている場面を描いたものがあります。相手の女性は実名を出したりもするんだけれども、スキャンダルにもならない(笑)。

松岡　色情を誘うものではあったわけだよね?

田中　もちろん「どぎまぎ」させたり、「ぞくぞく」させたりするものではあるんだけれど、それだけなら髪形や背景や着物の細部をあんなに描き込まなくてもいいんです。

松岡　たんなるポルノではない。

田中　たんに「あからさま」にするわけじゃないんです。浮世絵や春画では変化が重要なんです。そもそも色好みの「色」の対象は、常に音曲とか歌にも乗って、変化していくんです。たとえば、近世では三味線が「色」の対象になった。そうなるともはや琴や琵琶は「色」の対象にはならない。でも、かつては琴も「色」の対象だった。

このように、その時代ごとに何らかのエロスを喚起する音というものがあって、それが「みだりに」心を乱すという意味で「淫《いん》した」と言われる。まさに三味線の音は「淫声」と呼ばれました。どこか新しい、いままでない音によって、自分のなかで伏せられていた何らかの感覚が刺激されて、それが出てきてしまうからです。それで誘われ、混乱させられる。日本のエロスではそういうものが重要な要素になっていたと思う。

松岡　いわば「伏せられたもの」が開いていくわけです。たとえば男装した出雲阿国《いずものおくに》の踊りが色っぽいと言われて評判になりましたね。あれは男装によって伏せられたものが、ちらちらと裾から覗くから色っぽくなる。それが評判になって妖しくなりすぎると、幕府がすかさず禁止して、男ばかりの野郎歌舞伎になる。では野郎歌舞伎になったらエロスはなくなるのかといえば、今度は男が女を演じる「女形」が出てくる。「女形」は女性以上にもっと独特な色気をつくりあげる。それと同じように、「淫声」と呼ばれた三味線音楽が、豊後節《ぶんごぶし》から越中節、常磐津《ときわづ》、さらに清元、新内《しんない》まで進んで、色っぽさをどんどん切り替えていきましたね。そういう変化とスピードが江戸の色っぽさにあった。

田中　どこかに新しい要素がないとエロスにならないから、どんどん切り替えていくしかないんですね。三味線が淫声でありつづけるためには、仕組みとして変わりつづけるしかない。

松岡　三味線では「替り手」と言いますね。メロディ・ラインも弾き方も変わっていけた。こういう変わり目を、日本人はおもしろがったんです。変化や変身が好きなんだと思う。コスプレですよ。ちなみに「かぶきおどり」の出雲阿国が男装して踊ったのはなぜなんですか。白拍子《しらびょうし》以来の継承かな。

田中　阿国の場合には女性が男装して、男性が女装するというように、男女が入れ替わるんですね。阿国歌舞伎は、この両方が組み合わさっているというところに意味があった。しかも阿国は舞台に上がる前に客席にいて、そこから名古屋山三《なごやさんざ》の亡霊があらわれるかのごとく、男装のまま舞台に上がる。そうすると、そこに出現するのは男装の女性というよりも、あの世からあらわれてきた面影のような男の存在なんです。

松岡　そうか。むしろ能の橋懸《はしがか》りの向こうから来るヴァーチャルな存在に近いんですね。ヴァーチャル・エロスなんだ。

田中　能の構造を使っていると思いますね。だから構造としてはとくに新しくはないけれども、人間でないものの存在の持っている妖しさを、使おうとしたんだと思います。

現実ばなれする色っぽさ

松岡　日本のエロスでは、「あやかし」とか変化《へんげ》するものがそうとう使われていますね。のちに泉鏡花が『黒猫』や『照葉狂言《てりはきょうげん》』『歌行燈《うたあんどん》』や『化銀杏《ばけいちょう》』で描いたようなものですが、そういう「あやかし」が出雲阿国だけではなくて白拍子にもあったし、今様《いまよう》の歌にもあったし、吉原にもあった。女性が何か別の者になるということは、男性が想像力のなかでつくり上げているエロスになっているのかもしれません。女性はどういうつもりだったかはわからないけれども、男性はそれにはやっぱり惹かれます(笑)。

田中　傾城《けいせい》と地おんな」という西鶴の女性論があるんですが、これが非常に象徴的なんです。「地おんな」というのは普通の人のことで、まさに現実生活を生きている土地と密接なかかわりのある女です。それに対して「傾城」というのは、色好みの対象である女性で、その条件は地面(現実)から離れているということなんです。これが浮世の「浮く」という感覚です。「浮世」は浮世絵という言葉があるように、イメージのなかの花鳥風月に対する現実の世の中のことです。これは「雅俗」の「俗」ですね。

しかし「浮く」はもう一方で、地面から浮いている世界のことでもある。「浮気」という言葉も、現実を重視しないあいだがらのことで、かつては恋愛結婚のことを「浮気な結婚」と呼んでいました。同じように、傾城は現実から浮いている、現実的でない女だから、吉原遊郭の場合にはみんな「源氏名」を使うわけです。つまり自分の現実の名前は使わない。

松岡　なるほど。それはよくわかる。この世を浮世とみなすことが、エロスなんでしょう。

田中　岡場所では幕府の規制があって、源氏名を使っちゃいけません、自分の名前で出てくださいとなっている。なぜ源氏名を使ってはいけないのかといえば、そこではあなた方は料理屋をやっているだけでしょう、飲み屋をやっているだけでしょう、という理屈なんです。そういう人たちは地上から浮いていてはいけない。現実世界で働いてくださいと言っているのと同じなんですね。でも遊郭は、そういう現実とは完全に離れた特別な世界です。本当にそこに存在するのか存在しないのか、よくわからないような女たちがそこにいる。廓《くるわ》言葉も、現実には存在しない言葉です。

松岡　「現実ばなれ」というのは、日本のエロスのある本質を衝いていますね。「くるわ」は曲輪とも綴りますが、まさにくねくねとした非現実だ。

田中　ようするに遊仙窟《ゆうせんくつ》(唐代の小説)です。

松岡　中国的な遊仙窟にもなっているし、さらに中国から離れた日本化が起こって、紅柄格子《ベンガラごうし》とお座敷と障子の遊仙窟以上の色っぽいものになっている。色好みという『源氏』以来の、まさにそれを「源氏名」と呼びたくなるような、あの独特の感覚もある。浮舟とか若紫がちらちらしているみたいに。遊郭に遊びにきた者たちにも、なるほど浮世というのはこれだったかと思わせる。

田中　歌舞伎の世界もそうですね。阿国はまさに浮いている人なんですよ。浮いている人だから亡霊としてあらわれる。つまり、男であるという以上に亡霊であるということが大事だったのかもしれない。亡霊として舞台に上がって、いわばこの世に存在しない女として振る舞う。

そこに歌舞伎が成立する。そうすると、それを引き継いだ遊女歌舞伎の遊女たちはもともと浮いている人たちなのだから、そのままでもいいわけです。

そういうふうにして、この世にいない人たちの色気というものが浮世のなかに定着していくと、そこに三味線があらわれて、あの新しい音色がさらに浮世を彩っていく。

松岡　そういう浮世における男は何だったかというと、かつての在原業平《ありわらのなりひら》のような万能プレイボーイじゃありません。歌舞伎の例で言うと、たとえば『東海道四谷怪談』の民谷伊右衛門は、赤穂浪士になりそこねて身をやつしている男として描かれる。で、究極の変化《へんげ》みたいなお岩をつくって、苛《さいな》まれていく。そういう伊右衛門が「色悪《いろあく》」の代表みたいに言われるわけでしょう。ああいう男は、女性にとってはどう見えてたのかな。

田中　女性にとっても、やっぱり色気を感じると思います。たとえば助六の場合は、実は何百年も前に生きていた曽我五郎が助六の姿を借りて舞台の上にいるという存在ですよね。そういうものは、女から見てもやっぱり色気があるんですよ。

松岡　男の場合は、だいたい「やつし」になりますよね。女性は浮いた存在になれるのに、男は浮くんじゃなくて「やつす」。身をくずしてみせる。ヤマトタケルの女装以来、どうも男はやつしばっかり(笑)。

でも、大嘗祭で悠紀《ゆき》の国、主基《すき》の国の芸能が奉納されるように、日本はまつろわぬものたちの存在を祭りにしてちゃんと残して伝承していくわけですよ。そこには敗けていったものや剝《はく》落《らく》したもの、存在が伏せられたものに対する、日本人の男たちのよく言えば憐憫《れんびん》の感覚があったと言ってもいいんじゃないか。もうちょっと言うと、そういう剝落したものや盲目の蟬丸《せみまる》のような「負」を背負った者たちに、かけがえのない才能やセクシャリティがあるというような価値観があったと思うんです。

田中　その通りですね。

松岡　日本の音曲も琵琶法師や当道座《とうどうざ》のように、眼の見えない人たちがそうとう担っていたわけだし、説経節の小栗判官《おぐりはんがん》や弱法師《よろぼし》のように、「負」を負わされた人たちを扱う芸能もとても多い。逢坂《おうさか》の関の蟬丸は盲目の琵琶の名人と謳われて、秘曲「流泉」や「啄木」の伝授者とされてきましたが、醍醐天皇の第四皇子とも仁明天皇の皇子の人康親王とも言われてますね。やつされて伝承されてきたわけです。それが能の「蟬丸」や近松の「蟬丸」になっていった。こういう才能や技能のあり方と、変化《へんげ》し浮いている女性を称える感覚のあいだで、助六とか民谷伊右衛門の「やつし」の美学みたいなものが登場してきたんでしょう。

サムライ・ファッションの不思議

田中　それで言うと、三味線の担い手は最初は男たちですが、だんだん女たちも手に取るようになっていくんですね。実は三味線が最初に歌舞伎の劇場に入ったときに、三味線を手に取る女性は男装していたんです。「おしょう」と呼ばれていました。

松岡　娘義太夫《むすめぎだゆう》みたいな格好をして、裃《かみしも》をつけたりする？

田中　裃はつけない。鉢巻きをしている。それから髪はアップにする。つまり男装です。そこから日本髪はアップするものになっていった。そういう女性たちに三味線を教えたのは、当道《とうどう》の人たちです。当道の盲人から三味線を教わって、それを持って舞台の上に男装をして上がるという手順を踏むんです。たぶん、どうしてもその手順が必要だったんでしょうね。いきなり女が三味線を持つのではなく、男装した女が舞台の上に上がって、当道から受け継いだものをそこで弾く。そういう手順でやらないと、何かがうまくいかなかった。

松岡　なるほど。それは、さっきのサムライ論と同じで、男はやっぱりある規格をつくり続けていなければいけないからです。男は規格を演じ続ける。だから女性がその規格に入るためには、いったん男のナリフリをしなければならなかった。白拍子のように烏帽子《えぼし》をつけて男舞いをするとか小太刀《こだち》をつけるとか、そういうことをせざるをえない。それは何かというと、一言でいえば男が守ろうとしている規格なんですよ。ある種のディシプリンであり、ある演じなければいけない像というのかな。これは天皇家も公家も武家も芸能者もみんなそうだったと思う。

田中 ああ、そうかもしれませんね。そこにサムライ論のもう一つの本質があるのかもしれない。

松岡 武家が能を式楽にしますよね。能こそは、もっとも様式化された芸能です。しかも、あの世とこの世が交わるヴァーチャルな世界をあらわすものですよ。そういうものを信長も秀吉も非常に好み、江戸幕府も重視する。こうして能を、日本のサムライたち、とくに頂点に立とうとする者が身に付けなければいけないものにしていった。これこそ身に付けたからといって、何の役にもたたないものでしょう。そういう役にたたないものを身に付けていくことで、サムライという奇妙なものを成り立たせていたんじゃないかという気がするんですね。だいたいあんなふうに丁髷《ちょんまげ》を結って月代《さかやき》を剃って、裃をつけて登城するなんて作法も、よくわからない(笑)。

田中 丁髷、月代というのは戦争に行くときのヘアスタイルだから、それがそのまま江戸時代の武士に継承されていること自体のおかしさはありますね。リアルな社会では必要がないのに、ものすごく大事にされている。

松岡　なぜそこまでの様式化を日本の男子はしたのか。実は平安貴族の時代からそうなんですよね。烏帽子をつけて直衣《のうし》や狩衣《かりぎぬ》や水干《すいかん》を着る、あの堂上人の格好や様式からして、とても不思議だ。

田中　江戸時代になっても堂上人はまだお化粧をしています。お歯黒も塗っていた。

松岡　ほとんど化けものだよね(笑)。あるいはとてもセクシャルです。なんだかめちゃくちゃな国に見えてきた。いや、パンクに見えてきた。

田中　すごくおもしろい国に見えてきた(笑)。公家はお化粧して、武家は丁髷を結っている。このこと自体が非常に不思議ですね。

松岡　江戸の初期はまだ戦国の記憶があって、常に武士も有事の感覚を忘れず、いつでも兜《かぶと》をかぶれるように準備しておくというのは理解できることです。けれども一〇〇年もたつと戦争体験者はいなくなるし、もう戦争はないかもしれないとみんなわかってきたときに、兜をかぶらない人たちがなぜまだ月代を剃っているのか。当然疑問も抱くだろうし、自分は何なんだろうと思うようになるような気がするね。

田中　かといって、様式化されたヘアスタイルは面倒くさいからザンギリにするかというと、それはできない。ザンギリは被差別民がしているからです。つまりヘアスタイルは階層や身分や職業の表現ですから急には変えられないんですね。隠居した人は剃るとか、総髪の人の職業はだいたいこういうものというふうに、髪型で職業と立場がわかるから、うっかりと切れないんです。

松岡　だからこそ歌舞伎でも、三方《さんぽう》の上に和紙を置いて髻《もとどり》を切ってそこに置くというようなシーンが何回も出てくる。それによってキャラクター変換をして場面転換を起こしているわけですよね。あるいは総髪にするとか、五右衛門のように百日鬘《ひゃくにちかつら》にするとか。ああいうむちゃくちゃなヘアスタイルというのは、それだけで社会の規範からはずれた人たちという表現になる。

田中　ちなみに少年といえば、前髪を降ろした髪型で表現されるけど、あれは何歳くらいまでですか。

田中　一五歳までは月代は剃らない。

松岡　江戸も時代が進むと、成人しても月代は剃らずに前髪を降ろしたままにしているとか、衆道の関係にある男同士はそういう髪型をするとか、いろいろになっていたようですね。

田中　そう。男が振袖を着ていたりしました。ゲイの人は今でもそうですが、女装する人としない人がいます。

松岡　実は少年や少女にどういう格好をさせていたかということも、エロスとか性の文化史を見るときに大事なポイントになる。それでいうと、ぼくは以前、中村（萬屋）錦之助の『子連れ狼』の大五郎が何であんな頭をしているのかと思ってたら、やっぱりある種の福徳とか成長とかを願っている髪型でした。中国の絵によくあるような、ちょっと不思議な髪型ですよね。

田中　唐子髷ですね。唐子絵にたくさん描かれてます。浮世絵でも描かれた。でも現実に江戸時代にああいう唐子の格好している子どもはいなかったと思う。

松岡　そうなの？　絵だけだったの？

田中　唐子図という様式にすぎなくて、現実に唐子のヘアスタイルをしているわけじゃない。

松岡　そうかな。していたかもしれないよ（笑）。

田中　唐子図以外に見たことないもの。ふつうは「芥子」という、頭頂に一束だけ残してあとは剃った髪型や、「兀僧」という、前を少し剃っておかっぱにした髪型ですね。

ファッションとしての江戸

松岡　日本人の多くがあれほど浮世絵を見ているのに、江戸時代のファッションについてあまり詳しくないのが残念ですね。

田中　着物を着なくなったからでしょうね。

松岡　田中さんは大学の総長になっても和服を着ている。勇気も必要だったろうけれど、そういうふうにしているのはどうして？　やっぱり江戸につながっているからですか。

田中　社会的立場が変わったからと言って、衣類についての考え方や生活を変える必要はないと思いました。企業の社長がTシャツで仕事をする時代です。これは社長が「権威」の象徴ではなく仕事上の役割のひとつにすぎないのだから、それまでの自分のスタイルでいい、と思えるようになったからです。総長も同じで、権威ではなく役割の一つですから、自分自身でありつづければいい。もう一つは、おっしゃるように江戸時代までの生活文化の基本だからです。茶の湯、能狂言、歌舞伎、日本舞踊、音曲、落語など、どれをとっても着物とともに今日に残ったのです。着る人がいなくなれば、着物にかかわるさまざまな技能はすたれ、日本文化も成り立たなくなります。ここでいう技能や文化のなかには、「季節の表現」という大事な要素があります。ほとんどの人はもう袷《あわせ》と単衣《ひとえ》を見分けられず、襦袢《じゅばん》の襟も絽《ろ》と塩瀬《しおぜ》の使い分けができなくなっている。着る人がいなくなれば季節の表現は失われます。そして何より、着るもので、自然や手仕事への敬意を表現できる。それはガンジーから学びました。

松岡　そうか。よくわかります。鶴見和子さんもずっと着物でしたね。

田中　鶴見和子さんが着つづけてらしたのは、日本舞踊が日常生活の奥深くにあったからです。着物で踊る身体が日常なので、着物のほうが楽だったでしょうし、彼女の価値観にも沿っています。もう一つは、コロンビア大学やプリンストン大学の大学院で研究をなさって、カナダの大学でも教えていらした。着物でいることで、鶴見和子という存在は印象に残ったでしょうし、自分らしさを保てたと思います。

松岡　ぼくは江戸の着物や化粧や飾りものについて、もっともっと知られるべきだと思っています。着物だけでなくファッション・アイテムやメークアップ・アイテムやコスプレの歴史のいろいろ全部をね。ジョン・ガリアーノがフェレのあとを継いでディオールのデザイナーになったとき、パリコレで塗り箸をヘアの簪《かんざし》代わりにしたり、かっこいいファッションのドレスのモデルたちに色物の鼻緒《はなお》の草履《ぞうり》をはかせたりしましたね。ああいうことは日本でもっともっとやるべきです。

田中　ほんとにね。少しはやっているんでしょう？

松岡　「イタリアン・ヴォーグ」の仕事で石岡瑛子さんが、スーパーモデルに唐子髷の童子をあしらったシーンをつくりましたね。そういうことを愉しんでいるタレントやアーティストはけっこういると思いますよ。最近ならきゃりーぱみゅぱみゅとか。彼女はファッションモデル出身だからね。でも、そうしたアイドルを含めて粋な「和風」のアイテムを遊べている例はかなり少ないんじゃないかな。大正期の小村雪岱《せったい》や竹久夢二はうまかったけれどね。ぼくはネイルアートは大賛成だけれど、江戸っぽいものは少ないような気がする。

田中　刺青は和風が多いですよね。龍とか弁天とか般若とか。

松岡　ああ、ほんとにね。たしかに安野モヨコの『さくらん』や岡崎京子の『ヘルタースケルター』という傑作マンガがあって、のちに両方とも蜷川実花《にながわみか》が映画化しましたが、江戸の色好みというわけにはいかなかった。

田中　やっぱり江戸文化は着物を中心に展開したのですね。

松岡　伊勢松坂の三井高利が江戸本町一丁目に呉服屋の越後屋を開いて、現金掛け値なしの商いを始め、その後、首から上だけの十数種の化粧アイテムを発表して大当たりしましたね。のちの三井物産のルーツで、越後屋は三越の前身にもあたるわけだけれど、それ以降、白粉《おしろい》、紅、眉墨、お歯黒、歯磨き、化粧水など、江戸の化粧術はそうとうに高度なものになった。ベストセラーもけっこう出た。そのへんの「江戸の色気」が今日にも復活してほしい。東洋文庫に入っている『都風俗化粧伝《みやこふうぞくけわいでん》』(佐山半七丸著)なんて便利な本もある(図版)。

『都風俗化粧伝』（東洋文庫）より

田中　白粉では「美艶仙女香《びえんせんじょこう》」ね。大当たりしました。京橋の坂本屋が売り出したもので、当時人気の瀬川菊之丞（三世）の俳名だった「仙女」に肖《あやか》ってネーミングしたもので、浮世絵の版元と組んだキャンペーンもしています。白粉は「色の白いは七難隠す」というので、江戸のお洒落の基本中の基本アイテムです。

松岡　江戸の化粧法では、白粉の上に化粧水を塗ってますね。「花の露」というベストセラー化粧水があった。豊国の『江戸名所百人美女』の芝神明前の絵には、黒漆の鏡台のそばに「花の露」のパッケージが描かれている。寛永の末頃に林喜左衛門という医者が調合したもので、芝神明前でとぶように売れたらしい。

田中　「花の露」はイバラの花のエキスを生成して、丁子《ちょうじ》や白檀《びゃくだん》などを混ぜたものです。そういえば山東京伝は「白牡丹」という化粧水を、式亭三馬は「江戸の水」という化粧水を売り出した。『浮世風呂《うきよぶろ》』のなかにも出てくる。

松岡　簪《かんざし》なども、目を見張るものがいっぱいある。ぼくは簪フェチなんです。リボンより簪。ネクタイより半襟や鼻緒。

田中　あら、そうなんだ。やっぱり京都の悉皆屋《しっかいや》さんで育ったから？

松岡　そういうこともあったし、髷《まげ》の形と簪の選び方で「粋」かどうかが決まるところがおもしろいからです。櫛と笄《こうがい》と簪の組み合わせですね。取り合わせです。失敗するとすぐに野暮になる。浮世絵の櫛や簪や笄のあしらいは、いずれもみごとですね。やっぱり歌麿には感心する。

風物詩としての洗い髪

田中　櫛は縄文時代からありますが、笄や簪は江戸時代に入ってからです。櫛を前に刺して笄を後ろに刺し、簪は前に左右に一本ずつが普通ですが、花魁《おいらん》は簪を左右三本ずつ合計六本は刺していますね。それでも派手ではなく品のある姿にする。櫛と笄は蒔絵、鼈甲《べっこう》、象牙など同じ素材、同じ文様でそろえます。品格のある櫛笄がたくさん残っています。簪は季節の表現なんですね。鼈甲、金銀、珊瑚《さんご》、ガラスなどですが、船や果物や花などを細かく作りこみ、工芸品としてすばらしいものがたくさんあります。煙草入れやキセルとともに、持ち主の趣味の良さをあらわす、表現手段の一つでした。

松岡　黒髪というのも大きい。おまけにロングヘアだった。その美しさとエロティシズムについては、のちに与謝野晶子が『みだれ髪』で絶妙にうたいました。「その子二十《はたち》櫛にながるる黒髪のおごりの春のうつくしきかな」。

田中　「みだれ髪を京の島田にかへし朝ふしてゐませの君ゆりおこす」「くろ髪の千すぢの髪のみだれ髪かつおもひみだれおもひみだるる」。

松岡　それから「髪《かみ》五尺ときなば水にやはらかき少女《をとめ》ごころは秘めて放たじ」とか。浮世絵には洗い髪のシーンがよく出てきますね。カラスの濡れ羽色。

田中　春信、歌麿、豊国などが髪を洗っているシーンを描いていますよね。これらはすべて、着物の上半身を脱いでいて、黒髪だけでなく、背中の白い肌を描きたいことがわかります。黒髪の美は、白肌との組み合わせで表現され、肌と髪の美が相互に引き立て合うわけですね。歌麿が海女《あま》を描いた「鮑《あわび》取り」では、上半身裸体で、濡れた髪が裸体にまとわりついています。一方、橋口五葉のよく知られた「髪梳ける女」は、着物は脱いでいませんが、襟もとが広くあいています。これらのシーンは、結っていない長い髪を描いているわけですが、江戸時代のファッションを決定づけたのは、髪を上に結い上げたことです。それで櫛笄簪が発達した。後の襟を抜くようになったのも、結った髪を邪魔しないためです。そこで、髪を洗ったり梳いたりするシーンは非日常になる。しかし江戸時代では、とくだん秘め事でもありませんでした。

松岡　渡辺京二さんの『逝きし世の面影』にも、女性たちが平気で行水をしたり洗い髪をしたりしている姿について、いろいろな外国人が驚いている話が出てくる。外国人は日本の女性の庶民的で開放的な性感覚を称賛していますね。当時の女性に恥じらいがなかったはずはないんだけれど。

田中　もちろん恥じらいや羞恥心は人一倍もっていました。しかし家が狭く、夏は暑く、行水は気持ちよかった。庶民の家や長屋には、そういう姿を隠す塀や壁もなかった。覗くほうが覗いただけです(笑)。

松岡　それにしては、明治になってからも鏑木清方《かぶらききよかた》や伊東深水《しんすい》や小村雪岱らは、行水や洗い髪をよく描いた。

田中　風物なんですね。季語みたいなものです。

松岡　髪を結うということ、髪飾りをするということ、そのこと自身がアンテナのような力をもっていたんだと思う。それは世界各地の民俗風習にセイントキャップ(聖帽)をかぶる習慣や大きな羽根飾りがあることと同じで、日本では帽子や羽根飾りではなく、髪結いや髪飾りになったわけです。いずれも呪力《じゅりょく》をもった。

田中　セイントキャップや羽根飾りのほうは、お祭りの花笠のようなものになりましたね。

松岡　鹿踊《ししおど》りとか鷺舞《さぎまい》とかね。天蓋《てんがい》にもなった。いろいろ変化します。だいたい縄文時代は夕テ櫛で、弥生の農耕以降がヨコ櫛になったでしょう。髷を結うことも櫛をさすこともアンテナ的呪力をもったんだと思います。それがしだいに時代がすすむにつれて、素材もかたちも変化した。かなり贅沢になっていく。

田中　だから江戸時代には、しばしば贅沢禁止令が出たんです。一七一三(正徳三)年の「女中衣類直段之定」などですね。そのため簪に耳かきなどを付けて、実用品に見せてくぐり抜けるようなこともしていた。

松岡　簪フェチとしては、そこも創意工夫がみごとなところで、それによって種類も細長い吉《よし》丁《ちょう》、平行簪、玉簪、鼈甲が多い松葉、芸者衆が前差しで好むチリカン、それがもっと派手になるビラカンになる。そのほか、布細工をつけた摘まみ簪、摘まみ簪に花弁がついたような薬玉《くすだま》、手絡《てがら》を留める鹿の子など、いろいろですね。とくに吉丁は日本橋の芳町芸者で流行したというので、気になってきた。ぼくは幼いときに芳町にいましたからね。

田中　貞奴《さだやっこ》の街。

松岡　はい、貞奴の芳町。幼稚園と小学校二年まで。まだ三味線が流れていましたね。

田中　それは羨《うらや》ましい。

江戸の粋《いき》、関西の粋《すい》

田中　松岡さんは京都の子ども時代から、お父さんに祇園や先斗町《ぽんとちょう》に連れていってもらったんでしょう。

松岡　べつに役得はなかったけれど(笑)、たいへんな目の保養になっていますね。人形町がお好きな辻村ジュサブローさんともよく話しましたが、芸妓さんがふだんいるときの白粉《おしろい》の匂いや襦袢の色は心に焼き付きます。それがお座敷に上がる段になると、水白粉の化粧に鮮やかな紅がピッと差され、島田の髷が艶やかで、それにお引摺《ひきず》り、留袖《とめそで》や詰袖《つめそで》の着物、あでやかな帯、さらに簪が付くわけです。子ども心にもやっぱりハッとするし、キリッとする。黒紋付きの催し物に出会うと、それはそれは粋《いき》なものでしたね。

田中　贔屓《ひいき》のお茶屋さんがあったのですか。

松岡　ありました。先斗町、祇園町、上七軒に、一軒ずつ。そこの老いた女将がシャキシャキしていて、これまた子ども心に感服するのです。たいてい「セイゴオちゃん、はいおみや」と言ってなにかをくれる(笑)。

田中　父上は身受けはしなかった？　お妾《めかけ》さんにもしなかった？

松岡　しなかったですね。まあ、きれいに遊んでいたんだと思う。だからときどき母親も連れていってましたね。小さな呉服屋の旦那衆はそんなものですよ。それでも贔屓のお茶屋さんは都をどりや鴨川をどりの切符や南座の顔見世の切符は、必ず取り置きしてくれてましたね。

田中　芸妓さんはどこが色っぽかったですか。目鼻立ち？　仕草？

松岡　あれっ、食いこんでくるな（笑）。そのへんはのちのちのお茶屋遊びで感じたことだけれど、キリッとしたところとふわっと崩すところが紙一重のところですかねえ。シャンとしてない芸者さんと、合いの手が打てない芸者はつまらない。

田中　芸事は？

松岡　お座敷の踊りにはそんなに上手はないですね。色っぽくもない。三味線や唄はなんといっても老妓です。なんか調べられてるなあ（笑）。

田中　ちゃんと調べます。

松岡　それよりぼくがいいなと思ったのは、これも父が赤坂で贔屓にしていたところなんですが、そこに三姉妹がいて、内々の雛祭りなどに呼んでくれるのですが、その姉妹が互いに持ち合っているあでやかさが、なんともよかったですね。料亭を兼ねていたのだけれど、もうつぶれてしまいました。

もう一つ、気になっていたのは幇間《ほうかん》がつまらなくなっていたということかな。太鼓持ちですね。もともと数が少なくなっていたんだけれど、そこへもってきて芸がない。声色《こわいろ》もできない。幇間は芸者や舞妓や半玉《はんぎょく》を扶《たす》ける役目もあるんですが、これでは芸者さんが育たない。お姐さんだけではまにあわない。

田中 私も子どもの頃、家に元芸者さんたちが訪れていました。祖母がお茶屋のおかみだったからです。でも祖母のお茶屋は戦災で焼けていましたので、お茶屋にあがった経験はありません。子どものまなざしが見た芸者衆は、礼儀正しい、人に配慮する人たちで、その品格はふつうの女性を上回っていました。

松岡 深川の辰巳《たつみ》芸者は「粋」の代表のように言われてきましたね。足袋《たび》を履かずに、素足で桐の下駄を履く。それなのに必ず羽織をはおる。江戸の「粋《いき》」と関西の「粋《すい》」も少し違いますね。

田中 辰巳芸者のファッションはマニッシュ、つまり男性的なるものです。一般の女性は羽織を着ませんでした。一方、素足に下駄は遊女の様式です。男女が混交している。江戸と上方の違いは、江戸紫と京紫の違いですよね。

松岡　江戸の青紫と京の赤紫ですね。もともと「いき」は「意気」ですね。意気地、意気込み、生意気の「いき」。これに対して京大坂の「いき」はもとから「粋《すい》」なんです。純粋の粋。「粋《すい》やなあ」と言う。

田中　喜田川守貞が三〇年をかけて仕上げたエンサイクロペディックな『守貞謾稿《もりさだまんこう》』には、「京坂は男女ともに艶麗優美を専らとし、かねて粋を欲す。江戸は意気を専らとして美を次として、風姿自ずから異あり」というふうに説明する。それでこれを花に喩えると、艶麗は牡丹で優美は桜花にあたっていて、一方、粋を梅に喩えると、京坂の粋は紅梅で、江戸の意気は白梅だというんですね。

松岡　のちの鏡花の『婦系図《おんなけいず》』はたしかに白梅だよね。でも、すでにして江戸の「いき」もそうだったのかな。

田中　喜田川守貞が調べ上げたのだから、おそらくそうなんでしょう。

松岡　ただ江戸の「いき」は守貞も「男女ともに」と言っているように、女の「伊達」や「お俠《きゃん》」とともにあったのだろうし、男の「いなせ」や「通」とともにあったんだと思う。

田中　九鬼周造が『「いき」の構造』で描いた「いき」は、もう少し抽象的ですね。江戸の開けっ広げなエロスをあえて伏せようとしたもので、ぜんぶ見せてしまうものではない。それでは「いき」にならない。

松岡　九鬼の言う「いき」は、素足に下駄を履いた深川芸者の、そのちょっとだけ素足を見せるだけのエロスにつながるものですね。少し禁欲的なエロスであり、憧れとしての存在学的エロスです。

九鬼周造が見つめた苦界

田中　私がちょっとわからないのは、九鬼の『「いき」の構造』で、なぜ芸者たちのことを「いき」の対象にしたのかということです。江戸の吉原の遊女は浮いている女で、存在しているのかしていないのかわからないような独特の存在様態をもっていた。けれども明治になってからの芸者は完全に芸能の技術者で、そういった浮世の存在ではないんですね。なのにどうしてそこに「いき」がくっつけられるのか。論理的にはそこがどうもわからなくなる。

松岡　九鬼周造は、あんまりリアルな女性じゃなく、「いき」をヴァーチャルにしているようなところがありますね。実際には芝の紅葉館のホステスさんに惚れたり、岩下壮一の妹に惚れたり、失恋してフランスへ行ったりして、リアルな女性たちにも惚れるんだけど、『「いき」の構造』では、深川芸者や歌沢のお師匠さんや、そういう漠然としたヴァーチャルな存在、いわば美人画になっているようなキャラクターを自分でつくって書いている。小説の主人公のような女性が想定されている。

田中 たしかに九鬼は、個別具体的な女性のことを描いているわけではないですね。複数の女性たちがもっているものを抽象化して取り出しているのかな。いずれにしても、『「いき」の構造』もそういう観点で読み直さなければならないなと思っています。というのも、九鬼はどこかはっきりした拠点があってそこから「いき」を見ているというよりも、九鬼自身が動きながら見ている可能性がある。

松岡 あきらかに、浮世というものを「苦界《くがい》」というふうに見立て直すような視点移動をしていますね。そういう「苦界」そのものがヴァーチャルランドだったかもしれない。

田中 九鬼の時代は江戸の遊郭とはちがって、花柳界という新しいものになっているんですが、そこがヴァーチャルな拠点とみなされるのなら、芸者も浮いている存在として、そこに居つづけなければならない女性たちということになる。たしかに芸者たちは芸能技術者であるとはいえ、その芸だけで安定した大きな収入が得られるわけではない。芸能をもって生きること自体が、やっぱりヴァーチャルな生き方です。それだけに、すごく危ういところに立っていたとも言える。つねにそういった危うさを孕《はら》んだ存在、触れれば壊れるかもしれないというようなあり方でないと、「いき」にはならないということなんでしょうね。

松岡　フラジャイルな境遇で、四季を通してヴァルネラブル（傷つきやすい）な日々だから、そこでの意気地が「いき」になる。

田中　なるほど、「いき」というものが何もないところからバンと出てきたわけではなくて、少しずつ見方やとらえ方をずらしていくなかに出てくる。その結果、新しい組み合わせが起こって、そこから「いき」が生まれる。そういうことですね。

実際に、江戸時代はずっとそれが繰り返されていた。たとえば縞の着物は「いき」の代表のように言われますが、もともと縞柄は「いき」のために生まれたものではないんですね。日本の産業構造が変わっていくなかで、着物業界がまさに新しいファッションを売るために出てきたものだった。でも、そういうものが、「いき」というふうにみなされていった。

松岡　江戸文化の本質はつねにそれをやり続けるところにある。そのたびに見立て、やつし、もどきが、何十回も何百回も起こっている。何が「いき」なのかもどんどん変わっていく。

田中　ということは、九鬼周造の時代に「いき」とされたものも、時代が変わると「いき」ではなくなっていく。「いき」とはこういうものだというふうに固定しようとすれば、それはもう「いき」ではなくなってしまうわけですよね。でも、はたして九鬼はそういうことまでを考えていたのだろうか。

松岡 九鬼周造に「小唄のレコード」という文章があるんです。もう太平洋戦争が始まっていて、林芙美子が成瀬無極と一緒に、北京からの帰りに九鬼の家を訪ねた。小唄のレコードを聴こうよと言ってレコードを回しながら、三人で泣いたという話を書いています。それは『「いき」の構造』から一〇年とか一五年もたっていて、昭和の戦争が始まっている時代ですね。どういう時代のなかにあっても、小唄のレコードを聴いていると、苦界のなかの「浮身もやらぬ意気地」というものに涙を誘われるという話です。

田中 松岡さんが好きなエピソードですね。

松岡 それから九鬼には「松茸の崩落」(『偶然性の問題』岩波文庫)という文章もあって、これもぼくは大好きなんですが、松茸の季節は来たかと思うと過ぎてしまう、その崩落性がよいのだ、というようなことを書いています。偶然にそのへんに投げ出されたように見えるものこそ美しいとも言っていて、だからぼくは、九鬼は「いき」というものを固定させずに、そういった「触れなば落ちむ」というところをずっと発見しつづけようとしていたと思いますね。九鬼はそれを「偶然性」への投企と言ってますね。

田中　あらゆるところに「いき」を感じられる。しかもその「いき」のなかに、崩落、衰微、衰退、死滅というようなものを見ている。

松岡　そうですね。

田中　九鬼にとっての苦界というのは、単に苦しんでいる世界というのではなくて、そのまま衰微していって死に絶えるまでのプロセスが想像できちゃうということなんだと思う。ということは、大正昭和の童謡が哀しみや淋しさを込めたということとも、時代的に共通するかもしれません。あの時代の日本は、日清・日露の戦争から満州事変に向かって上昇志向によってどんどん拡大主義に入っていってるわけです。けれどもそういう方向性とは違うものを見ている感性もあった。つまりは闇を見ている人が一方にはいた。その闇というのもたんなる暗闇じゃなくて、衰微していくもの、なくなってゆくもの、死滅していくもの、失われていくものを見ているということなんでしょうね。九鬼はそういうものを「いき」と呼んでいる可能性がある。

松岡　竹久夢二が港屋で絵はがきを描いたり、竹内栖鳳や鏑木清方がちょっと崩れた芸者さんを描いたりするのも、みんなそこにつながるかもしれない。のちに鈴木清順とか五社英雄が映像にしたがったような世界もそうでしょう。あるいは水上勉の『五番町夕霧楼』のような世界。ああいうものにつながっていくような感覚で、九鬼は「いき」をずっととらえようとしていたんじゃないかな。ただ、そういうものが日本の様式として新しいものをつくったかといえば、必ずしもそうではないですね。あくまで大日本帝国という異常の奥で起こっていたことだった。

心もとなさ、やるせなさ

田中　この対談の前半で、私は日本人にとっての自然のある風景という話に重ねて、思い出のなかのイチジクの木の話をしました。そういうものが私のなかでどういうふうにとらえられてきたかということについて、あるときに気が付いたんですが、そのきっかけは藤原新也さんの『東京漂流』(情報センター出版局)なんです。

松岡　へえ、それは意外だな。

田中　『東京漂流』は藤原さんの下関の自分の育った旅館のことを書いている。その旅館が潰れてしまって、立ち退かなければならなくなった。ブルドーザーが来て建物を壊していく光景を見てから、猫一匹だけ抱いて親と一緒に別のところに行くんですが、列車に乗ろうとしたときに猫が逃げてしまうんです。それで猫のことをあきらめて町とも別れていく。ものすごく悲しい話です。

これを読んだときに、私たちはあの時代、みんな同じ思いをしたんだと思ったんです。高度経済成長がブルドーザーで建物を壊すみたいに記憶を消し去って、そこに新しい建物をつくるわけでしょう。そうやって「失われていくもの」を子どもたちは見ている。私もそういう子ども時代を体験していたし、藤原新也さんもそうだった。そういった体験が、のちの自分の人生を決めてしまうわけですね。藤原新也さんの場合はその結果、日本にいられなくなる。

こういう、経済成長を喪失感としてとらえる視点は、戦後だけじゃなくて、明治にもあったんだと思うんです。九鬼のとらえた苦界の「いき」がまさにそれで、非常に華やかな世界のなかに、そこでやがては衰微して死んでいくしかない人たちの哀しさを見ている。永井荷風も、女性たちをそういうまなざしで見ている。樋口一葉の物語もほとんどがそれだった。

松岡　それは、大日本帝国の悪夢というものが繰り返し、近代化の悪夢としてぼくたちのなかに蘇っているのか。それとも江戸の人々のなかにもあったものなのか。少なくとも音曲では、常磐津や新内などを聞いているかぎり、そういう感覚はすでに持ち出されていましたよね。

田中　そうですね。歌舞伎のなかにもたくさんありますね。浄瑠璃はだいたいそれですよ。

松岡　そこが言えれば、江戸の見方がみんなもうちょっと掴みやすくなるように思うんです。江戸文化というのは、時代の奥にあるものを引っ張り出して見せるための様式がすべて試されていた文化だった、ということを言えれば、江戸を語ることはたんなる日本趣味とか好事家《こうずか》の好みではないというところに持っていける。

田中　そうすると、江戸文化を見ていくときの方法として、壊れつつあるものを見ているまなざしのところをとらえていくということが、とても重要になりますね。

松岡　まさにそうだと思う。和風ブームの前時代の証拠としての江戸文化ではありません。最近の「かわいい」やクールジャパンでもない。そのことが、なぜ「変化」や「やつし」や「しをり」(萎《しお》り)を好むのかというところにも、なぜ武士は兜をかぶらないのに月代を剃って丁髷を結うのかということにも、迫っていったほうがいいでしょう。

田中　江戸は町人文化とは言うけれど、実はサムライが抱えていた「私は何者なのか」という疑問や、自分の存在理由がわからないという感覚も、きっと文化や現象のどこかに出ていたはずですね。

松岡　どこだろうね。どこに出ているのかな。

田中　戯作のなかにひょっとしたらあるかもしれない。そういうまなざしで見たことはなかったんですが、漢詩とか狂詩とか狂歌とか、ああいうふうに武士がやつして文学の世界に入っていっているところですね。洒落本もそうだけれども、そういうようなもののなかには潜んでいいるかもしれません。私はそういうものを、商業主義のなかに武士が入っていって新しい文化をつくっています、というふうに見てしまっていたんだけれども、そうではなかったかもしれない。武士たちが抱えていた自分の存在の危うさというところに本当の理由があったとすると、見方が違ってくる。

松岡　そうですね。そこを深めていくと、江戸をもっと豊穣《ほうじょう》に語れるための何かになる可能性が高いですね。

田中　山東京伝が『復讐後祭祀《かたきうちあとのまつり》』という黄表紙を書いているんです。その最初のシーンは、本が散乱していて、武士がそれを立ったまま見ている。その次の瞬間に何をするかというと「敵討ちをしたい」と考える。ところが敵討ちをする相手がいない。にもかかわらず、本を読みすぎたために、自分の生き方は敵討ちしかないというふうに思い込むんですね。それで次の日から敵討ちの旅に出る。旅に出ても敵はいないということがわかっている。読者にもわかっている。それは見方を変えればとても悲しい話で、ドン・キホーテと同じ構造なんですね。

山東京伝は『江戸生艶気樺焼《えどうまれうわきのかばやき》』という黄表紙のなかで、こんどは町人が本を読んで恋に憧れ、恋というものをしようとするという話を書いています。相手がいて恋するのではなく、友達に手伝ってもらいながら恋を仕掛けていく。これもやはり、本というものがまずあって、その本をなぞっていくという生き方を書いている。町人である京伝がメディアの世界にいながらそういう発想をするのはごく自然なことだろうと思いますが、武士のこともそういうふうに見ていたんだということに、私はちょっと驚いたんですね。ひょっとしたら京伝は武士が抱えている自分の存在についての心もとなさをふまえて、そういうヴァーチャルな敵討ち物語や恋物語をつくり上げた可能性がある。

松岡 敵討ちすら、想像力のなかだけでしか成立しなくなっていきましたからね。森鷗外が自滅していく武門をめぐる壮絶な『阿部一族』を書きましたが、鷗外もまたサムライのなかの心もとなさや生き難さを見ていたんでしょうね。それはさきほどあげた山本周五郎や水上勉や藤沢周平にもつながる。

田中 その存在の「心もとなさ」というのは、サムライ特有のものなのか、あるいは男性一般のものなのかということも、気になってきます。

松岡 ぼくはサムライだけじゃないと思うね。男性一般だと思う。『平家物語』や『太平記』に語られてきた男の哀歓の系譜ですよ。もっと昔からアメノワカヒコとかヤマトタケルの面影がちらちらしているものです。その男たちにはサムライも入るけれど、芸人やヤクザも入る。

山本周五郎に『虚空遍歴』(新潮文庫)という作品があります。中藤冲也という武士の身分を捨てた浄瑠璃語りが江戸で人気を得ながら、自分の浄瑠璃の芸はそんなものじゃないと思いすぎて、しだいに東海道を落ち、北陸へと落魄《らくはく》していくという話ですが、自分の芸に潔癖になろうとしては失敗していくんですね。そんなことをしたら壊れるよというところに踏み込んでしまうという芸人の話です。

田中　男だからそこが書けるのかしら。

松岡　そうともかぎらない。宮尾登美子の『鬼龍院花子の生涯』は大正昭和の没落していくヤクザの話ですが、男の社会なりの苦界《くがい》にこだわって、自分の娘に裏切られ、死んでいくという話です。九鬼周造的な諦観《ていかん》のようなものが、女の作家から見た男が成就できなかった不如意《ふにょい》として、よく描けてます。

田中　ある種の男に共通する「心もとなさ」というものが強調されているんですね。

松岡　そうそう。二五〇年とか三〇〇年をかけて、サムライはサムライ、浮世絵師は浮世絵師、歌舞伎役者は歌舞伎役者、戯作者は戯作者、音楽家は音楽家として、それぞれが「心もとなさ」あるいは「不如意」というものを抱え続けたんですからね。

田中　そうすると、武家が茶の湯と能を受け継いできたというのも、何かそこに関係があるかもしれません。ちょうど公家が受け継いできているものと、ぴったり両方あわせて完璧になるようにできているんですよ。武家が伝承してきた茶の湯や能は、公家文化のなかにはない。一方で、公家が受け継いできた有職故実《ゆうそくこじつ》や和歌や蹴鞠《けまり》の伝承は武家のなかにはない。

松岡 たしかに両方で補完しあっているのかもしれないね。

田中 サムライたちは、公家が受け継いでいるものには手を出していない。公家とは別のものをちゃんと受け継ごうとする。だからこそ、武家のものと公家のものを一緒にすれば日本の伝承そのものになるという構造になっている。つまり武家文化は完璧ではない。欠けているのです。しかも、武家文化が消滅しても日本文化を保つことはできる。そのように自覚している。

松岡 明治の財界人たち、三井の大番頭の益田鈍翁《どんのう》(孝)とかビール王の馬越恭平《まこしきょうへい》とか電力王の松永耳庵《じあん》(安左ヱ門)のような人たちが、みんな茶や骨董や能に遊んで数寄者になっていったでしょう。功なり名を遂げお金もある人たちが、高価な道具や書画を手に入れることをかなり本気で競い合っている。こういう数寄者たちも、単に好きでやっていただけとは思えない。もっと必死で切実なものがあるように思うんです。何か江戸の人々の「やるせなさ」を継承しているようなところがあったのかもしれない。九鬼周造にもそのことが溢れ出てきたんだと思います。

樋口一葉――壊れつつあるものを描く

田中　先ほど、「江戸文化を見ていくときの方法として、壊れつつあるものを見ているまなざしのところをとらえていくということがとても重要になる」と言いましたが、作家のほうがそれをやりやすかったかもしれない。

明治になると、欧米の小説の方法やスタイルを借りて日本のことを書こうとする人たちが多く出てきたんですが、でも、そうではない方法に向かった人たちもいた。たとえば樋口一葉の『大つごもり』から始まる一連の作品がそれです。それ以前、一葉は王朝的な恋物語を書いていたんですが、突然『大つごもり』で変身する。書くものが変わってしまう。お金持ちの家で奉公をしている女性が、病気で困っている家族同然の伯父のために、どうしようもなく主人のお金を盗んでしまうという話です。この盗みということを、三つぐらいの視点で見ている。一つは、白金台にあるお屋敷の盗まれた側の金持ちの視点。もう一つは、その家に生まれながらもその家ではとても生きていけないような惻隠《そくいん》の情をもっている息子で、彼は親たちには「どら息子」と言われながら、貧しい人たちと一緒に生きている。もう一つは、盗みを働いてしまった女性。この三つの視点から書かれている。

そのうえで一葉は、何も解決しないまま話を終わらせている。盗みが露見しそうになって女性は自殺を覚悟するんですが、息子が自分がお金をすべて盗って行ったかのようなメモを引き出しに残して姿を消してしまい、そこで終わってしまう。物語としては何も終わっていないんですが、そういう社会構造があるというところを正面に据えたんですね。人間の行き詰まっている切なさというものが、そこに出現した。一葉が初めてそれをやったわけです。

松岡　お兄さんの苦労を見ていたからでしょうね。一葉は女にあって男にもあるような「心もとなさ」に気がついていますね。

田中　『たけくらべ』では、まだ江戸が生きている明治初期の吉原遊郭を描いた。こちらは非常に華やかな世界で、いろいろな音曲、端唄、仁和賀歌《にわか》、新内などが出てきて、まるでミュージカルのようなんです。私は『たけくらべ』音曲リストというのをつくったんですが、そゝり節、木やり音頭、端唄、よかよか飴、大神楽、住吉をどり、角兵衛獅子《かくべえじし》、仁和賀歌、新内、歌沢、それから小学校唱歌、やっかい節というふうに、背後にずっと音楽が流れているんですね。江戸から受け継いだ音曲に、明治になって初めて出た小学唱歌とやっかい節を付け加えているんです。

一葉は、そういう華やかな世界が実は苦界であるというデュアルな二重世界をみごとに描いている。苦界であることは主人公である美登利という少女の目にはわからないし、誰からも教わらない、誰も教えてくれない。むしろお金はどんどん入ってくるし、大事にされるし、すばらしい世界にも見える。けれどもやがては、そこが苦界だということに気がついてしまう。なぜ気がついたかというと、恋をするからです。恋をした瞬間に、その恋とは別の世界に自分が入るしかないことに気づく。しかもそこは好きでもない人たちと枕をともにする世界です。それが苦界であると直感してしまう。華やかな世界の別の面が見える。明治期、その苦界は崩壊しつつあった。明治の社会のなかで、その華やかさは失われつつあったわけです。

松岡　あした仏門に入るという信如が、たった一輪の水仙を残して去って、美登利は苦界へ行く。あの一輪の水仙がいつまでも胸に焼き付くようなラスト。

田中　一輪の水仙というのは、そこが行き詰まりであって解決するすべがないという、切なさの象徴に使われるんですね。『たけくらべ』がおもしろいのは、遊郭に娘を売ろうとしている親とか、そういった少女を囲んでいる大人たちの社会を描くのではなく、少女のほうの視点から社会が描かれていて、苦界というものに少女がみずから気づいているところです。そこに、九鬼の言う「いき」のもとになっている「衰微《すいび》」とか「せつなさ」がある。

松岡　せつないよね。「せつなさ」は「切《せち》」から来てます。「切」は感興や郷愁が万感胸に迫ってきて苦しいほどのことを言うのですが、『源氏物語』に「もののせちにいぶせき折々」(「明石」)は琴を鳴らして心を慰めるしかないものだという一節があって、どうしようもない「せち」に迫られて気分が鬱々《うつうつ》としてくる心境が描かれている。一葉とともに泉鏡花もそういう視点をつかっていますね。明治のなかで、最後の最後にそういう切なさとしての「いき」を受けとめていたと言っていいのかな。

田中　これは最後というよりも、最初だと思う。「江戸時代の終焉」という問題が、明治になって初めて出てきたのだと思います。永井荷風はあきらかに苦界の「せち」や「いき」というのを描いているけれども、一葉は一見すると「いき」とつながっていないようにも思える。でも「いき」が衰微の切なさであるなら、一葉文学はまさにその「せち」こそが中心テーマです。しかもすべて江戸文学の構造を受け取っています。『にごりえ』のもとは近松の心中ものです。心中浄瑠璃の枠組みを使って書いた近代小説です。どこが浄瑠璃と違うかといえば、浄瑠璃は義太夫が人物の心情を外から語るわけだけれど、近代小説は本人が内面を語る。『にごりえ』では会話のかたちで内面の独白が書かれるんですね。

一葉には『わかれ道』という作品もあって、これは角兵衛獅子の話から始まって、差別されている芸人の子どもが拾われて傘屋になるというところから始まる。そういう階層の人たちを含む明治時代の闇の部分が描かれる。『十三夜』では描かれるのは人力車夫ですね。どこをとっても明治の経済発展から取り残される人々です。とくに『十三夜』は、若い頃の恋人だった青年がおちぶれて人力車夫になり、高級官僚の奥様になった女性を乗せる話です。しかしどちらが幸せかと言えば、どちらも幸せではない。金持ちになったからといって幸福になるわけではない、ということをはっきり書いた。それは明治の立身出世街道の闇の部分です。

松岡　なるほど、ここに「江戸から明治へ」が蟠《わだかま》っていたんだ。一方、露伴は江戸の職人世界の、のっそり十兵衛みたいな男を持ち出して『五重塔』のようなものを書いて、のちに石川淳が『紫苑物語』で描くような職人世界への橋渡しをすることで江戸を継承しましたね。それから与謝野晶子などは、鉄幹をめぐって山川登美子との恋争いをへて、「黒髪」とか「柔肌《やわはだ》」とかいった言葉で一葉とはまったく違った恋の亀裂や切なさを猛烈に前へ出した。そういう明治の作家たちの江戸感覚や浮世感覚と、実際の江戸の作家たちとは、大きくは何が違っていたんですか。

田中　江戸の小説というのは、まずキャラクターをつくるんですよ。立役がいて、あとはその脇役という歌舞伎のつくり方とだいたい同じだと思うんですが、まずキャラクターを構成して、そこに役割を当てて、それを動かしていく。『南総里見八犬伝』もそうです。キャラクターを最初にバンとつくっている。

それに比べて、明治以降に江戸を継承しながら書かれたと思える小説は、社会的な普遍性を持っている。たとえば『たけくらべ』のストーリーは、美登利にしか起こらないことだというふうには思えないわけです。美登利に起こっていることが、その背後にいるあらゆる女性の出来事として見えてくる。信如という青年は仏教教団に生きる修行僧です。そういう人たちがたどっていくであろう人生というものが描かれていて、それは江戸時代のように保護されてきた寺社の人たちとは違う、廃仏毀釈《はいぶつきしゃく》後の運命を背負うことになる。遊郭もお寺も、明治以降に、それまでのあり方が崩れていく社会です。そういうものの象徴として登場人物が設定されたんじゃないかと思います。

松岡　それは、単に江戸の社会文化の変相やヴァリアントではなかったということですか。

田中　一葉の初期の王朝恋物語は、江戸の物語パターンや枠組みの継承をしていました。江戸時代に和歌を中心とする恋物語の系譜が継承されていたんですが、そういった系譜に倣ったものです。ところが、その次からあらわれる小説群は、パターンの継承ではなく、行き詰まった状況のなかで生きている現実の人間たちの哀しみを描いた。

松岡　自分が体験した出来事を美登利とか『十三夜』に投影しながら、失われていくものとしての江戸性を象徴的につかっているということですね。

田中　まさにそういうことです。そうやって「存在のおぼつかなさ」というのを、一葉は女性として書いている。たぶん与謝野晶子もそうだったのでしょうね。そういう存在のおぼつかなさを書けたときに近代文学になった。

存在のおぼつかなさ

松岡　ひょっとしたらそれは形を変えて、(尾崎)紅葉とか漱石などの作品にも出たのかもしれない。露伴は職人の世界を蘇らせますが、紅葉は富国強兵下で金と恋とに引き裂かれる社会を『金色夜叉』で描いた。そういう連載小説をみんなが待っていたわけです。

漱石の『門』『彼岸過迄』『道草』『こころ』などは、現実に社会で起こっていることを扱いながら、一葉とは違う「おぼつかなさ」というものを描いています。たとえば男として向き合わねばならない組織の矛盾だとか、『門』のように仏門に入ろうとする者のとまどいとか、『こころ』のように乃木の死と先生の言説とを重ねるとか、『三四郎』のように身を立てようとして大学に入ったけれども、美禰子《みねこ》のヘリオトロープの匂いと「ストレイ・シープ」に惹かれていって迷うほうを選ぶとかいうように、男性が体験する「存在のおぼつかなさ」がいろいろ描かれた。そういうものと、江戸との関係をどう考えればいいんだろう？

田中　「ヘリオトロープの壜。四丁目の夕暮。ストレイ・シープ（迷い羊）、ストレイ・シープ。空には高い日が明らかに懸《かか》る」——。たとえば漱石の『三四郎』はたしかに「役割」や「気質《かたぎ》」や「関係」を描く江戸文学とははっきり違う。存在のおぼつかなさをこんなふうに書くのは詩歌の世界にはありましたが、小説にはなかったものですね。ただし漱石の場合は自分の意識だけを覗いていて、一葉が書いたような他者の集まりとしての社会が書けていない。これは他者の「存在のおぼつかなさ」を分析的に書けないからでしょうね。

そもそも漱石が影響を受けたヨーロッパの近代文学がそういうものだったのか。たとえばドストエフスキーの『罪と罰』とか『悪霊』とかを思い出してみると、はたして「存在のおぼつかなさ」を書いていたのかどうか。もっと論理的で構造的で面倒くさいものを書いていますよね。

松岡　面倒くさいものね、うん、そうかもね。

田中　そうだとすると、日本において明治文学が始まるときに「おぼつかなさ」を書くことが始まったと言えるのかもしれません。それとも、日本文学はそこから始めざるをえなかったのか。

松岡　なるほど。アンビバレンツにね。

田中　そのどちらかですね。

松岡　どちらだろうね。両方かもしれないし、そこは見定めがつかないとも言えます。というのも、明治文学の言葉は江戸言葉そのものでなくなっていますね。新体詩や口語体に移行していた。上田敏《びん》がヴェルレーヌやボードレールやローデンバックらのヨーロッパの詩を日本語に移したときは、「山のあなたの空遠く」とか「秋の日のヴィオロンのためいきの」というふうに、近代明治的な「おぼつかないもの」をあらわす言葉を用いています。だからほんとうに「おぼつかないもの」を江戸の心もとなさをあらわす言葉のまま、明治文学者がもっていたかどうか、確定できないんだろうと思う。

もしそこを厳密に分け入ろうとすると、かつて本居宣長が「からごころ」を排したように、「ヨーロッパごころ」をお預けにして、考えなくてはならないということになります。でも、なかなかそれはできないでしょう。結局、石川淳にまで進んで、やっと江戸に切り込めるということになったわけです。ということは、一葉や漱石がはたしえたことを、われわれは公平に評価できる道具をいささか失ってしまっているということです。

田中　そういう見方もできますね。私は一葉と漱石に何か共通点があるというふうには考えなかったんだけれども、今回の話の流れのなかで、日本の近代文学はそのようにして始まるしかなかったかもしれないと思いましたね。あきらかに共通点があるんですね。その一つは散文に込められた「詩歌の方法」かもしれない。

松岡　そして日本人としての「存在の悩み」ですよね。江戸から継承したものを、同時代的な悩ましいものに切り替えることによって近代文学のエンジンをつくったんでしょうね。それは、老婆を殺したラスコリニコフを描くというようなものとは違う。そういう社会と神とのあいだにいる苦悩じゃない。そこはかとなく、そこで起こってしまったことばかりを書く。

田中　存在の問い方が違う。

松岡　小さいことばかりです。けれども、われわれにはそのささやかなことがもっとも重大な「おぼつかなさ」であり、「不如意」であったわけです。われわれには、それこそが、日本の面影の継承だと言いたいところですよね。

近代文学は江戸を継承したか

田中　そろそろ話も終盤にさしかかるのですが、その前に一葉や露伴につづいて、もう少し江戸を引きずった明治文学についてふれておきたいのですが、いいですか。

松岡　どうぞ。江戸は明治以降にどう投影しているのかということね。

田中　そういうことです。そこで泉鏡花を例にしますが、鏡花は自然界と深くつながることで現実世界と遊離している少年や、死してなおこの世に出入りする面影や、しだいに衰微する芸能世界を書きますね。それは江戸文学が残した世界観や、地域に残る神話や説話を丁寧に掬《すく》い取ったからです。『化鳥《けちょう》』が象徴的です。

主人公の少年は自分以外の存在が全部動物に見えるわけです。母親も鳥かもしれないとか思っている。川に溺れそうになったときに誰かが救ってくれた。それは「羽が生えたお姉さん」だった。実はそれは母親かもしれない。こんなふうに、人間存在と人間でない存在というものが少年のなかに両立しているんですね。でも「神」がそこにいるわけではない。そこにあるのは神ではなくて、自然と共同体のもつ森羅万象です。

松岡　そういうふうになったのは、一〇歳のときにお母さんを失ったのが大きいでしょうね。お母さんは三〇歳にならないで亡くなった。その面影を引きずりつづけて、鏡花は松任《まっとう》で見つけた摩耶夫人《まやぶにん》像や上京して出会った芸者すずに母の面影を思慕しますね。その面影が転じていくというところが、江戸文芸からの継承なんでしょうね。『高野聖』なども森羅万象と向き合い、そこに「得体の知れないもの」を感じて、ふいに振り返った物語でした。

田中　『高野聖』も山中の別世界の物語ですね。動物に見えたものが実は人間だったという構図になっている。そういう方法によって人間存在にひそむ「得体の知れないもの」や「おぼつかなさ」が扱われている。

松岡　日本の近代作家はそういったことをみんな上手に書くよね。現実なのか幻想なのかがはっきりしない浮いた状態のままで変化《へんげ》が起こる。鏡花も、人間が鳥になったり馬になったり、能のシテ方の宗家にまつわるアンビバレントな立場とその逸脱を描いた『歌行燈』みたいに、芸道の奥にある別の世界の執念を見せたりする。

田中　『歌行燈』も亡霊が出てくる必然性はストーリーからはまったくないのに、でも出てくるんですよね。しかも自分の足の下に組み敷いている。

松岡　『歌行燈』は成瀬巳喜男《みきお》が花柳章太郎を、衣笠貞之助が市川雷蔵を恩地喜多八にして、それぞれいい映画にしてましたね。やっぱり鏡花は新派なんだよね。ところで、江戸時代の「何」が継承されて、ああいう幻想や亡霊が出てくるんだろう?

田中　鏡花は中国の怪奇的な白話《はくわ》小説をもとにしています。ただし中国の物語類は江戸でいったん上田秋成がつくり直していて、それが日本化されたものが鏡花に引き継がれるという順番になっているんですね。その結果、もとの中国の幽鬼譚とはまったく違うものになっている。

描かれているものはやはり「存在の危うさ」のほうに向かっている。

松岡　中国の『聊斎志異《りょうさいしい》』とか『酉陽雑俎《ゆうようざっそ》』に描かれるお化けは本格的だけど、浮いてはいないよね。

田中　『今古奇観《きんこきかん》』、『古今小説』(喩世明言)、『剪燈新話《せんとうしんわ》』、『西湖佳話《せいこかわ》』等々、たくさんある。あちらのお化けはすごくリアルで、生々しいお化け。

松岡　不気味だし、幻想的というよりも変異の形姿がけっこうリアルだよね。『山海経《せんがいきょう》』から出てきた怪物や妖怪やフリークみたい。日本のお化けはふっと眼の端にあらわれたと思ったら、いつのまにか消えているような妖しさでしょう。鏡花の『眉かくしの霊』なんて、まさにそのものですね。本来の意味でスピリチュアルなんです。こういうものも一種の「いき」と呼んでいいのかな。

田中　鏡花のあの世界は「いき」ですね。
松岡　それが女性の着物の裾模様とか帯締めとか半襟とかにも出てくる。
田中　見えたのか見えないのかが微妙というくらい、一瞬だけちらっと見える。
松岡　人を待っているあいだにフッと絵馬が変わって見えるとか、あのへんに何かがよぎったとかいう感覚だね。漱石の『草枕』『夢十夜』、その後の中河与一の『天の夕顔』にも出てくるような感覚。
田中　そのほか、よく似ているのは内田百閒《ひゃっけん》ですね。
松岡　内田百閒はすべてそれだね。『件《くだん》』はまさに幻想体そのものだし、ほかにも『冥途《めいど》』とか『サラサーテの盤』とか。法政大学の先生もしてましたね。
田中　ええ、森田草平に追い払われた(笑)。
松岡　それにしても、こういう「得体の知れないもの」や「おぼつかなさ」はいったい江戸エンジンのなかの「何」なのか。田中さんはそこを「江戸から明治へ」あるいは「江戸から東京へ」というトランジット・ゾーンで確認したいわけですよね。それって何ですかねえ。
田中　明治以降の江戸エンジンのことです。それは「何」だったのかと言えば、まさに松岡さんが言うところの「面影」だったろうと思うんです。明治以降にも影向《ようごう》していた面影ですね。

影向は神々のあらわれや、本地垂迹《ほんじすいじゃく》に由来する権現《ごんげん》の気配に使われますが、それを方法としてみると、本歌と本歌取りの関係や、デュアルもしくは多様に展開する「仮のもの」の生産エンジン、あるいは想像エンジンになっているとも言えます。そういうものが無意味な幻想とは受け取られずに、明治以降の現実の一つと意味づけられていたのではないか。それらを引き継いだものが日本の近代文学だったと言えるのではないか。

ですから私は、明治の文学は西洋文学の影響でつくられたというのは本当なのだろうかと、かねがね疑問に思ってきたんです。そこには『日本問答』で語ってきたことが何度も投影されていたと思うんです。

松岡　そこですね。ぼくも、そうなっているんだろうなと思ってます。たとえば二葉亭四迷や鷗外が向こうのものを訳しているからといって、必ずしも『浮雲』や『舞姫』が近代主義の作風になっているとは見えません。『浮雲』の内海文三はゴンチャロフの『オブローモフ』をモデルにしているというけれど、それにしてはちょっとじれったい。鷗外の『舞姫』の太田豊太郎とエリスの恋はいかにも国際小説めいているんだけれど、当時すでに「意志薄弱の文学だ」と言われてますよね。鷗外は明治天皇が亡くなり、乃木希典が自害したあとからの伝記小説のほうが、ずっといい。「得体の知れないもの」が出ている。それはまさしく江戸社会に取材した伝記です。

田中　『阿部一族』とか『渋江抽斎《しぶえちゅうさい》』『伊沢蘭軒《いざわらんけん》』『北条霞亭《ほうじょうかてい》』とか。蘭軒は備後《びんご》福山藩の藩医で、頼山陽《らいさんよう》とか大田南畝《おおたなんぽ》とか亀田鵬斎《かめだほうさい》と親交した儒者で医師です。その蘭軒に医術を教わったのが渋江抽斎で、考証学者であって、かつ、たいへんな蔵書家ですね。

松岡　抽斎はおそらく文化文政期の最大の個人蔵書家だろうね。まあ鷗外は、晩年はそうした江戸の人物に取材した歴史小説に打ち込んだわけだけれど、でも、みんなそうだったのかなあ。明治大正の文学者たちはちゃんと江戸を読んでいたのかなあ。

田中　もちろん、みんなじゃない。

松岡　明治がすすむにつれ、西洋文学の影響をうけた作家もだんだんふえていきますね。それは向こうのものの翻訳が増えてきたからです。その突っ先にいたのが、鏡花とともに尾崎紅葉の硯友社《けんゆうしゃ》の門に入った徳田秋声です。二人は同じ金沢生まれの同じ小学校の一歳ちがいだけれど、同じ紅葉の弟子でありながら二人はまるで違っている。秋声のデビュー作は被差別部落出身の父と娘を描いた『藪《やぶ》かうじ』というもので、こちらは地味なリアリズムに走った。

そんなふうに、自然主義に向かった作家もだんだん増えるけれども、やっぱり北原白秋から永井荷風まで、どこか江戸文化に根っこのひとつを下ろそうとしていた人も多かった。

田中　ただ、そういうことがその後はあまり伝わってきていないんです。議論もされていない。近代文学は江戸文化とは切断されたものだと思われている。そこがどうにも残念です。

松岡　研究も少ないし、そのことを声高に主唱する論客も少ないからね。うっかり発言すると日本主義者のように扱われるんでしょう？　それはおかしいよね。

私ごとばかりの随筆文学

松岡　それで思い出しましたが、ロジャー・パルバースが『もし、日本という国がなかったら』（角川ソフィア文庫）という本を書いています。日本がなかったら、世界はつまんなくなるという本です。パルバースは『驚くべき日本語』（集英社文庫）や『日本ひとめぼれ』（岩波同時代ライブラリー）なども書いたり、宮沢賢治や井上ひさしをずっと訳したりもしているんだけれども、それらのなかで、宮沢賢治が「イギリス海岸」だとか「イーハトーブ」とか呼ぶあの感覚はまったく欧米にはないと書いている。

田中　なるほど、おもしろい。

松岡　つまり現実に見えている風景を、ちょっとずらしてあえてイギリスに託してしまうような、ああいう感覚ですね。西洋文学にもそういったトポスの変換はありますが、もっと徹底してやってしまう。ぼくも思い当たることがいくつもある。たとえばロレンス・ダレルの『アレキサンドリア・カルテット』ではギリシアを転移しているし、ジェームズ・ジョイスの『ユリシーズ』はレオポルド・ブルームという平凡な男の六月一六日の出来事をもって『オデュッセイア』そのものの完全変換を試みる。こういうところがヨーロッパのすごいところ、欧米文学のすごいところでしょう。それに比べて宮沢賢治のああいうメタフォリカルな「ずらし」の幻想感覚は日本にしかない不思議なものだということを、パルバースは書いている。

田中　それは「ずらし」なんですか。

松岡　日本文化的にいえば「見立て」ですね。江戸ふうにいえば「やつし」でしょうか。たとえば、日本人が焼きものを見るときに「景色」という言葉を使いますね。「この茶碗は景色がよろしいな」とかね。パルバースは、最初は志野や黄瀬戸なんてどれも同じに見えたし、備前だってどこに景色があるんだろうと思っていたのに、賢治を読んでからあるとき突然、そういうことが理解できたと言っている。賢治を読んだら、焼きものの景色が違って見えたというわけです。

それと同じように、鏡花が描いたような気配で感じる化け銀杏のように、よぎっては消えるものがわかってからは、これこそ日本文学だ、日本文化だというふうに感じられるようになったと言う。この理解の仕方は、日本文学の批評家にはちょっと見当たらない。

田中　なるほど、そういうことですね。だとすると、結論的には、近代文学というのは明治になって「何か」を切り替えたというよりも、基本的には江戸を受け継いだと言っていいんでしょうかね。

松岡　田中さんは、そう言いたいんでしょう？

田中　私にはどうしてもそういうふうに見えてしまう。

松岡　ぼくは『日本という方法』(角川ソフィア文庫)でも強調したように、日本はそもそも「方法の国」なのだろうと見ています。『日本問答』でも少しその話をしましたが、その見方からすれば、文明開化の嵐をうけた近代文学にあっても、当然に「日本という方法」が反映しているはずです。ただそれは、『源氏物語』に白楽天ほかの中国美学からの影響がありながら「もののあはれ」が醸し出されたように、主題、時代背景文体、言葉づかい、著者の生い立ちのとらえ方などのどこかで、必ず日本性の反応が起こっているはずなのです。

たとえば漱石は、ジョセフ・コンラッドの研究などもやったりしているけれども、最終的にヨーロッパのものは使えないと思ったでしょう。二葉亭四迷もツルゲーネフを翻訳して影響を受けるということはあっても、『浮雲』でロシア文学みたいなことをやろうとしたわけじゃない。坪内逍遥のようにシェイクスピアの全集を翻訳して本気で取り組んでも、ついつい『当世書生気質』を書いたり、俳号を春廼《はるの》屋朧《やおぼろ》とつけたりするようなところが出てくる。そういうところを一つひとつ見ていけば、田中さんの仮説も成り立つんだろうと思います。

田中 そうですね。ロシア文学やイギリス文学やドイツ文学をやっている作家たちというと、もちろん鷗外もそうですが、向こうのものを翻訳はしていたけれども、それをどういうふうに取り入れたのかというふうにもう一度考えてみたときに、どうもそれほど取り入れてやっていないような気がしていた。

松岡 日本の面影は、はずせないでしょう。それなら、では、そういったものがどこで途絶えたかというと、ぼくは社会主義の受容と白樺派の台頭以降に歴然と変わっていったんじゃないかと思う。

田中 はい、はい、なるほど。たとえば大杉栄とか志賀直哉とか。

松岡 志賀直哉については、ぼくは千夜千冊では『暗夜行路』を紹介しましたが、『城《き》の崎《さき》にて』なども含めて、直哉は江戸の方法を継承していないと感じてます。かといってヨーロッパでもないけれどもね。

田中　そうですね。あれは何だろう。

松岡　自然主義とはいえ、フローベールとかじゃないからね。

田中　私は、志賀直哉は小学生のときに好きだったんです。『城の崎にて』とか『暗夜行路』を読んでいた。あとから考えたときに、あれはヨーロッパ文学なのかというと、そうじゃなくて、どちらかというと日記とか随筆に近い。

松岡　そう、それに近い。

田中　随筆文学というのは日本では長い伝統があって、すぐれたエッセイが多いですよね。『枕草子』『紫式部日記』『方丈記』『折たく柴の記』など、いくつもある。そういうものが残っていて、近代文学者たちのなかにもう一度蘇ってきたのかなと思うんです。だから、小説のように見えるんだけれども実はエンジンが違っている。

松岡　私小説のようなものが、日本のなかで独特に出るというのは不思議ですね。ヨーロッパの影響もあるけれども、つくり上げたものはヨーロッパ文学ではなかった。

田中　ああいうものは随筆でしょう。

松岡　葛西善蔵なんかもそうだよね。畳を裏返そうかどうしようか、裏返したら何か出てくるなとか、こんなところに自分は住むようになったなとか、三軒茶屋だとか太子堂あたりの一軒家でそんなことばっかり書いている。

田中　それも随筆ですよね。

松岡　なぜそういう身の回りのことばかり書く随筆が日本で広まったのか。ひょっとして日本人にはドストエフスキーやガルシア＝マルケスのような壮大なフィクションが書けないのかな。

田中　それは言える。だから、江戸時代ではフィクションを書くときは、中国文学の枠組みを使うというようなことを繰り返しています。

松岡　馬琴の大作『南総里見八犬伝』だってそうだよね。ということは、やっぱり日本人には『罪と罰』や『アンナ・カレーニナ』は書けない。『源氏物語』が唯一絶対の例外といえるかもしれないけど、でもあれは歌物語ですよね。

田中　『源氏物語』は一つひとつが独立して組み合わさって大きな物語になっている。最終的に整合性はつけているけれども、それぞれは別々の話です。西鶴の『好色一代男』もそういうふうにできている。

松岡　『平家物語』のような「語りもの」の系譜も日本の小説の流れにありますが、それが随筆文学にまでできているという面もあるかもしれない。

田中　たしかに「語りもの」だと、最初にガッチリした構成をしてしまうと進まなくなってしまう。だからだいたいのラフスケッチでストーリーを決めつつ、まず登場人物をつくる。そういうところから話を語っていって、あるところで終わりになるけれども、その次にまたそこから続きを語っていく。こういうかたちで、最初にすべての構成をつくりこまなくても、そここそ物語ができてしまいますね。

松岡　そうやって説経節なども語られたのでしょうね。日本の物語というものが、もともとヨーロッパ的ではないんですよ。「もの・かたり」の「もの」というのは霊魂でもあるし、ブッでもあるし、出来事でもあるし、気配でもある。たとえば「ものものしい」とか「ものさびしい」とか「もの思い」というときの「もの」ですね。「もの」は面影なんですよ。その「もの」が語っているから「物語り」というわけで、まさにそのことを鏡花も一葉も書くわけだし、露伴も書くわけです。

ところで、馬琴が『南総里見八犬伝』を延々と書きつづけるとか、大正から昭和にかけて中里介山が『大菩薩峠』を三〇年近くも、だんだん話が矛盾するぐらいまで長々と続けるとか、ああいうのもおもしろいですね。やっぱり「語りもの」の伝統があるからですか。

田中　明治以降は新聞小説なので「語りもの」とは言えないですね。江戸時代は、読み手がついてくれるかぎり連載しつづけました。読みたい読者がいるから、できるだけ話を引っぱって連載しつづけるんです。

松岡　あの長さは、中国のたとえば『西遊記』の長さなんかとは違う感じだよね。

田中　中国の場合、『水滸伝』も『三国志』も『西遊記』もそうだけれども、やはり語りなんですよ。中国では扇で机をたたいて語るとか、太鼓を叩きながら語る。その語り物をあとでまとめて科挙の準備をしている読書人たちが文章化する。『南総里見八犬伝』は語っているわけではなく、最初から書いているんですが、江戸時代までは根幹は「語りもの」だったんだろうと思います。『大菩薩峠』がどうしてあんなに続いたのかはよくわかりません。私は途中で降参してしまった。

松岡　やっぱり人気が出すぎて、連載を終わりにできなかったようです(笑)。いまの人気漫画と同じですね。しかも最後は未完のまま。ぼくは『大菩薩峠』は自分で図解まで書いて読みましたよ。

田中　あれを最後まで読み切ったんだ。

松岡　それどころか二度ぐらい読んだ(笑)。ぼくは『神曲』も『ガルガンチュア物語』も『大菩薩峠』も、いくら長くても読み切るのは平気なんですよ。要約もしたくなる。それが仕事だから(笑)。

モードとしての日本語

田中　江戸と明治のつながりのことですが、明治になって新たに獲得した文体のおかげで、江戸時代のことを継承しやすくなったという面もありましたね。口語体や翻訳体がもたらしたものも大きい。

松岡　そうですね。

田中　以前、大正期の報知新聞の連載を『江戸の懐古』(講談社学術文庫)という本にまとめたとき、実はそこに書かれていることには虚実が混じっているんだけれども、それ自体が「江戸を懐古している新たな文体」なのだというふうに紹介したんです。そういうことが明治になっても、ずっと繰り返されていたのではないかと思うんですね。大正時代に江戸時代の再構成をして、昭和になってもそれをやった。

その連載で使った語り口を、私は「講談調」と表現しました。「文章で書いた講談である」と。その背景には、明治時代以来、新聞や雑誌が無数の講談を庶民に提供していたという背景があります。講談は「講釈」として江戸時代からの歴史があるでしょう。

松岡　講釈師の伝統。神田伯山に至った。

田中　それを考えてみると、近代人はいつも江戸を拒否しながらも戻っていかざるをえない何かがあったということです。あたかも新しいことをやっているかのように思いながらも、立ち止まることがたびたびあった。和歌と短歌は何が違うか、俳諧と俳句は何が違うか、そこで感じとっている事柄の違いは何か。そういうことを問いつづけたはずであって、これがすごく大事なことなのではないかと思うんです。

松岡　明治の文学者たちは、文明開化とともにヴェルレーヌやボードレールのヨーロッパ文芸の翻訳に入りましたね。大正はリルケ、昭和はランボー。英語やフランス語やドイツ語からの翻訳です。けれどもそれは正確な訳を試みたというより、一種の日本的雅文の調子をつかっている。これは「新体詩」とも言われて、矢田部良吉《やたべりょうきち》や外山正一《とやままさかず》などが試みるのですが、言葉は新しい翻訳語だけれども、七五調なんですね。同志社の湯浅半月《はんげつ》がジョン・ミルトンや旧約聖書の影響で『十二の石塚』を書いたときも、七五調になる。そのあとの北村透谷の『楚囚之詩《そしゅうのし》』や落合直文の『孝女白菊の歌』なども同じ調子です。最終的にどう日本語にするかということで、こういうふうに日本的な律動が蘇って、それによって文体が大きく変化するわけです。

山田美妙らの口語体運動も江戸の戯作の口語体ではない。サムライがいなくなった明治社会のオラリティが文字に変換されて、新たなリテラシーに移されていったわけです。版元と新聞社がルビを使い始めると、それも文体に影響を与えることになった。ヘボンのアイディアと田中舘愛橘《なかだてあいきつ》のアイディアでローマ字も使うようになり、上田萬年《かずとし》たちは「国語」の確立に向かった。みんな、それなりに近代日本語をどうするかと考えたわけです。

田中　動揺もあったし、工夫もあった。

松岡　ぼくは山田孝雄《よしお》や橋本進吉の国語論などはおもしろかったと思う。山田の日本文法論は英語文法やドイツ語文法に匹敵するものをつくろうとして、ずいぶん江戸の国学を採り入れようとしましたし、橋本は日本語の連文節に注目して、日本語の表現が述語を中心にした構造をもっていることに気が付いている。『日本問答』で西田幾多郎の話が出たとき「述語的包摂」の話をしましたが、そのへんのことは橋本が先行していたんです。

田中　ヨーロッパに刺激されながらも、日本や日本語にとどまろうとしたんですね。

松岡　おっちょこちょいもけっこういたけれどね。初期の森有礼《ありのり》の日本語・英語併用説とか漢字廃止論とか、山下芳太郎のカナモジ会とかね。志賀直哉なんて日本はフランス語を国語にしたほうがいいなどと言い出していた。

一方、その渦中で江戸の「もの・かたり」を引き取っていこうとしたのが一葉・露伴・鏡花や晶子・荷風たちだったわけですよ。荷風だってフランスに行って、フランス語も知っているんだけれども、あえてそれを使わないで玉の井を描くわけです。これはあきらかにヨーロッパ近代文学の影響とは関係ありません。むしろ意図的に拒否しているというか、ずらしたものじゃないかと思います。でも文体そのものは、向こうの文芸の影響を受けて変化していった。

黒岩涙香《るいこう》もずっとデュマの『モンテ・クリスト伯』などを翻訳・翻案する一方で、『小野小町論』などをものしていく。『レ・ミゼラブル』を『噫《ああ》無情』に翻案するといったかたちで、少年少女のための文学全集に仕上げていっている。でも日本語の文体論はまだちゃんとできていないんです。モードの体系から言うと、文体論は必須なんだけど。

田中　翻訳や日本語運動とともに、和歌が短歌になりましたよね。この変化も大きかった。「短歌」というふうに呼び方を変えたのは誰ですか。

松岡　与謝野鉄幹ですね。橘曙覧《たちばなあけみ》までは和歌と短歌の両方使っていたんです。だから、白川静さんなどは橘曙覧のほうに立っちゃうのね。短歌が隆盛するのは鉄幹の「明星」ブームからです。

田中　正岡子規も与《あずか》っている。

松岡　明治初期は桂園派《けいえんは》がリードしていて、御歌所《おうたどころ》ふうの和歌がまだつくられていたんだけれど、そこへ「和歌の改良」が叫ばれますね。そうすると、そこで落合直文が先頭を切って浅香《あさか》社《しゃ》をおこして、主観的な歌を詠みはじめる。それが鉄幹らの短歌になっていった。鉄幹は徳山女学校の国語の教師を四年ほどしていたあと、落合の門下に入るんです。そこで「ますらおぶり」にめざめて、『亡国の音』を書く。その短歌思想が結社となって「明星」になった。そこからは晶子をはじめ、北原白秋や石川啄木や吉井勇が輩出する。いずれも浪漫的で耽美的ですね。こちらは鏡花らにつながっていく。

子規も「和歌から短歌へ」という短歌運動には賛同するけれど、『歌よみに与ふる書』で万葉回帰を提唱して、写生を主旨とする短歌を提唱するわけです。これが根岸短歌会で、伊藤左千夫や長塚節《たかし》らが輩出する。写生や写実に向かいましたね。根岸短歌会の機関誌の「アララギ」が子規亡きあとに刊行されていくと、そこから島木赤彦や斎藤茂吉が出てきて、独自の路線になっていきます。こちらは、まあ、リアリズムですね。でも短歌とはいえ、さきほども言いましたが、そこには七五調は生きているわけです。

江戸を捨てて成立した日本？

田中　そういうことを江戸文芸に戻しながら考えてみると、近代日本は新たな冒険をいろいろするけれど、ずうっと江戸の尻尾をのこしていたわけで、その案配をどうみるかということですね。

松岡　デュアルに行き来していたんだと思う。そもそも和歌について言えば、歴史的にも枕詞、掛詞、係り結び、歌枕、ありとあらゆる技法を駆使してきた。『万葉集』から始まって、長歌もあって旋頭歌《せどうか》もあるというふうにして、どんどん抜きん出てきたのが和歌で、しかもそこに仮名文字が出現している。日本列島全体を覆う代表的な表現技法が和歌ですね。その和歌が正徹《しょうてつ》とか心敬によって連歌となり、「付合《つけあい》」を含んだコミュニケーションによるものに切り替わっていったときに、和歌のプロトコルを破って、発句から俳諧というものが生まれた。そうなると烏滸《おこ》をやってもかまわないというものに変わっていった。

田中　和歌から俳諧への変換は現実化・滑稽化のプロセスとしてとらえることができますね。それから俳諧から俳句への変化は、「座」の文学から個人文学への転換として、理解しやすい。

では、和歌から近代短歌への変化とは何だったのかということです。近代短歌はいったい何をしたのでしょうかね。

松岡　やっぱり一葉に近い実験をしたんじゃないですか。

田中　一葉は、和歌と古典物語はものすごく勉強していたし、短歌をやる人も、和歌の歴史や歌文学をずいぶん勉強している。

松岡　晶子もそうです。『源氏物語』を訳するくらいだから。

田中　それなのに短歌をつくる。つまり和歌ではないものをつくるわけでしょう。

松岡　それは、近代社会の悩みをもつ自己というものをちゃんと投影できるものに切り替えてみたかったからじゃないですか。和歌というのは、いわば全日本的で普遍的だと思うんだよね。けれども短歌は自分の世界が基準になる。

田中　なるほど。それを意図的におこなった。

松岡　意図的にしたと思う。赤彦も茂吉もそれをやろうとした。子規は俳句と短歌、両方やってみせているわけですね。『古今』を批判して、いわゆる月次《つきなみ》や観念としての花鳥風月も否定して、新しい型をつくっていった。そうやって、やはり自己基準に切り替えようとした。

田中　明治の文学は古典を切ろうと思えば切れた、やめようと思えばやめられたわけです。たとえば和歌をやめようと思えばやめられた。ここまでやってきたけれども、明治になったんだから、ヨーロッパ文学に準拠して、和歌ではなくて詩にしよう、五七五七七にこだわるのはやめようとかいう考え方があってもいいわけですね。それなのにどうして短歌があんなふうに隆盛して今日まで及んできているのか。また、俳諧も近代以降は俳句にはなったけれども、やっぱり俳句をやる人は現代でも芭蕉をいまだに研究しますね。そうやってさかのぼりながらも俳句を詠みつづける。今日なお、すべての大新聞に短歌と俳句の投稿欄がある。

そのことのすごさとともに、それが日本文化のなかで果たしている役割、ふつうの人たちのなかで果たした役割が何かを、なかなか説明できずにきたように思うんです。「伝統を守っていていいことですね」なんて言っても、何ら意味がない。

松岡　短歌が大成功した理由と、江戸で音曲が変化したり、野郎歌舞伎が女形の歌舞伎にまで変わったり、浄瑠璃が人形じゃなくて丸本歌舞伎になったりした理由は、どこかでつながっている。常に変化するものの連続が、短歌や俳句にも出ているんだと思いますよ。みごとな江戸の変容力を別の意味で継承しているモードの体系の一つだと思います。たとえば根岸短歌会とか「アララギ」の議論を見ていると、それこそ談林派から芭蕉が出てきたときに近い努力をしていると思います。芭蕉は、松永貞徳とか北村季吟ではないものをやろうと企図しますよね。

それと同じようなことをかれらもやっているし、逆に高浜虚子が出てきているのもそれで、それから河東碧梧桐《かわひがしへきごとう》みたいな自由律俳句が出てきたのも、同じような動きです。かれらは蕉門と同様に、そうとう自覚的にやっている。

田中　そう説明されるとその気になりますが(笑)、にもかかわらず、今日に及ぶ日本文芸が江戸と深くかかわっていないように感じるのは、どうしてなんでしょうかね。江戸文化をすっぱり切ってしまわなければ、成し遂げられなかったことがあったのではないでしょうか？

松岡　そうね、そう言われるとそんな気がするのだけれど(笑)、それは文芸だけにかかわることではないように思いますよ。

田中　というと？

松岡　近代国家や資本主義の進行とも関係があるし、敗戦や日米同盟や、ひいては金融主義やSNSとも関係があるんだと思う。われわれがいる日本が「江戸」ではないということに、大きな原因があるんだと思う。田中さんが言っていたように、「浮世」が設定されていないんでしょう。

現代日本が江戸ではないのは、イギリスがシェイクスピア時代でも大英帝国でもなく、イタリアがルネサンスではなく、ドイツがビスマルク時代ではなく、フランスがナポレオン時代でないのと同様、もちろん当然なんだけれど、戦後日本が占領政策に覆われてからというもの、その分断観が肥大してしまっています。多くの建物が焼けてしまって、ヨーロッパのように大過去の町並みが残っていないこともある。民主主義教育が江戸を教えられなかったこともある。そうしたことがいろいろ重なって、「江戸」がつながらなくなった。

そういうわれわれが「江戸から明治へ」を顧みようとすると、その分断観の起源が維新からの変化にシンボリックに集約されてしまうんだろうと思う。短歌の勃興や新渡戸の武士道論や玄洋社の大アジア主義が、現代からも江戸からも説明しがたくなるんだろうと思う。そういうことではないですか。

田中 渡辺京二さんが書いている「かけら」を思い起こしました。江戸文明はいったん壊れたんです。生活と文芸と文化が一体化した世界が崩壊してばらばらになった。というより、ばらばらにしなければ世界秩序のなかにその身を押し込められなかった。しかしかけらを使わなければ、文化は再構成できなかった。かけらのなかには「方法」という強靭なかけらも混じっているはずです。でも、はたしてそれらを使いこなし得《え》たのかどうか。

松岡 そこですね。

これからやるべきこと

松岡　「江戸から令和へ」ということを考えようとするとき、いくつか踏みとどまって考えるべき問題があったと思います。おおざっぱですが、ざっと思いつくままにあげてみますね。適宜、田中さんからも感想や意見を聞かせてほしい。

わかりやすいところからいうと、第一には、なぜ文楽や歌舞伎や三味線音楽を「伝統芸能」の枠にはめてしまったかということです。伝統を破る実験も数々あったけれど、それは「実験的ですね」というふうにしすぎました。たとえば土方巽《たつみ》や寺山修司や唐十郎をちゃんと説明しなかった。

第二に、丸山真男が江戸儒学から日本思想を検討して現代の政治思想とくらべたとき、それを大きく継承しつつも、さらに仏教や国学や実学を含めた「江戸現代思想」を構築しなかった、あるいは脱構築しなかったということがある。たとえば山崎闇斎《あんさい》の垂加神道《すいかしんとう》は儒学と公家の神道が結びついたものですが、ほとんど議論されてこなかったですね。

田中　まず、第一の問題については、鈴木忠志《ただし》や唐十郎を含め、一九六〇年代、七〇年代の演劇や舞踏が、なぜ次の「身体」を生み出さなかったのか、言葉としても継承されなかったのか、と問い直すこともできますね。私の師の廣末保《ひろすえたもつ》は、当時の演劇の動きを「前近代の身体の方法」として捉え、書いていましたが、それをさらに先まで持ち越すには、普遍的なスタイルとして確立するか、あるいは言説する必要があったのではないかと思います。そうなる前にエンジンが枯渇し、伝統芸能という「かけら」に戻ってしまったように思うんです。これから江戸文化を語る者は伝統芸能を取り上げるだけではなく、今、現にある上質のエンターテインメントの動きを、江戸文化の方法として語りなおす必要がある。

第二の問題については、これは近代の学問の方法に起因することです。「思想を研究する」というとき、垂加神道のようなハイブリッドが思考のなかに入ってこない。入ってきたとしてもその全体を受けとめるのではなく、要素を分類してわかったような気になる。でも、江戸時代の語るべき思想のほとんどは編集型です。私は松岡さんの言うような「編集工学」がなければ江戸時代の思想を表現することはできない、と思ってきました。けれども、まだ私自身もそれをやっていません。

松岡　垂加神道や三浦梅園の条理学は、まさに編集的です。梅園は『玄語』で「反観合一《はんかんごういつ》」という方法を提唱するんだけれど、ぼくはこれに刺激を受けてデュアルな編集思考の必要を感じたんです。

田中　ああ、そうだったんだ。

松岡　実は、そうなんです。そこで、仲間たちと梅園研究会を開いて読み合わせをした。

で、第三の問題ですが、今日ではポップカルチャーとかサブカルチャーと呼ばれている文化が大きく浸透していて、そこには桑田佳祐やミスチルのポップスからマンガ・アニメ・ゲームまでが息づいているのですが、それらは江戸社会にもたくさんあったことなのに、つなげて考えられてこなかったということがある。北斎は北斎、京伝は京伝、つげ義春はつげ義春、直木賞は直木賞、マンガはマンガ、手塚は手塚、萩尾望都は萩尾望都なんです。これは文化論としての日本文化や江戸文化のつながりがちゃんと説明されてこなかったせいだと思う。「替わり目」ばかりに関心をもちすぎたんですね。しかしこれでは、その前の桃山文化や東山文化や南北朝文化が江戸文化とつなげて語れない。これはまずい。

そこで第四に、スタイルの問題があまりにも看過されてきたのではないかと感じます。コム・デ・ギャルソンやネイルアートは江戸から説明がつくはずです。ぼくは、ベルギーの出版社が山本耀司の本をつくったとき、ヴィム・ヴェンダースとともにヨウジ論を書いたのですが、ヨウジの黒を楽《らく》や織部の「引き出し黒」で説明した。こういうことはいくらでも可能だと思うんです。ただ、そのためには日本のファッション文化を江戸から根こそぎ愉しむということも大事です。

田中　第三について言うと、私自身、江戸文化の超多様な展開が今のポップカルチャーの多様展開と酷似していることは、講演やその他で語ってきたつもりですが、その語り方、書き方は、たんなる江戸文化論であって、現代文化論にはできていませんでした。つまり同時に同じ比重で語り、書くことによってしか、江戸文化論としての現代文化論にはならず、つながっていかない、ということなんでしょうね。

第四のファッションについて言えば、私は三宅一生の仕事は、直感的に江戸だと思いました。しかもそれは、アジアを混淆した江戸です。そう考えると、江戸文化のなかのアジア混淆型のスタイルを抽出してみれば、江戸文化のなかで「これはイッセイ・ミヤケだ」という名指し方ができるかもしれない。思想研究の問題と同じで、江戸のファッションと現代のファッションの両方に通底する、編集型のデザイン・メソッドを一緒に語る必要があるのでしょうね。

松岡　ぜひ、お願いしたい。できたら桃山の辻が花や寛永寛文の片身替《かたみがわ》りからイッセイさんまで、つなげてほしい。それから「縞」のファッションがどうして「粋」につながったかということも。

では、さらに続けますが、第五には、もっと江戸の情報文化やメディア文化が詳しく、かつ愉快に語られなければならないんじゃないかと思う。そしてそこには書籍や黄表紙のことだけでなく、それを担った版元やエディターシップのこと、さらには神仏のお札や護符のこと、さまざまな祭りのたびに出入りする物実《ものざね》や憑坐《よりまし》のこと、つまりさまざまなエージェントのこと、つまり「代《しろ》」のことが浮上しなくちゃならないのではないか。文化を立ち上げている仕掛けが語られなさすぎるんです。

田中　「代」のことは、私はエージェントだけではなくアバターという言葉で語っています。代理ではなく分身の共存です。代理には「もと」があってその代理をする。もちろんそれもある。しかし同時に、際限のない分岐と、それらの共存があって、交代しないで増えていくというあり方も可能ではないか。だからこそ高度なエディターシップがきわめて大きな役割を果たしてきたはずで、その編集力の強靭さを、江戸文化のなかで語るべきだと、確かに思います。

松岡　アバターについては池上英子さんの研究がユニークでしたね。言い忘れましたが、徳川社会の制度に「代官」や「手代《てだい》」があったこと、また本人に代わって神仏にお参りする「代《だい》参《さん》」が認められていたことも注目すべきでしょうね。

田中　アバターがいっぱいいたんですね。ところで、第五まで言ってくださったけれど、まだまだ、ありそうですね。

松岡　はい、まだまだありますよ(笑)。第六には、徳川時代の文献にどう書いてあったかを気にしたり、エビデンスで実証研究をかためたりするよりも、もっとおもしろい大小の仮説が必要だということです。とくに大きなアブダクションが必要です。アブダクションは、チャールズ・パースが演繹や帰納とはべつに、仮説形成力という新たなロジカル・シンキングとしてその可能性を提唱したものです。ぼくは編集工学の3Aとして、アナロジー、アフォーダンス、アブダクションの重要性をあげてきた。仮説って見立てですからね。けれども江戸の見立ての方法について、見立てに分け入って研究していないような気がします。アウエルバッハが古代ギリシアとラテン文芸に分け入って「ミメーシス」を解読したようなことが、江戸文化論にあっていい。

田中　なんだか私が一方的に叱られてるような気分になってきましたが(笑)、でも、これもよくわかります。いままで仮説しすぎと言われ、自分でもそう思い、文献上の証拠がない仮説をしないようにしていました。でも想像はとめようがない。どんどん湧《わ》いてしまい、仮説は溢《あふ》れるほど出てきます。本当はそのほうが、文化を継承するうえでは重要なはずです。今後はもっと大胆に仮説したいです。

松岡　もう、そうしていっていいんじゃないですか。それに田中さんは、異分野の誰かがおもしろい仮説を出しているると、たいてい応援のメッセージを出していますよね。そこに学界が反応してくれなくてもいいけれど、もっと別の思想界や文化界が併走するべきなんです。ぼくの『日本文化の核心』(講談社現代新書)に最初に反応してくれたのは、博多中洲のクラブの藤堂和子ママとEXILEの小林直己君です。

第七に、これは言わずもがなでしょうけれど、学校で江戸文化をもっと教えなければいけない。易しく教えるのではなく、むしろ強靭に教えるべきです。新井白石も志筑忠雄《しづきただお》も三浦梅園もね。レベルを落としてはいけない。ただし、そういう先生たちがどのくらいいるのかが問題です。三味線も聴かせるべきです。新内も文楽も。

田中　まことに残念ながらこれが一番難しいです。そもそも学校制度が近代の産物で、江戸時代の学問の継承を排除するためにできたようなところがある。現代の小中学校では、英語とプログラミングが重要とされています。高校・大学は、グローバル化とソサイエティ5・0教育に力を入れろ、と文科省は言っている。つまり官僚制度と就職のための教育になっている。こんななかでいったいどうやって、松岡さんのおっしゃるような教育をしていけるか。学校制度とは異なる私塾の拡大が必要ですね。受験のための予備校ではありません。年齢を問わず、一〇代から九〇代まで受け入れる、学校制度とは別の「学びの場」です。

松岡　学校ではムリなのかなあ。ヨーロッパではそれをやってるのにねえ。ぼくはパリでリセの子と話したときに、三十年戦争やルイ王朝の重商政策や普仏戦争に詳しいのに驚きました。

それから第八に言っておきたいのは、日本人は中国・朝鮮・渤海・台湾の歴史・社会・思想・文化をもっと知り尽くすべきではないかということです。ぼくはコカ・コーラのバイスプレジデントから、われわれ欧米人は地中海をはさんだすべての神話と伝承を叩きこまれてきたが、日本では日本海と東シナ海をはさんだ思想文化のことを語っていない、それが致命傷だと言われたことがあります。コカ・コーラにそんなことを言われる筋合いはないと思いながらも(笑)、これは痛いところを突かれたと思った。

たしかに、われわれは中国的な「天」の神話と日朝にまたがる天孫降臨《てんそんこうりん》を結びつけられていないんです。それなのに天皇主義は日本だけで屹立《きつりつ》したままになっている。もっとアジア的に説明できなければいけない。それなら、では、仁斎・徂徠や藤樹・蕃山と中国思想をつなげて語れてきたかというと、それもできていない。吉川幸次郎だけではとうてい足りません。ここには陽明学についての見方が吉田松陰のところで止まってしまっているという問題もあります。あげくに明治以降、近代史観ばかりになった。

田中　まったくそのとおりです。これも近代の差別感が戦後まで持ち越され、脱亜入欧を乗り越えられないアメリカ支配下の政権が続いている結果です。森友学園問題で私が驚いたのは、教育勅語という儒教倫理が「日本の」倫理だと勘違いされている事実でした。日本のナショナリストがいかに日本とアジア諸国を学ぶ努力をしていないかを露呈していましたね。彼らは平安時代も安土桃山時代も江戸時代も、同じ時代の中国や朝鮮国も理解しようとせず、明治国家が発信したことのみを「日本」だと思っているんです。このような歴史観では、アジアを学ぶ動機が出現しません。でも、ひとたび江戸時代の文芸、思想、美意識を理解しようとしたときに、中国、朝鮮、ヴェトナム、台湾、東南アジアをどう取り入れたかが、気になるものなんです。

松岡　大アジア主義も脱構築できるはずですよ。ぼくは竹内好《よしみ》や橋川文三《ぶんぞう》で日本の近代ナショナリズムやアジア主義を学んだんですが、あそこで終わっているのは、何かが停滞してしまう気がする。たとえば近代における日蓮主義の再抬頭などが説明できません。

では、これで最後にしますが(笑)、第九には、これは意外に大事なことだろうと思うんだけれど、徳川社会が「鎖国」だったことをどう評価するか、どう批評できるかということです。いや、「鎖国」じゃなくて「海禁」だったというような説明はもう必要ない。やはり「鎖国と開国」を同時に語る必要がある。

田中　「鎖国」評価は、存外難しいです。なぜなら、幕府の指令には裏があるからです。日本人渡航禁止令を出しながら、外国人入国と世界中の物資や情報の輸入を、制御しながら誘導していました。輸入も積極的にしつづけていたからこそ、輸出銅を扱っていた住友が財閥になった。蘭学が医学を中心に発展しつづけたのは、アムステルダムの出版物がたえず入っていたからです。問題は江戸時代の実態ではなく、「開国」という言葉に大きな価値と意味を与えたその操作にあります。

そういう意味で、松岡さんが「鎖国と開国」を同時に語る必要があるとおっしゃったのはそのとおりです。「開国」を宣言したときに初めて「鎖国」という概念が明確に出現したのであって、そこから江戸と明治の「分断」が始まったのだと思います。つまり「鎖国」であった時代のことは、もう考えるのをやめよう、という思考停止です。私がこれに気づいたのは、和辻哲郎の『鎖国――日本の悲劇』(岩波文庫)の序説がきっかけでした。この序説は、「太平洋戦争の敗北によって日本民族は実に情けない姿をさらけ出した」という一文で始まります。和辻が「情けない」と言っているのは戦争をしたことではなく、負けたことです。そしてその敗北の原因を江戸時代の鎖国に求めたのです。この序説を最初に読んだとき、「欧米人は三百年の歳月を費やしてこの科学の精神を生活のすみずみにまで浸透させて行った」とあったので、まさにその精神を述べる本かと思いました。「科学の精神」を知ることで、共有しそこなったものの大きさに気付く、ということなら納得できます。しかしそうではなかった。科学のことは何も書かれていません。

つまり日本は明治初期と戦後の二回にわたって、その劣等と敗北の責任を江戸時代に押し付け、目下《もっか》の日本の課題に目をつぶったのではないか。別の言葉で言うと、弱さや失敗や誤りを認め、受け入れ、そこから出発する、ということをしなかった。現代にまで続くアジア蔑視やヘイトスピーチも同じ精神構造です。

松岡　なるほど、とてもよくわかります。「悔しい」からといって歴史観を偏狭にすることはないんです。一方、コロナウイルスによるパンデミックのなか、各国や各都市がロックダウンなどの疑似的な鎖国対策をしたわけですが、生体的なウイルスとコンピュータ・ウイルスなどの情報禍時代では、あらためて「鍵と鍵穴」のつくりかたやセミクローズドでセミオープンなシステムが浮上してくるだろうと思うんですね。こういう二一世紀をどう迎えていくかという観点からも、江戸問答の検討が浮上していいと思います。

田中　松岡さんがこの対談の最後に列挙された九つの「踏みとどまって考えるべき問題」は私

自身が、「これからやるべきこと」として受け取りました。『日本問答』は「デュアル」というキーワードが重要でした。松岡さんが大切に使っていらした言葉です。この『江戸問答』は、やはり松岡さんが使っていらした「弱さ」と「編集」、つまり「フラジリティ」と「エディティング」がキーワードになったのではないかと思います。両方とも、前近代とりわけ江戸時代に顕著で、近代でその価値を見失ったものです。

私は大学院生のときに物語の分析の単位を「フラグメント」(断片)に置いていました。なぜならフラグメントは独自に光るからです。その組み合わせ可能性は無限です。江戸時代はもはや「かけら」しか残っていませんが、敗北と弱さを背景にした一つひとつのかけらから出発して、分析でも解明でもなく、編集しなおす旅に出たいと思います。

松岡　おそれいります(笑)。たいへん失礼いたしました。うまく示せなかったけれど、気持ちとしてはこんなところです。江戸問答、ますます続けていきたくなりましたね。田中さんも親しかった一八代目の勘三郎さんなどとも一緒に語りたかったですね。

田中　ほんとにね。

あとがき1
新たな江戸文明の語り方へ

田中優子

この対談は、江戸時代をめぐる、いわば文明論です。しかし対談の骨格は、「江戸論も江戸文明論も、今までまったくできていないじゃないか。何やってたの！」と、私が松岡正剛さんに叱られ、「それはあの……、いろいろ、アカデミックなこういう事情、ああいう事情があって……」と言い訳しながら、それでも、今までばらばらに論じられてきたあのことこのことのつながりを、対話のなかで発見していく、という物語で、それが実にスリリングな問答になりました。

江戸時代については、事典でわかります。しかし私は渡辺京二さんの、「江戸文明」という考え方に同意しています。ひとまとまりの文明である以上、事実は相互に関連し合っており、それらは複雑な編み目のなかに明確な価値観をにじませていて、それが崩壊していくときには、相互の連鎖が断ち切られながらも、何かしらが受け継がれていくのです。

明治は何を受け取って何を拒絶したのか、そのことが、私たちの近現代に大きな意味をもったことは、まちがいありません。その近現代の価値観を、俯瞰的《ふかんてき》に見ることによってしか、今の行き詰まりは乗り越えられそうにありません。それが『江戸問答』実現の大きな意味での動機です。私たちはまず、二〇一七年一一月に刊行した松岡正剛・田中優子『日本問答』で、最初の俯瞰をおこない、この問答は続けていかねばならない、と思いました。やがてこの続編のきっかけがやってきました。それは、法政大学が「二〇一七年度私立大学研究ブランディング事業」に採択され、その事業を推進するために「江戸東京研究センター（ＥＴｏＳ）」をつくったことでした。

ＥＴｏＳでは二〇一七年度の設立を記念して三回のシンポジウムをおこなった後、二〇一八年度最初の「特別対談」として、四月二一日に「日本問答・江戸問答」を開催しました。法政大学最大の「さったホール」がいっぱいになるほどの盛況でした。松岡正剛さんと私、そしてコーディネーターには、ＥＴｏＳの初代センター長、陣内秀信名誉教授に入ってもらいました。その記録は、ＥＴｏＳのホームページ(edotokyo. hosei. ac. jp)で公開しています。

陣内秀信さんは都市の研究者で、長いあいだヴェネチアを中心に水都を研究していました。そして、一九八〇年代以来、江戸東京を水都のひとつとして研究対象にしてきたのです。陣内さんがいたことにより、このときの対談は『日本問答』が江戸に特化されて語られただけでなく、そこに新たに空間的な視点が加わり、視野が格段と広がりました。さらに、ヨーロッパの都市と建築の専門家である陣内さんのまなざしと、ヨーロッパの歴史と思想に詳しい松岡さんの対話が交叉して、その意味でも、『日本問答』が新たな地平に出ることになったのです。

このような江戸東京への特化と、比較という視座を活かすべく、こんどは『江戸問答』という枠組みで、松岡さんと私は対談を続けることにしたのです。

『日本問答』では、日本文化と日本の発想法について、多くのテーマが出現しました。たとえば、次のようなことです。

1 デュアル構造
2 中国からどういう日本を創ったか
3 主語よりも述語を重視する
4 文脈依存的な判断力
5 「普遍」ではなく「中心のウツ」を見る
6 時間はリニア(直線的)に進まない――「循環」と「世継ぎ」

7　「面影」に託す
8　「かたしろ」にあらわれる
9　顕（あらわるるもの）と隠（かくるるもの）
10　才と能の組み合わせ
11　縁・軒《のき》・廂《ひさし》・庭
12　治まる・収める・修む

これらのなかでもっとも豊富に語られたのは、デュアル構造の事例でした。デュアル構造とは「二重の構造」「二つの中心をもつ構造」ですが、しかし二項対立の意味ではありません。対立しているわけでも、ダブルスタンダードのように意図的に使い分ける意味でもありません。二つが同じように重要でありしかも併存、共存する。そうであって初めて安定した仕組みがつくられる。そのような構造です。同じ大きさで並び立つだけでなく、大小があったり包含関係であったりもします。三つとか四つとかそれ以上に見えることさえありますが、それがデュアル構造の組み合わせ、展開であることが多いのです。

その事例は、「漢と和」「大極殿と清涼殿」「神と仏」「神仏習合」「天皇と将軍」「公家と武家」「ミヤビとヒナビ」「顕と隠」「顕と幽」「才と能」「見立てとやつし」「やつしともどき」「荒霊(あらたま)と和霊(にぎたま)」「儒学と国学」「からごころとやまとごころ」「日本画と洋画」「和食と洋食」「旅館とホテル」「公と私」などです。

それぞれのデュアル・キーワードのなかにも、いくつもの事象が入ります。たとえば、学びにおける漢と和であれば、往来物《おうらいもの》という日本の生活に即した手紙文と、中国の漢詩文の両方を学んでいました。詳しくは『日本問答』をお読み下さい。

さて『江戸問答』にあたって、柱は、見立て・やつし・俳諧化・連・もどきの方法になりました。これらもデュアル構造をもちます。「もとの存在」があって、それを「やつす」「俳諧化する」「見立てる」「もどく」ことで別の存在が出現するからです。やつされ、もどかれた表現の向こうに、「もとの存在」が透けて見えます。そのように成り立つ二重の構造なのです。江戸文化は平安時代の文化をやつすことを中心にしながら、次々とデュアルな表現を生み出していました。それは文芸や美術だけでなく、都市構造や日常生活にまで及んでいました。

「面影」や「かたしろ」も、空間のつくり方、見え方として、江戸にとって重要な鍵です。そして、それらを包括する重要な視点は「編集」です。編集しつづけてきた日本、編集された江戸、という観点が必要です。

日本は「普遍」を求めてきたのか？　そうでないとするると、政治、外交、思想、文化は何によってかたちづくられたのか？　このことは、実は、江戸時代や江戸東京を語るだけでは見通せません。そこで「比較」が必要になります。しかし私は、日本とヨーロッパのどこかの国を比べて日本の特徴を言い募る、という語り方ではだめだと思っています。ある個人と別の個人を比較する場合を想像すると、すぐにわかることです。両者を比較して背が高いか低いか、目が小さいか大きいかを言っても、ばらばらに要素を並べるに過ぎません。「和のテイスト」を並べても、「江戸らしさ」を並べても、同じことです。

そこでどうするか？　一つは、約一五〇年前、幕末から明治にかけての大きな変化のなかで、日本で何がどう編集されたかを見てみることです。彼らは江戸時代までの日本の価値観や方法を使っています。にもかかわらず、なぜ戦後は一挙に西欧化したように見えるのでしょうか？　実は戦後がそういう時代だったからです。日本が「選択と編集の方法」を捨てたのは、敗戦の痛手ゆえだったのです。日本の方法が「負けた」と思えたからでしょう。そして、明治期に使用した西欧の知性をも、さほど振り返ることもなく、アメリカのやりかたに隷属しました。

もちろん幕末明治にも、自分の頭脳で思考することをやめ、西欧に依存することを選んだ怠惰があったに違いありません。そこで、そういう怠惰から見るのではなく、編集力から探ってみる必要があります。編集の力とは思想の力です。インフラにおいては「つなげる」という編集が、ガバナンスにおいては「治める」という編集が、そしてさまざまな要素をリプレイスする、という編集が、新しい社会創造には必要だったはずなのです。

たとえば岡倉天心の『茶の本』、新渡戸《にとべ》稲造の『武士道』、内村鑑三の『代表的日本人』などは、ヨーロッパ人の知の下に日本人の知を位置づけようなどとはさらさら思わない人々が、英語で日本を書いたのでした。しかし英語で日本を書くためには、理解してもらうための編集力すなわち思考力が必要となります。そこに書かれた(選ばれた)日本はどういうもので、書かれなかった(捨てられた)日本は何だったのでしょうか？　今後もそれを考えつづけることは、「江戸時代までの日本」を明らかにすることになるでしょう。

同時に明治期では、日本について問い直すべきことがあったはずであるのに、それはおこなわず、外国語文献の翻訳と導入でせいいっぱいになったことも事実です。それは、中国語文献の消化と日本化が同時に進んだ江戸時代とは異なっていました。「和漢」はなしえましたが、「和洋」の編集は同じように成功したと言えるのでしょうか？　このことは、今の日本の困難につながっているのではないかと思います。

幕藩体制から天皇制中央集権への移行と、天皇家の東京移転(京都と江戸のデュアル構造の消滅)も、今につながる東京集中、地方衰退の最初の契機として見ることができます。それは、幕藩体制の「藩」すなわち「地方」が高い学問と文化の力をもっていた時代を、かえって照らし出すことになるでしょう。藩校や私塾がどのような学びの場であったかを知ることで、地方のもっていた意味は見えてきます。藩校や私塾の学びを前提に置いたとき、西欧の教育制度の導入は何を壊し、何を実現したのか？　それも、これからの学びを考えるうえで重要な点なのです。

編集は、選択と排除という行為をともないます。個体、共同体、国家、民族、地球が、互いに選択・排除という編集をし合うことによって、安定と流動化のバランスをとっています。世界は覇権と隷属、支配と被支配から成るのではなく、自己をつくり続けるための編集とバランスによって成り立っていると考えたとき、優劣の序列も戦いも意味を失うに違いありません。有機的なつながりをもった文明をばらばらにしたうえで、個々の要素を良いとか悪いとか言っても文明批評にはなりません。デュアル、編集力、幕末明治の緊急時などをたよりにしながら、江戸文明を言葉にしたかったのです。

この対談では、『日本問答』のときと同様、松岡正剛事務所の太田香保さんと、岩波書店の坂本純子さんに、最初から最後まで助けていただきました。法政大学総長在任中の対談でしたので、何かと行き届かず、お手をわずらわせました。松岡さんとお二人の編集力で、これからの日本を考えるために、必要不可欠な手引きになったと思います。ありがとうございました。

あとがき2

訂正と保留をこえて

松岡正剛

田中優子さんと『日本問答』に続いて『江戸問答』を語りあうことになった。三度ほど長時間の対話をして、いよいよまとめるという段になって新型コロナウイルスによるパンデミックに見舞われ、さまざまな理由で進捗が滞った。構成にあたっては少しだけ、時計の針をコロナ以降に進めた。

本書は『江戸問答』とうたってはいるものの、江戸の社会や経済や制度や文化について専門的な知見を交わそうというものではない。江戸問答とは、あらためて江戸を問いなおすということであり、江戸の社会文化から今日に響きうる問答をおこそうということだ。あるいはまた、問いなおすための方法そのものを徳川社会や江戸文化から引き連れてこようということだ。その方法がはたして近世に特有なものか、それとも今日にも存分なヒントをもたらすものなのか、そこも問う。

ぼくは徳川社会史や江戸文化に詳しい者ではないので、詳しいことは何度となく田中さんに尋ねながら話をすることになるのだが、江戸の研究者である田中さんに問答をふっかけるということにもなった。失礼を承知でそういうことをしてみたが、こういう機会はもっとあったほうがいいと、つくづく感じた。江戸社会のあれこれに突っ込みながら、その後の日本の来し方行く末を考えてみるのは、はなはだスリリングであり、ときにラディカルであり、しばしば予想以上のブレークスルーをもたらしてくれた。

最近、そうしたほうがいいだろうと思うことが頻繁におこっている。いくつか思いあたったことをあげておく。

たとえば、日本会議や森友問題が話題になったときは、誰かが山崎闇斎《あんさい》のことを持ち出すといいと思った。闇斎は神道と儒教をまぜこぜにした垂加神道を提唱した儒者だけれど、会津藩主の保科正之に招かれて地方政治にかかわったり、京都の公家社会に入りこんで吉川神道を継承しようとした憂国型の思想家である。尊王攘夷イデオロギーの扉をあけた一人であるのに、ほとんど注目されていない。しかし最近の日本主義者の台頭を見るには、国学以前の闇斎の折衷力の検討は欠かせない。

テレビのリアリティ番組とその後のSNSの過剰な中傷にさらされたプロレスラーの木村花

さんが自殺したという報道に接したときは、江戸社会においてなぜ「虚実皮膜」という見方が過熱したのかということをふりかえりたくなった。

これについては、田中さんはニューヨークを拠点とする歴史社会学者の池上英子さんと『江戸とアバター』(朝日新書)という対話をして、われわれの内なるダイバーシティについて深い議論をしているのが参考になる。池上さんにはサムライ精神の構造を問うた『名誉と順応』や、日本人の交際文化を問うた『美と礼節の絆』(いずれもNTT出版)という著書もあるのだが、あまり知られていない。『江戸とアバター』とともにもっと読まれるべきだ。

この一〇年ほどの思想界では「思弁的実在論」なるものが流行している。ポストモダン思想の稔りが少なかったというので、精神や意識の根底の動向をいったん「もの」や「こと」に戻して考えようというニューリアリズム論が浮上したのだ。それで、主にはホワイトヘッドの哲学の読み替えにもとづき、カンタン・メイヤスーの別様哲学やフランソワ・ラリュエルの非哲学が脚光を浴びているのだが、そのディスカッションを見ていて、これらに三浦梅園や安藤昌益の「もの」思考や、三枝博音《さいぐさひろと》が先駆的にまとめた江戸の唯物哲学群、また富永仲基《とみながなかもと》・皆川淇園《みながわきえん》・山片蟠桃・海保青陵らの「こと」をめぐる思索が積極的に参照されてもいいと思えた。

このあとがきを書いている前後、マンガやアニメの『鬼滅の刃』が爆発的なブームをおこしていたのか。大正時代を舞台に、竈門炭治郎という炭焼き少年が家族を殺した鬼たちに復讐を挑み、鬼と化した妹をなんとか人に戻そうという話だが、映画は宮崎駿の『千と千尋の神隠し』に迫る観客動員数になり、何百億円もの売上げを記録した。そのニュースを聞きながら、この二つのメガヒットには、炭焼きといい鬼の君臨といい、油屋や八百万の神々の乱舞や魔女の湯婆婆といい、鬼殺隊の集結といい一族や仲間の離別と紐帯といい、マーシャルアーツまがいの格別の殺法の習得と発揮を含めて、いろいろ共通性がありそうなのである。

おそらくはここには、十二段浄瑠璃や仮名草子や歌舞伎や読本などのコンテンツが集約的に躍っているはずなのだ。けれども、江戸文化をサブカルチャーの宝庫として蘇生させ、今日の日本の「荒唐無稽」の大ブームの読み筋に組み上げるという作業は、ほとんどとりくめていないままにある。

こんなぐあいに、令和の世にいても、たえず江戸の思索や表現の事情は現在化したくなるものなのだ。江戸は決して遠くない。われわれの日々のかたわらのバックミラーには、いつも西鶴や近松や、百鬼夜行絵巻や南総里見八犬伝が遠近のサイズを変えながら映ったままになっているはずなのだ。

本書の後半で、近世から近代への転換期にいったい何が分断され、何が放置され、保留されたままになってしまったのかを交わした。鎖国を解除して急激な開国に向かったために、産業も軍事も教育も多くが急ごしらえになり、その亀裂を埋めるべく大日本帝国は植民地政策や対外戦争に走ったのだが、それならそうしたことを明治の文学者や思想家たちが十全にうけとめられたのかというと、そこにも急ごしらえが目立ったのである。

そのあたりについて、田中さんは新渡戸稲造・内村鑑三・岡倉天心についての鋭い疑問を提出された。田中さんの指摘からは二つのことを考えるべきだった。ひとつは「武士道」「代表的日本人」「東洋と日本の覚醒」はあのような見方でよかったのかということ、もうひとつは急ごしらえを訂正するには何を組み立てなおせばいいのかということだ。近代日本はその訂正をするまもなく対外戦争に臨み、日本主義やアジア主義に向かい、切歯扼腕《せっしやくわん》し、敗戦にまみれ、東京裁判を受け、アメリカのガバナンスの方針やグローバル資本主義とともに戦後の復興成長に向かったわけだった。

もちろん拱手傍観《きょうしゅぼうかん》ばかりであったのではない。ぼくが学生のころは、丸山真男・花田清輝・鶴見俊輔・吉本隆明・竹内好・橋川文三らが「訂正」をめぐって熱い議論を展げていた。それぞれヒントになったけれど、明治や江戸を引きずり出すというところまではいっていなかった。その後、江藤淳・廣末保・山本七平・沖浦和光・阿部謹也らが新たな「訂正」を試みたけれど、伏せられてきた暗部は浮上したものの、大きな枠組みが見えてきたわけではなかった。

こうして「日本の自画像」を問う試みが、その後は続くことになったのである。それには古代も中世も動員されることになったのだが、よくよく見るとあいかわらず「江戸」は看過されてきたように思う。そのためいまなお近世と近代が分断されたままなのだ。思想や文学だけではない。行動も分断されていた。とりわけ近世と近代のはざまで「徒花《あだばな》」となった奇兵隊や新撰組や天狗党や神風連《しんぷうれん》などの検討は看過されたままになった。

日本の来し方行く末を新たに編集するには、こうした「保留」を次々に俎上《そじょう》にのせることになるだろう。三島由紀夫が『豊饒の海』の第二部「奔馬」で神風連をとりあげたのは、三島なりの訴えだったと思われる。けれども、今日の日本はそれより『るろうに剣心』や『鬼滅の刃』なのである。日本の編集的社会観は、まだ着手されたばかりなのだろう。

紆余曲折のコロナ禍で本書がまとまるにあたっては、『日本問答』に続いて坂本純子さんと太田香保さんの手厚いお世話になった。お礼申し上げたい。大学の総長職に忙殺されていた田中さんが本書に寄せた情熱はなみなみならないものだった。「江戸」は田中さんの現在のリアリティなのであろう。

田中優子

法政大学社会学部教授などを経て法政大学総長．専門は日本近世文化・アジア比較文化．『江戸の想像力』で芸術選奨文部大臣新人賞，『江戸百夢』で芸術選奨文部科学大臣賞・サントリー学芸賞．『日本問答』(松岡氏との共著，岩波新書)，『苦海・浄土・日本 石牟礼道子 もだえ神の精神』(集英社新書)ほか著書多数．2005 年度紫綬褒章．江戸時代の価値観，視点，持続可能社会のシステムから，現代の問題に言及することも多い．

松岡正剛

工作舎，東京大学客員教授，帝塚山学院大学教授などを経て，現在，編集工学研究所所長，イシス編集学校校長．おもな著書は『日本流』『日本数寄』『日本という方法』『擬――「世」あるいは別様の可能性』『うたかたの国』ほか多数．2000 年よりインターネット上でブックナビゲーションサイト「千夜千冊」を連載中，また 2018 年より文庫シリーズ「千夜千冊エディション」も刊行中．

江戸問答　　岩波新書(新赤版)1863

2021 年 1 月 20 日　第 1 刷発行
2021 年 4 月 5 日　第 3 刷発行

著　者　田中優子《たなかゆうこ》　松岡正剛《まつおかせいごう》

発行者　岡 本　厚

発行所　株式会社 岩波書店
〒101-8002 東京都千代田区一ツ橋 2-5-5
案内 03-5210-4000　営業部 03-5210-4111
https://www.iwanami.co.jp/

新書編集部 03-5210-4054
https://www.iwanami.co.jp/sin/

印刷・三陽社　カバー・半七印刷　製本・中永製本

ISBN 978-4-00-431863-7　Printed in Japan

岩波新書新赤版一〇〇〇点に際して

ひとつの時代が終わったと言われて久しい。だが、その先にいかなる時代を展望するのか、私たちはその輪郭すら描きえていない。二〇世紀から持ち越した課題の多くは、未だ解決の緒を見つけることのできないままであり、二一世紀が新たに招きよせた問題も少なくない。グローバル資本主義の浸透、憎悪の連鎖、暴力の応酬——世界は混沌として深い不安の只中にある。

現代社会においては変化が常態となり、速さと新しさに絶対的な価値が与えられた。消費社会の深化と情報技術の革命は、種々の境界を無くし、人々の生活やコミュニケーションの様式を根底から変容させてきた。ライフスタイルは多様化し、一面では個人の生き方をそれぞれが選びとる時代が始まっている。同時に、新たな格差が生まれ、様々な次元での亀裂や分断が深まっている。社会や歴史に対する意識が揺らぎ、普遍的な理念に対する根本的な懐疑や、現実を変えることへの無力感がひそかに根を張りつつある。そして生きることに誰もが困難を覚える時代が到来している。

しかし、日常生活のそれぞれの場で、自由と民主主義を獲得し実践することを通じて、私たち自身がそうした閉塞を乗り超え、希望の時代の幕開けを告げてゆくことは不可能ではあるまい。そのために、いま求められていること——それは、個と個の間で開かれた対話を積み重ねながら、人間らしく生きることの条件について一人ひとりが粘り強く思考することではないか。その営みの糧となるものが、教養に外ならないと私たちは考える。歴史とは何か、よく生きるとはいかなることか、世界そして人間はどこへ向かうべきなのか——こうした根源的な問いとの格闘が、文化と知の厚みを作り出し、個人と社会を支える基盤としての教養となった。まさにそのような教養への道案内こそ、岩波新書が創刊以来、追求してきたことである。

岩波新書は、日中戦争下の一九三八年一一月に赤版として創刊された。創刊の辞は、道義の精神に則らない日本の行動を憂慮し、批判的精神と良心的行動の欠如を戒めつつ、現代人の現代的教養を刊行の目的とする、と謳っている。以後、青版、黄版、新赤版と装いを改めながら、合計二五〇〇点余りを世に問うてきた。そして、いままた新赤版が一〇〇〇点を迎えたのを機に、人間の理性と良心への信頼を再確認し、それに裏打ちされた文化を培っていく決意を込めて、新しい装丁のもとに再出発したいと思う。一冊一冊から吹き出す新風が一人でも多くの読者の許に届くこと、そして希望ある時代への想像力を豊かにかき立てることを切に願う。

（二〇〇六年四月）